처지

처지

오경 지음

글모아출판

수행이 뭔지 알고나 한 짓이더냐

도통(道通)해보겠다고 영산명산(靈山名山)을 헤매다가 선지식과 인연되어 수행하고, 농막에서 마무리 정리를 위해 지난날을 헤아려보니 후~울쩍 십수 년의 세월이, 언제 흘러가버렸는지도 모르게 흘러가버렸다는 사실을 알았다.

유체이탈을 해보겠다고, 진공묘유(眞空妙有)에 빠져들겠다고, 공중부양해보겠다고 안달이 난 그 시절에, 솔잎을 씹어가며 씁쓰름함이 채 가시기도 전에 가부좌 틀어야 도통하는 것인 줄 알고, 도통하는 게 뭔지도 모르고 호들갑 떨어댔다.

깨달음이 뭔지도 모르는 주제에 깨달아보겠다고, 깨달았다고 칭송하는 이들을 크게 동경하며 숨소리 하나까지도 답습하려 했던 것도, 깨달으면 얻는다는 육통(六通)중에, 천안통(天眼通)이나 천이통(天耳通)이라도 하나 터지지 않을까? 라는 욕심이 있어서였다.

"하지만 말이야, 듣고 보니 그게 그렇더라구. 깨달음하고 천안이니 천이니 하는 도술(道術)은, 신(神)이 들어온 것이라 하등의 관계가 없다고 하는 것이야. 큰 도술을 가진 신이 들어온 것뿐이라고 하더라구."

"제 까짓게 도술을 달라고 깨춤 춰놓고, 도통하려고 했었다나 어쩠다나. 그러니 공부는 뒷전이고 갖춤은 엉망이 되었으니, 어디 심기 편안한 날이 있기나 있었겠나."

"참, 그럴수록에 머릿속에는 은근히 아상(我相)이 먼저 자리를 틀더군, 웃기는 노릇이지, 깨달아 도통해 보겠다는 행위만 해대는데 아상이 먼저 왜 자리하냐구."

푹 쉬는 그 자체가 수행이었으나, 어떻게 푹 쉬어야 하는지 모르는 게 문제였다. 그래서 수행은 고행인가 보다. 무얼 해야 하는지를 도통 모르겠으니 말이다. 누군가가 참 쉬울 것이라고 되받아치곤 하는데,

"허허 나원 참! 하루에 서너번씩 시간에 맞춰 좌선에 들어서는 것도 고행이 아니겠느냐 만은, 하루 이틀도 아니고 내 못나서 할 일 없이 24시간을 빈둥대다 보면, 갖춰져 있지 않을수록 심기 불편한 일들만 벌어지기 마련이야."

"기 싸움에 불똥 튀지 않으려 해도 갖춤이 고만큼이라, 겉으로는 웃고 속으로는 노상 으르렁대야 했어."

"시험에 걸릴 때마다 다시는 걸이지 않으리라 이 악물어보기도 했지만, 초라한 정신력은 그만 버거워 했지."

"때로는 육신을 가져감이 차라리 바닥을 치는 정신의 고통보다 부럽다고 생각한 적도 많았거든. 하지만 갖춤이 부족하면 어딜 가서 무엇을 해도 마찬가지야."

일체의 간섭이나 참견이 없이 내 일만 해나갔어야 했는데, 시간이 지날수록 제 잘났다고 주절이대니 못난 놈이, 못난 모습만 보여야 했던 것이다. 잘못 살아온 지난날의 모습이 드러날 때마다 부닥쳐야 했던 것도, 부닥칠 때마다 치대는 자존심을 버팀목으로 삼고 있었으니, 제 잘났다고 치대는 자존심의 근(根)을 빼내지 못해, 그야말로 편이 쉴 수 있는 날이 없었다.

잘난 멋으로 살아온 터라, 편이 쉬는 것은 결코 쉬운 일이 아니다. 내 편하고자 간섭이나 해대고, 내 잘났다고 참견이나 해댄 것을 가지고 너를 위한 행위였다고 우겨댔으니 어련하겠는가. 너를 위한 행위는 없었다. 하나같이 나를 위한 행위만을 해댔던 탓이다. 힘들어하는 네 모습을 보고 위로하는 그 자체까지도 내 잘났다고 주절이 댄 거에 불과했으니 그래서 부닥쳐야 했던 것이다.

수행은 도술을 구하기 위해 하는 것이 아니라, 주어진 삶을 바르게 살아가기 위한 것에 있다. 어떻게 살아갈 것인가에 대한 원을 세우고 갖추어나가기만 하면 된다. 부족하기에 수행자라 했던가! 부닥쳤던 주된 이유가 내가 잘났다고 치댈 때마다 주는 핀잔이 나를 위함인데 이를 깨치지 못해 기 싸움을 해댔던 것이다. 우리네 삶이 이렇다. 제 잘나 '탓'하며 살다가 어려워져 고통스럽게 살아가고 있다는 사실을 모른다. 내 삶을 살지 못하고, 네 삶에 참견과 간섭을 일삼아 살아온 결과도 이에 합세한다. 나만 잘하면 그만인데 내 뜻대로 안한다고 눈총이나 주었으니, 푹 쉬는 수행이 편한 날이 어디 있었겠으며, 제 기운이 얼마나 소중한 것인가를 알기나 하겠느냐는 소리다.

1차적인 수행은 도술은 구하는 것에 있는 것이 아니라 '나'를 찾는 것에 있었다. 술(術)은 거룩하고 숭고한 내 주체인 인기(人氣)가 인육을 쓰고 인간으로 태어날 때 이미 받아가지고 왔는데, 구걸하듯 얻으려고만 들었으니 요란한 내 빈 깡통소리를 듣지 못했다. 나를 갖추어 덕 되게 살아가기만 하면 2차적인 자본금은 덤으로 주어진다는 사실을 깨달을 때까지 헤매야했다.

'나는 누구인가'를 찾아갈 무렵이 되어서야 잘못 살아온 지난날이 떠오르기 시작했으니 말이다. 아마도 이 시기부터가 맑아진 기운이 정중동(靜中動)으로 자리해 가고 있었던 모양이다. 동물처럼 살다가 탁해진 기운, 너를 위해 살겠다고 원을 세우자 맑아지는 기운, 때문에 수행의 본바탕은 덕으로 사는데 있었다. 천손이자 뿌리민족의 삶이 도와 덕으로 사는 것이었으니, 대자연의 가르침 또한 도와 덕에 이었다.

도와 덕으로 살아온 민족이었기 때문에 우리 민족의 힘은 도와 덕으로 살아갈 때 발휘된다. 그러나 7천년 전에 도와 덕을 저버린 관계로 오늘날에 와서까지도 외세의 거센 저항에 속수무책으로 당해야 했던 것이다. 길이가 3천리 둘레는 7천리, 산이 70% 들이 30%인 뿌리국 해동 땅에는 신선들이 사는 곳이라, 물질이 자원이 아니라 기운만이 자원이다. 덕으로 사는 세상을 오늘날에 되살리지 않으면, 상황이 되풀이되지 않으리라는 법은 없다. 덕으로 살아가지 못했기에 천손들이 으르렁거려야 했던 것이다.

십여년 전부터 영산명산을 위주로 해서 유독 아날로그 세대에서부터 천부경이 널리 퍼지기 시작한 이유가 뭘까? 이 시기부터 도를 찾겠다고 헤매던 터라, 푹 쉬지도 못하고 늘 부닥쳐야 했던 수행은 제 자신을 갖추지 못했기 때문에 벌어진 일들이다. 너무 잘나 참견과 간섭이 오가는 통해 푹 쉬라는 화두와 함께 시작한 것이 천부(天符)의 수행이었는지는 몰랐다. 도량을 나와 농막에서 집필하면서야 81자의 그 깊은 뜻이 수행생활 속에 담겨져 있었음을 알았기 때문이다.

처지의 내용은 수행 중에 화두로 잡았던 일부를 발췌해 감히 논했으며, 이는 천부경의 극히 일부분에 속하는 8차원의 행의 공덕에 관한 것들이다. 아울러 이 사상을 받쳐주기 위한 해설서도 집필 중이다.

제1장은 제 자신을 찾아들어가는 수행이며,

제2장은 부닥치고 그래서 멀어지고에 대해서다.

제3장은 공인의 삶을 살아가지 못해서를 서술했다. 여기서는 맞다 틀리다가 아닌 바르고, 바르지 않다는 정(正)과 사(邪)에 대한 사항이다.

지금까지는 신(神)이 주도하는 사(邪)의 세상이고, 앞으로는 인(人)이 운용하는 정(正)의 세상이 펼쳐진다는 천부경의 예언서대로, 사의 세상에서 같이해오던 모순들을 털어내기 위해 대자연이 유리알처럼 투명한 사회를 만들어 가고 있는 중이라, 탁해진 기운을 드러내 놓아야 하는 시기가 도래 한 것이다. 사의 세상에서 정의 세상으로 넘어오는 시기라 사(邪)적으로나, 사(私)적으로 살아가려 한다면 어려워지는 것은 당연하다. 대자연의 흐름이 인(人)의 운용시대에 들어서면서, 사의 기운에서 정의 기운으로 바뀌어가고 있기 때문이다. 게다가 인의 운용시대를 열어가기 위해 아날로그 세대가 전후 베이비붐을 타고 이 땅에 태어났다는 사실이다. 때문에 이들 세대가 깨어나야만 오늘날의 어려움이 풀릴 것이라고 가리키고 있다, 우리 민족은 물론이요, 인류의 운명이 이들 세대에 달려있다는 소리다. 따라서 잠자고 있는 이들을 깨어나게 하기 위한 계몽운동이 절실하기에 써보는 글이다.

민족이어 깨어나라고…

목차

제3장 공인의 삶을 살아가지 못해서

제1장

제 자신을
찾아들어가는
수행

1. 수행

도란 자신이 살아가야 하는 인생길을 가리키는 것이다.

때문에 이를 아는 것이 깨달음이고 도를 득하는 것이라고 한다.

수행은 바르게 살아가는 길을 깨우치기 위해 하는 것임으로,

도를 깨우치는 것하고 도술의 능력을 얻는 것 하고는

하등의 관계가 없다는 것이다.

"무엇을 구걸하려 쪼그려 앉아 있느냐."

"그럴 시간이 있으면 네 주변에 있는 쓰레기나 줍거라."

"빌어서 구하던 시기는 이미 지나갔느니라."

움막 위 폭포수에서 무엇을 어떻게 할지를 몰라 엉거주춤 서 있는 모습을 보시고는 불호령 치시는 소리다.

"제 할 일을 바르게 하지 못해 어려워진 것이다."

"빈다고 주고, 빌지 않는다고 주지 않는 법은 없느니라."

앞사람의 힘을 가지고 해야 할 일과 뒷사람의 힘을 가지고 해야 할 일이 있으며, 또 그 뒤에 사람이 해야 할 일이 있기에 하시는 말씀이었다.

우리의 개체는 다르나 살아가는 목적은 하나이기 때문에 각기 나아갈 바에 따라 힘의 안배와 강약조절만 해주면 된다는 것인데, 그 힘은 이미 구했다는 의미기도 했다. 사실, 올바른 스승을 만나 공부하면 공부가 쉽게 되는 것도 스승이 공부한 걸 그대로 답습하면 되기 때문이다.

● 도란? 무엇이기에 얻기 힘든가!

도(道)도 모르는데 도 깨우치는 방법을 알리나 있겠는가. 너나 할 것 없이 수련을 통해 도술(道術)을 구해놓고 그것을 깨달음으로 알고 있는데 말이다. 백 볼트인 육신에 천 볼트인 천기가 들어간다면 어떻게 되겠는가. 스스로 있는 기운이 천 볼트의 대자연이라, 인간은 지기(地氣)의 백 볼트의 기운으로서, 필요하면 스스로 접하게 되어있는 천 볼트의 천기(天氣)를 억지로 당겨서 접촉하려다가 모두가 사단 났다는 것이다.

천기는 받아야 하는 것이 아니고 자기 스스로 운영해 나가야 하는 것이라고 말한다. 천기는 스스로 있는 기운 그 자체이므로, 인간의 마음에너지와 자유로이 걸려있기에 쓰고자 하는 이들의 마음에너지를 먼저 성숙시켜야 한다는 것이다. 이를 성숙시키기 위해서는 자신의 그릇을 먼저 키워야 하는 것이고, 그릇을 키운다는 것은 자기 생각의 차원을 넓히는 것에 있다는 것이다.

넓힌다는 것은 많은 것을 바르게 알아야 한다는 것을 의미하고, 바른 것이란 대자연의 법을 구한 진인(眞人)을 통해서나 깨우칠 수 있다는 소리다. 그 바른 가르침을 통해서 정(正)에 대한 분별이 바로 선다면, 아는 만큼 생각이 넓어지는 것이고, 넓어진 만큼 자신의 그릇도 커진다는 것이다. 이때, 마음에너지도 성숙되면서 공(空, 公)으로서 공인이 된다는 것이다. 공(○)이라는 것은 편중되지 않은 상태라, 치우친 사인(邪人)들이 천기를 운영하면 사회가 혼란해지는 것은 빤하다는 것이다.

당시에 이러한 가르침이 귓전에서만 맴돌았던 것은 제자로 입문하기 전날까지만 해도 위빠사나 호흡을 한답시고 천지도 모르고 깨춤 추고 다녔던 터라, 고개만 끄덕이고는 제 잣대를 들이미니 쉽사리 가슴으로까지는 와 닿지 않았다. 이리저리 견주는 습에서 헤어 나오지 못한 만큼 공부가 설익은지라, 잠깐이라도 좌선을 해야 했었고 그때마다 불벼락은 어김없이 떨어졌다.

"네게 준 것도 바르게 쓰지도 못하면서 무엇을 또 얻으려 하느냐!"

"좌선과 주술주력은 사적(私的)인 기운을 불러드리는 사(邪)의 기운에 불과하다는 것을 알고나 하는 짓이더냐."

앉아서 나를 찾는다는 것도, 마음을 비운다는 것도, 선정에 빠져드는 것조차 어떠한 이유가 될 수 없는 핑계일 뿐이었다. 좌선하고 앉았다는 것은 뭔가를 바라고 하는 행위라, 그 무엇이 오더라도 사기가 올 수밖에 더 있겠는가.

• 사기(邪氣)는 나쁜 것일까?

정기(正氣)는 티 없이 행하며 바라는 것이 없을 때 스스로 이루어지게 되어있다. 그렇다고 사기(邪氣)가 나쁘다고 말하는 것이 아니다. 사의 기운을 쓸 수 있는 갖춤이 안 되어있다면 결국에는 자신만 망치는 꼴이 되기 십상이기 때문이다. 게다가 사기(도술)는 어느 정도 시간이 흐르면 되돌아 가버리는 기운이라, 탐내지 말고 자신부터 갖추는 것이 중요하다는 소리다. 특히, 우리 민족의 30%는 서에서 동으로 동에서 수천수만 번의 윤회를 끝마치고, 뿌리국 해동 땅으로 들어온 민족이라, 여타민족보다 기운들이 크다보니 쪼그리고 해대는 행위에서는 사의 기운이 쉽게 들어온다는 것이다. 사실, 정기는 타에서 들어오는 사기와는 관계없이 바르게 살아가기만 하면 언제든지 쓸 수 있는 기운이다.

"지도자 민족은 예우만 갖추면 되는 것이다."

"어디 무릎까지 꿇어서야 되겠느냐."

• 도량 생활의 시작

순간 대성통곡이라도 하고 싶었으나 이 몰골로는 그 또한 사치라 싶었다. 북받쳐 오는 서러움을 억제하지 못한 채 주제도 모르고 눈물을 떨구고 말았다. 지난 세월을 비관해서가 아니다. 이 꼬락서니가 되도록 제 멋대로 살아온 책임도 있었고, 한편으로는 간절히 바라던 정법 수행이 아닐까 싶은 기대감에 막상 이제부터 시작이구나. 생각이 들자, 기쁨과 서러움이 섞여 복받쳐 올라왔던 모양이다.

더도 덜도 없이 남들처럼만 살아보려는 세월이었는데, 남들도 나처럼 사는지 아니면 나는 남들보다 다르게 살아서 그러는지, 가슴에 맺힌 것은 한 뿐이었다. '왜 나야', '하필이면 왜 나야만 하느냐구요' 산 입에 거미줄 치지 않으려는 행위를 했을 뿐인데 '어느매 팔자가 요 모양 요 꼴이냐고요' 더불어 살아가려고 바동거려봤자 아무 소용이 없었다.

알량한 자존심 때문인가. 제 멋에 취해 도토리 키 재며 아옹거리며 살아가는 행위에 길들어져 있어서 그러나, 무엇을 잘못 살아 요꼬락서니가 되었는지에 대한 반성은커녕, '먹고살기 바빠 어쩔 수 없었어'라고 합리화시키기에 바빴다. '어쩔 수 없이 그리 살아올 수밖에 없었다'고 말이다. 지쳐있어 자신에게 변명할 여력조차 남아있지 않았지만, 먹고 살아야 한다고 동물적 행위만 해대던 터라, 어찌 더 큰 세상을 바라볼 수나 있었겠는가.

그러니 지난날 무엇을 잘못 살아서 요 모양이 됐는지 찾을 수 없는 것이 당연하다. 게다가 이곳에서 조차 꿈틀대는 자존심은, 은근히 왕년에 잘나갔던 놈으로 부각시키고자 순간순간 눈치를 보며 기 싸움을 해댔으니, 그 꼴이 얼마나 우스꽝스러웠겠는가 말이다. 이렇듯, 제 꼬락서니도 모르는 작자에게는 통곡은 호강이자 사치일 수밖에 더 있겠는가.

● 도란 무엇일까? 그동안 봉창만 두드렸구나

무엇을 위해 살 것인가에 대한 원(願)을 원을 먼저 세워야 한다는 법문이, 공부의 단추를 채우지 못해 헤맬 때마다 어김없이 들려왔다. 자신이 세운 원을 이루기 위해서는 자신을 갖추어 나가기만 하면 된다는데 말이다.

그러나 지금까지 살아오면서 원이란 고작해야 나 먹고 살자는 것이었으니, 법문을 잘 듣고도 내 잣대를 들이댔던 것도 이런 이유에서였다. 게다가 수행은 버리고 비우는 것이 아니라 제 부족함을 채우는 것이라 하는데, 습을 버리고 비우려고 안간힘 썼으니 자다가 봉창을 허다하게 두드렸던 것이다.

"道란 길을 말하는 것 이니라."

"무슨 길을 말 하는 것으로 알고 있느냐."

"나는 내 인생길, 너는 네 인생길을 가리키고 있는 것이 道이니라."

● 도의 근원

도란 자신이 살아가야 하는 인생길을 가리키는 것이다. 때문에 이를 아는 것이 깨달음이고 도를 득하는 것이라고 한다. 수행은 바르게 살아가는 길을 깨우치기 위해 하는 것임으로, 도를 깨우치는 것하고 도술의 능력을 얻는 것 하고는 하등의 관계가 없다는 것이다.

본래 도는 없는 것이다. 그러나 없는 도를 닦기 위해 너나 할 것 없이 자리 틀고 앉아 있다. 이러한 이들이 지금까지도 없고도 있는 것이 도라고 둘러 대가며 말을 해댄다. 그 누가 무슨 말들을 붙여도 도란 없는 것이고, 쓰면 나타나는 글자에 불과하니 평생을 닦아도 도의 실체를 알

리가 없다.

오늘날까지도 수행자들이 그러한 도를 막연히 앉아 닦기만 하다 보니, 도란 글자만이 존재하고 있는 것을 모른다. 그래서 도를 닦는 자라면 처음부터 원을 세워 들어가야 한다고 말하는 것도, 뜻 하는 바에 최대한 도달하기 위해서다. 도는 인생을 어떻게 살아가야 하는가에 대한 깨달음을 찾아가는 것에 있지, 도술을 찾기 위한 것이 아니기 때문이다.

깨달음은 생활 깨달음과 대자연의 깨달음 두 가지가 있으며, 이중에서 대자연의 깨달음을 추구하면서 공부를 해야 한다는 것이다. 그러기 위해서는 나를 다스릴 줄 알아야 하는 용기도 필요한데, 이는 공부가 끝날 때까지 자존심을 완전히 죽여야 한다는 소리다. 하나같이 자존심으로 어려워졌기 때문이었다.

오롯이 나아갈 바를 찾았다면 덕으로 그 행위를 다해나가야 하는 것이다.

석 달 열흘, 백일 공부를 마치고 나면 내 주위에 분별이 바로 서게 되고, 3년을 하고나면 지상의 법도를 깨우치고, 7년을 마치고 나면 천상의 법도까지 깨우치게 되니, 이때가 돼서야 천지(天地) 공부를 마치는 것이라고 말씀하시고는 이렇게 강조했다.

"푹 쉬어."

"그냥 푹 쉬기만 하면 돼."

그냥 푹 쉬기만 하면 된다는 헤아릴 수 없는 큰 화두를 남기시고는 자리를 뜨셨을 때, 푹 쉬어야 하는 그 자체가 만만치는 않아 보였다.

● 도량에서의 휴식

사찰이나 암자의 생활과 깊은 산중에 움막생활과는 차이가 나서 어색하고 힘만 들었다. 좌선은 물론 기도 따위의 어떠한 행위도 없이 푹 쉬는 그 자체가 수행이다 보니, 무료한 시간을 보내기 위해 소일거리를 찾아내야만 했었다. 아마도 푹 쉬는 그 자체가 내 망상과 싸워 이겨내야 하는 시간이었으니, 움막 주변의 풍경이 어느 정도 시간이 흐르고 나서야 눈에 들어왔다.

산이라는 곳을 어려서부터 들어가야 하는 타고난 명(命)은 어쩔 수 없는 일이라고는 하지만, 사회생활을 하다가 들어간 이들 모두가 어려워져서 들어간 것이다. 내 고집, 내 방법이 옳다고 고집부리다가 말이다. 사실, 내 방법이 틀린 것은 아니었으나 주는 방법을 몰랐던 것이 문제였다. 주려면 상대방의 근기에 맞게 줬어야 했는데, 늘 내가 주는 것이 싫으면 그만이라는 식이라 치우친 인간관계를 형성시킨 것이다. 이는 입맛에 맞는 음식만을 골라 먹는 편식이 심한 식성으로 인해 몸을 망쳐버린 꼴과 별반 다를 바가 없으니, 악화된 건강회복을 위해 병원으로 끌려가야 하는 꼴이나, 산으로 끌려 들어가야 하는 꼴이나 다를 바가 뭐 있겠느냐는 소리다.

• 산은 병원과 같다

은둔 생활하는 자들은 자기 고집으로 외로워져 들어간 것이니 만큼 내 앞에 온 한 사람의 인연이라도 진정 다 할 수 있을 때까지 공부해야 인생을 회복하는 길이다. 상대방의 처지를 헤아리지 못하고 내 계산, 내 방법대로 이끌다 어려워져 어쩔 수 없이 찾아 들어간 곳이니 만큼, 공부의 요점은 어려워진 이유를 찾아내는 것에서부터 시작이었다. 기실은, 너무 잘난 멋에 살다가 벌어진 일들이었으니, 독선이 가져다주는 잘난 점과 못난 점 등을 찾아내어 제 스스로 그것을 얼마만큼 인정하느냐에 달려 있었다.

자신들이 저질러 논 형편을 바꾸어 나가기 위해 수행하는 것이라, 어려워진 이유와 원인을 규명하지 않고서는 나아질 리가 없다. 이를테면, 나 살기 위해서만 살아간다고 해서 형편이 나아지지 않는다는 소리다. 내 앞에 온 인연과 더불어 살아갈 때 나아진다는 소리다.

도와 덕으로 살아가는 것이 공적(公的)으로 살아가는 것이라고 말한다. 공인으로서 삶을 살아간다면 더 이상의 어려움은 찾아들지 않는다고 말하는 이유도, 다들 사(邪)적으로 살다가 어려워졌기 때문이다. 공적인 삶을 살아가는 만큼 삶의 질량도 따라서 바뀌게 되는 이유도, 탁해진 기운이 그만큼 맑아지기 때문이라는 것이다.

길이는 삼천리 둘레는 칠천리, 산이 70%에 들이 30%이며, 삼면이 바다로 둘러싸인 해 돋는 땅에서 태어나니, 뿌리 민족이자 지도자민족으로써의 삶을 살아가야 한다는 것이다. 지도자의 삶이란 공인의 삶을 말하는바, 지금부터라도 자신이 아는 만큼씩 할 수 있는 만큼씩 행의 질량을 바꾸어 나간다면, 가슴 벅차게 다가오는 삶의 환희를 느낄 수 있다는 것이다.

● 움막 생활의 처지

두어 평 남짓한 움막에서는 뜻을 같이하기로 한 도반 서너 명이 함께 기거하므로, 서로를 위하며 공부하는 길은 불편을 주지 않는 것에 있다고 생각했다. 그러나 제 뜻대로 응해주지 않는 사소한 일에서부터 부족함이 드러나기 시작하자, 하찮은 것에서부터 공부가 벌어지고 있었다.

이때마다 무엇이 우선인가에 대한 분별을 세워야 했으나, 이도 갖춘 만큼이다 보니 늘 서운하고 섭섭함 뿐이었다. 참견 아닌 참견과 간섭이라 할 수 없는 간섭으로 인해 드러나는 불편한 심기, 그때마다 자신의 처지를 뒤돌아보게 하는 일들이 자연스레 벌어졌다.

제아무리 왕년에 잘나갔다 한들 여기에서는 너나 나나 조금도 다를 바가 없다. 게다가 왕년에 잘나가보지 못한 이들이 어디에 있겠는가. 잘난 멋에 저지레를 떤 것임이 시간이 흐르면서 드러나긴 했으나, 참견과 간섭은 내 욕심에서 기인 된 구속이었다는 것까지 깨닫기까지는 아직은 이른 모양이다. 제 주제도 모르고 늘 결론을 내려 탈이 날 수밖에 없었으니 말이다.

이도 제 잘난 멋에 기인한 자존심 때문이라, 늘 '척'으로 간섭을 일삼던 이미지는 어느 순간부터 여지없이 구겨져 버리기 시작했다. 수행의 근본은 사람이 되어 주어진 일을 하기 위한 것임을 알아갈 무렵부터, 잘못 길들어진 습(習)이 고개를 내밀며 기 싸움을 해대기 시작했기 때문이다. 내가 생각으로 맞서는 만큼, 상대방도 방어적인 자세로 맞서고 있었으니, 역시 내 '각'에 치우치면 그것에 의해 곤욕 치러야 했다.

● 자가당착은 내 뜻대로 하려는 욕심에 있다

　지난날은 아쉬울 것이 없었으나, 못 다한 미련을 지우지 못해 괴로워하면서도 자가당착에 빠지는 이유도, 제 잘못이 무엇인지 모르기 때문이다. 이러한 증상은 모두에게 나타나는 공통분모다. 아픈 과거를 고이 접고 놓아야 하는데 정신이 이러하니 육신은 하는 일도 없이 어느 시간까지는 늘 피곤한 상태다. 어쩌면 이러한 불안감은 여기에서조차 내 뜻대로 해보지 못한 욕심 때문일지도 모르니, 과거는 오죽이나 했겠는가.

　법문에 제 잣대를 들이밀어 저울질 해대는 것도, 불신임으로 법을 완전히 받아들이지 못해 일어나는 일이라고 한다. 배고픈 자를 허기 면하게 해주니 방까지 잡아달라고 쌩떼 쓰는 거와 뭐가 다를까. 달리 생각해보면 이는 저울질해대는 불신임이라기보다는, 법문이 너무 쉽게 가슴에 와 닿아 생각이 요동을 쳐서 그런 것이기도 했다. 하지만 분명한 사실은, 잣대를 들이대는 만큼 어리석어 법문을 소화해 내지 못한다는 것이다.

"내 도움을 받으러 왔으면 내 말을 따라야 하느니라."

"내 말만 듣고 네 뜻대로 할 것 같으면 시간 허비하니 말고 어서 떠나거라."

"알겠느냐!"

원을 세워 수행하고자 할 때는 그야말로 푹 쉬면서 석 달 열흘 동안 여러 가지 분별이 설 수 있도록 도와주는 반면에, 7번을 달아본다는 것이다. '왜! 달이 보름마다 뜨고 지느냐'는 화두와 함께 말이다.

이러한 스승을 믿고 따라도 괜찮은가의 결정을 내리기 위해서는 백일은 함께 지내봐야 하는 이유다. 이 결정을 내려야 만이 수행기간 동안에 자신의 원을 세워 공부해 나갈 수 있기때문에, 한마디로 이 기간은 법문을 통해서 자신의 원을 세우는 기간이기도 한 것이다.

지금 하는 공부가 전무(前無)한 대자연(天符經)의 수행이니만큼 교리나 교본이 있을 리 만무다. 이를 바로 알 리가 없는 시발(始發)의 학인이기도 하지만, 내 식으로만 가득 차 있어 제대로 받아들이지 못하니 딱하기 그지없다. 딱히 해야 할 일은 없다. 그러나 해야 할 일로 인해 부닥치고, 부닥쳐감에 따라 괴로워하고, 괴로워할 때마다 부닥쳐서 손상한 자존심 때문에 헤매야 했을 때, 그렇게 찾아 들어가고 있었던 모양이다.

2. 배우는 자는 흡수하는 자이다

스승을 만나 못난 것을 배워도 아는 것이고,

바른 스승을 만나 바른 것을 배워도 아는 것이라고 했을 때 사실,

무엇을 배우느냐도 중요하지만 어떻게 받아들이느냐가

더 중요하다는 사실을 이때 깨우쳐야 했다.

수행(修行)의 근본은 덕 된 삶을 살아가기 위한 것이므로 자신을 얼마나 갖추어 나가느냐에 있다. 그러나 수련(修練)은 사의 기운인 술(術)을 구하고, 나쁜 버릇과 습관을 바꾸어 나가는 것이 전부인지라, 상대를 덕되게 하는 내공을 쌓아나가는 수행과는 거리가 멀다. 수련은 수행하기 위한 전 단계다. 제 인생을 위해서는 어느 정도 선에서 수련을 마무리 짓고 다음 단계인 수행으로 들어서야 하나, 거의 수련단계에서 빠져나오지 못하고 있다. 이유는, 수련 중에 조금씩 주어지는 도술(道術)의 맛을 보기 때문이다. 예나 지금이나 공부자들이 근기에 따라 주어지는 술(術)에 취(取)해 헤어나지 못하고 있으니, 지도자는 수행하고 일꾼은 수련한다는 말이 떠돈다는 것이다. 그리고 어떠한 말이든 말이 만들어질 때는 그만한 이유가 있다는 것이다.

● 수행과 수련의 차이는 무엇일까?

대자연 법의 원리는 수행으로 통(通)할 수 있는 법(法)이다. 때문에 대자연 법과 통하기 위해서는 1안의 수련 중에 주어지는 술(術)의 단계를 뛰어넘어야 2안의 수행으로 들어갈 수 있다. 하지만 하나같이 도술에 빠져 이렇다 할 선지식이 배출되지 않는다는 사실에서 볼 때, 수련의 한계가 보인다. 법(法)은 술(術) 위에 있기 때문이다.

수련은 개인의 재능 개발을 위한 것이니만큼 의욕보다는 욕심을 앞세워 수련하다가 주화입마에 걸리곤 한다. 이는 2안의 대안을 모르고 1안으로 무리하게 1안을 뛰어넘어보려다 걸리는 것이다. 사실, 무리한 호흡으로 기혈이 바르게 소통하지 못해 막히는 것이나, 내 앞에 온 인연과 바르게 통하지 못해 막힌 것이나, 마찬가지로 주화입마다.

1차적인 수련이나 2차적인 수행이나 통하기 위한 것에 있다. 1차는 2차를 하기위한 방편이라는 소리다. 하지만 2안의 대안인 법으로 나가지 못하고, 1차의 방편인 술에 빠져 걸리는 것이 주화입마다. 인간관계도 이와 마찬가지다. 내 뜻대로 너를 움직여 보겠다고 욕심부릴 때 이미 걸려 있었던 것이다.

1차의 방편인 도술로써 인연을 불러드렸다면 2안의 법으로 덕 되게 해야 하나, 내 욕심만 채우려 들기 때문에 인연들이 떠나버리는 것이다. 도움 주기 위해 찾아오는 인연은 없다. 도움 받기 위해 찾아오는 것이 인연이라는 소리다. 자기 욕심이 인연 위에 서 있다면 통하지 못해 주화입마에 걸린 것이니 외롭게 살아야하는 것이다.

● 마음에너지란?

상대를 위해 티 없이 행할 때, 스스로 동(動)해 내 앞에 온 인연을 지적으로 덕 되게 하는 것이 마음에너지다. 행의 공덕을 쌓아나가기 위한 지혜의 보고가 마음에너지이므로, 버리고 비울 수 있는 성질의 그 무엇이 아니다. 다들 마음을 나로 알고 있어 버리고 비우려 하는 것이다. 마음은 마음일 뿐이며, 육신은 육신일 뿐이고, 나는 나일 뿐이다. 이 지상을 3차원이라 명명한 것도, 이 지상을 3등분으로 나누어 빚었기 때문이며, 이에 따라 인간도 3등분으로 나눠 빚은 것이다.

사실, 덕 된 삶을 사는 것이 인생을 살아가는 것이라, 덕 된 삶을 살아가야 하는 인간이기에 마음에너지를 빚어 넣었다. 덕 된 삶은 공인으로 사는 것이라, 수행은 공인으로서 공적인 삶을 살기 위해 하는 것이다. 하지만 다들 도술을 구하기 위한 수련에만 빠져드니, 마음에너지를 알기는커녕 마음 자체를 바로 한 번 써보지도 못하고 죽어가고 있다.

고로 명상, 호흡, 기공 등의 수련은, 수행하기 위한 방편에 불과했던 것이다. 그러나 수련 도중에 근기에 따라 간혹 유체이탈의 경험과 있고도 없는 비현실세계인 진공묘유(眞空妙有) 속에 빠져들다 보면, 그냥 그 세계에 취해 주저앉아 버리니 문제다. 깨달음이 무엇인지도 모르면서 그것이 깨달음의 길인 줄 알고, 영산명산(靈山名山)에 죽치고 앉아 스스로를 죽여가고 있는 공부자들이 허다하니 안타까워하는 소리다.

이걸 하기 위해 인기(人氣)가 인육(人肉)을 쓰고 인간으로 살아가야 하는 것이라면, 대자연이 인육을 입혀 대우주에서 이 지상 3차원 빚어서 내려보내야 할 이유도 없었다. 저마다 주어진 일을 하기 위해 보내진 것이다. 그렇다. 저마다 주어진 일을 하기 위해 이곳으로 보내졌고, 그 주어진 일을 찾기 위해 수행하는 것이다.

● 도술은 깨달음이 아니다

수행보다는 수련 도중에 근기에 따라, 병을 고치는 능력이 생기기도 하고, 영(靈)과의 교신으로 예언이 나오고, 풍수나 땅 밑이 보이는 지리도법, 기(氣), 점술을 볼 수 있는 능력이 주어지기도 한다. 이러한 신비스러운 일이 일어날 때 깨달은 것으로 아는 공부자들이 태반인데, 이는 단순히 신(神)이 들어 온 것뿐이지 깨달은 것이 아니다. 아울러 신이 들어 온 것하고 인생을 살아가야 하는 것하고는 거리가 멀다는 사실이다.

2안을 일깨워주기 위한 1안의 방편인 도술에 빠진다면 2안의 대안이 무엇인지 알 도리가 없다. 하지만 이미 1안의 도술이 주어졌다면, 2안의 법으로 가기 위해 1안의 술을 발판으로 삼아야 한다. 1안의 사(邪)의 기운에 놀아나서는 2안의 정(正)의 맛 볼 수조차도 없으니, 술에 빠져가지고는 덕 된 삶이 무엇인지 알도리가 없는 것이다.

이렇듯 수행이란, 덕으로 살아가기 위해 티 없이 자신을 맑히는 것에 있으니, 억지로 끌어당겨 쓰려 하는 사기와는 다를 수밖에 없다. 중요한 사실은, 오늘날은 한 집 건너 한집 대 꽂는 시대이며, 나뭇잎에도 신이 내리는 시대라는 것이다. 따라서 이미 우리 민족 30%는 이러한 기운과 마음에너지 질량까지도 충만히 받아 왔다는 것이다. 그러나 사적으로 쓰는 바람에 주화입마나, 인간 '고(苦)'에 걸려 고통스레 살아간다는 것이다.

● 마음에너지는 분별의 힘이다

지혜의 샘에 비유할 수 있는 마음에너지는 인간에게만 있고 동물에게는 없기 때문에, '나'의 주체가 없는 동물은 본능에 의지하며 살아가야 하는 것이고, 내 주체가 되는 인기(人氣)가 인육을 쓰고 인간으로서 살아가는 나는, 너를 위해 살아가야 하니 절대 분별의 삶을 살아가야 하는 것이다.

대우주 안팎 어느 곳에도 없는 마음에너지는, 인간이 죽으면 자동 소멸되는 관계로 영·혼신은 극 단순해지며, 죽는 그 순간에 모든 것도 정지해 버린다. 특히, 영·혼신은 마음에너지가 소멸되어 그 무엇도 분별할 수 없는 극 단순해진 상태라, 스스로 할 수 있는 일이라고는 고작 3·4차원을 오가는 행위뿐이다. 인간으로 살아가는 동안에 집착으로 고착된 한(恨) 맺힌 '고'를 풀기위해, 조상 줄에 인연된 자손에게 빙의되어 그 자손을 힘들게 하는 것도 이런 이유에서다.

인간이 진화발전 해온 것도 육천육혈을 통해 인육 속에 마음에너지를 완전하게 안착시키기 위한 작업이었으니, 서에서 동으로 동으로 수만 수천 번의 윤회를 통해 해동 땅 안으로 들어왔다는 것은, 완전진화를 마쳤다는 의미이기도 하다. 특히, 지금 이 시대의 주역인 아날로그 세대가 그들이며, 진화의 최상단에 오른 그 만큼의 기운이 우수하기 때문에, 전후 36년 동안 어느 민족도 해낼 수 없는 1안의 경제 성장을 이룩한 것이다.

진화의 최고 정점에 오른 인육에 마음에너지를 바르게 안착시킨 세대가 아날로그들이며, 이들 세대가 해 돋는 땅의 기운을 되살리기 위해, 뿌리민족의 역사적 사명을 띠고 이 땅에 태어난 것이다. 아날로그 세대들이 '국민교육헌장'을 성장통에 회초리를 맞아가며 외워야 했던 이유가, 오늘날에 들어서서 2안의 대안으로써 정신문화콘텐츠개발을 창출해내기 위한 대자연의 가르침이었던 것이었다. 그러나 2안의 대안까지는 생각지도 못하고 1안의 물질에서 성장을 멈추고 말았으니 경제는 도탄에 빠질 수밖에 없는 것이다.

• 시험대는 사주의 기본 자리에 오르고 부터다

천상(대우주)에서부터 지어온 업을 씻기 위해 이 지상 3차원을 빚었다. 근기에 따라 재능을 준 것도 업을 씻어내기 위한 대자연의 사랑이었다. 하지만 한결같이 물질 방편에 빠져 허우적거리니 한 뜸이라도 제 인생을 아는 자가 있기나 할까.

어떠한 자리에 오르던 간에 그 자리는 피나는 자기 노력도 있었겠지만, 그만한 사주(근기)를 받아 가지고 왔기 때문에 가능한 것이다. 사주라는 덕행을 위한 자본금이 없었다면 오르기나 했겠는가라는 소리다. 때문에 그 자리에 올라섰다고 성공을 운운하면 곤란하다. 주어진 제 자리에 오른 후부터가 비로소 자기 인생이 시작되기 때문이다.

이미 받아온 자기 자리를 차지하기 위해 너나 할 것 없이 달려가다가, 막상 그 자리에 올라서는 자신을 갖추어 놓지 못해 다들 쩔쩔매고 있다. 공부는 제 자리에 오르고 난 후에 덕 되게 행하기 위해 하는 것이지, 그 자리에만 오르려고 공부하는 것이 아니다. 1안의 방편에만 매달리다 보니 2안의 대안을 알 리가 있나. 제 자리에 오른 후 떨어지는 이유는 한가지다. 그것은 덕이 되지 못했기 때문이다.

● 대자연은 모두에게 공평하다

갖추지 못한 만큼 차이가 날 뿐이다. 결코, 대자연은 너와 나의 차별을 두지 않았다. 해야 할 일의 질량이 다를 뿐이다. 게다가 자신이 아는 만큼밖에 살 수 없는 것이 삶이기 때문에, 대자연은 탓할 권리를 그 누구에게도 주지 않았다. 상대를 탓하고, 세상을 탓하는 자를 대자연은 그래서 돕지 않는다.

돌이켜 보면, 분별없이 내 고집과 독선의 잣대를 들이밀어 바닥을 쳤던 것이지, 결코 대자연이 내가 미워서 바닥을 치게 만든 것이 아니었다.

"내 안에 모순부터 버려야 하는 것이니라."

편견을 가지던 모에 순을 잘라버려야 했다. 내 논리와 고집과 독선의 줄기가 뻗칠수록 나 잘났다고 치대니, 어찌 인연들이 가져다주는 사고를 분별없이 받아들일 수나 있었겠는가. 상대방의 모순만을 보려다가 삶의 바닥을 치고 수행자가 된 이들이기에, 입 닫고, 눈 뜨고, 귀 열어 무엇이든 흡수해야만 하는 것이다.

● 보이고 들리는 건 나를 깨우치기 위함이다

잘난 멋에 투자해온 자존심과 아상(我想) 그리고 독선이 춤추는 것도 이미 받아온 힘으로 이루어놓은게 있었기 때문이다. 그러한 능력을 받아오지 않았다면 피나는 노력도 빛 바랠 뿐이다. 한 뜸씩 이러한 사실을 깨우쳐가서인가, 은근히 버티던 객기도 숨죽이는 듯했다. 보이고 들리는 일들이 나를 깨우쳐주기 위함이라는 사실을 알았을 때, 주어진 능력 개발하기 위해 피땀 흘려 노력하기보다는, 우선 그 능력을 펼치기 위한 자기 갖춤의 공부가 더 필요하다는 사실을 알았다.

보이고 들려오는 것조차 내 앞에 너를 위한 것에 있었지 나를 위한 것이 아닐 진데, 나만 잘 먹고, 잘 살기 위해 발버둥 치면 욕심 구덩이 속으로 빠지는 것은 당연하다. 게다가 그 욕심 구덩이 속에서 헤어 나오지 못해 바닥을 쳤고, 그 구덩이에서 헤어나려다 보니 사소한 행위에서부터 마찰은 불가피하다. 자존심이라는 소갈딱지는 못난 자들이 숨 쉬는 구덩이에서 조차 제 잘났다고 치대니 얼마나 뜯기고 할퀴어야 제 꼬락서니를 알까?

● 기싸움

도량에서 도반끼리 지지 않으려는 기 싸움에 마찰이 잦을 날이 없었다. 그때마다 자신을 지키려는 자존심으로 핏대를 세웠다. 그 핏대에 얻어맞은 상대방은 더 강력한 자존심의 독기를 뿜어내어야 하는 원리를 몰랐기에, 도량이라는 특수한 공간에서 기 싸움의 골은 깊어만 갔다. 못난이들이 살아가는 곳이라서 그런 모양이다.

독기에 감염된 몰골은 부정과 투사로 분별력을 잃었음에도 불구하고 웃어야만 했다. 너보다는 내가 잘난 놈으로 보여야만 했기에 공부된 '척' 갖춘 '척'을 해야 했던 것이다. 그 잘난 자존심에 왕따 되었으면서도 이곳에서 조차도 못난 놈이 못난 짓을 해대느라 공부는 뒷전이었다. 이때마다 독기에 감염된 기운의 치유는 내 앞에 있는 도반을 덕 되게 하는 것에 있음을 한 뜸씩이라도 깨우쳐야 했을 텐데. 아직은 내가 사자 짓 한 것보다는, 내게 사자 짓 한 네 행위가 먼저 스쳤으니 일촉즉발의 상태는 여전했다.

너를 위해 사는 것이 나를 위해 사는 것이라고 쉽사리 말한다. 하지만 그렇게 하려 해도 속 알 딱지가 밴댕이라서 그러나, 그리 안 되는 것을 어찌하란 말인가. 아마도 내 인생을 위해 내 앞에 온 상대방을 덕 되게 하는 법을 배워야 한다는 소리인 모양이다. 착하게 살지 말고 바르게 살라고 말이다. 해주고도 투덜거리니 나를 위해 착하게 살아온 만큼 못난 꼴을 보여야 했던 모양이다.

어느 정도 세월이 흐르자 움막에서 조금은 안정된 도량으로 수행 장소가 바뀌면서, 화두가 던져졌다.

"네 처지를 깨닫게 하는 것이 무엇일 것 같더냐"

절하고, 기도하고, 좌선을 해서 얻을 수 있는 것은 아상뿐이라, 그러한 행위로써는 자신을 맑힐 수 없다는 뜻이기도 하지만 사실상의 공부는 한사람 건너에 있지 않았다. 내 앞에 있는 인연으로부터 벌어지고 있었다. 그 인연으로부터 잘못 살아온 지난날을 찾을 수 있게 말이다. 더욱이 도량은 공부하는 장소이기만큼, 수행자들처럼 실패한 이와 몸 아픈 환자들이 자주 들르곤 한다.

• 대자연의 공부는 내 앞에 인연이다

천부(天符)의 공부는 대자연이 인간의 상대성원리로 가르친다. 대자연 법을 공부하겠다고 대자연에 고하였으니, 대자연의 가르침의 방편이 무엇인가를 먼저 알아야 했던 것이다. 내게 부는 바람은 내가 맞아야 할 바람이듯, 실패한 이들 앞에는 실패한 이들이 주로 찾아 왔으며, 환자에게는 몸 아픈 이들이 찾아와 주로 말을 건넸다. 자신을 뒤돌아볼 수 있도록 처지 비슷한 교과서를 대자연이 보내주는 것이다. 수행자의 도리는 겸손과 존중으로 내 앞에 온 이러한 이들의 소리를 분별없이 받아먹어야 하는 것에 있다. 이들의 잘난 척에 덩달아 입을 열면, 평생을 공부한다 해도 제 꼬락서니를 알 도리가 없기 때문이다.

• 분별하지 말고 흡수하라

왜 그러한 인연들이 내 앞에 왔을까! 앞으로 살아가야 하는 인생이 남아있어서 공부로 보낸다는 사실이다. 처지가 비슷하니 도량을 오가지만, 이들을 바르게 대해주지 못하는 건 마음보다는 생각이 앞서 입을 열기 때문이다. 수행자가 제 잘났다고 입 띠는 순간 공부가 끝장난다고 말한다. 내 생각으로 답을 내기 시작하면 분별을 바르게 세울 수 없기 때문에 그렇다는 것이다.

독약이 영약(靈藥)이라, 듣기 싫은 소리도 먹어야 하고, 보지 않아도 될 것을 때로는 눈으로도 먹어야 하는 것처럼, 어찌 보면, 하고 싶은 말 참고 상대방의 이야기를 끝가지 들어주는 것처럼 참된 고행도 없다. 제 잘났다고 치대는 이들에게 있어서는 말이다. 내게 필요한 삶의 양식은 인연들의 입을 통해, 내 눈과 귀로 들어와 육천육혈의 모공 속으로 스며들어 마음에너지가 모조리 정리해놓기 때문에, 입 닫고 3년만 눈으로 먹고, 귀로 먹으면 분별은 스스로 깨어나게 되어 있다는 것이다.

늘 잘난 멋에 무엇 때문에 이것은 싫고, 이것은 이 때문에 좋다는 식으로 잣대를 들이미니, 치우친 자폐 증세를 알 리가 있나, 더 웃기는 노릇은 제 자신이 그렇다는 것을 모르는 것이다. 치우친 '각'을 깨기 위해 좋다고 말하는 것과 나쁘다고 말하는 것들을 받아먹는 공부를 하는 것도, 지금까지 잘못 살아온 내 모순을 내가 보기위해서다. 특히 공부자들이 분별을 들이 댈 때마다 오만 것들이 오만 짓을 다 해대는 이유도 이러한 연유에서다. 그래서 늘상 입으로 되뇌고 또 되뇌는 소리가 이 소리였다.

알아도 몰라라
들어도 몰라라
보아도 몰라라.

배우는 자는 흡수하는 자로서, 자신의 잣대를 놓지 않고서는 찾지도 구하지도 못한다는 것이다. '내 잣대를 대는 만큼 내 답이지 결코 상대의 답이 될 수는 없다'는 소리와 더불어 귀에 딱지 않도록 듣던 소리가 바로 '배우는 자는 흡수하는 자이다'라는 소리였다. 부족한 만큼 자신의 기운이 탁해지는 것이다. 모든 것을 내 계산 없이 흡수하기만 하면 기운이 맑아지는 이유도, 이미 상대방의 모습에 내 답이 있었기 때문이었다. 그래서 '내 앞에 온 인연의 모습이 바로 내 모습이다'라고 한 모양이다.

어디에서든지 무엇을 하다가 막혔다면 입부터 닫아야 한다고 말한다. 내 부족함 때문이니 말이 먹히지 않는다면 눈으로 먹고, 귀로 먹으라는 소리다. 그리고 어려울 땐 어떤 행동을 하고, 즐거울 땐 무슨 행동을 하는가도 관찰해봐야 하는 것이다. 그들의 행위에서 내 모습이 비춰지기 때문이다. 그러나 지금까지 먹어온 알음알이가 지적발달 장애를 일으켜 입 닫을 줄 모른다. 사실, 알음알이라는 자체도 그때마다 필요해서 대자연이 빚어 놓은 것이다. 하지만, 그 값어치와는 상관없이 파일에 저장시켜 내 논리에 부합시키려 들었으니 구토한 것이다.

잘난 척만 안하면 입을 다물어야 하는 이유가 없었으나, 알음알이 꿀떡만 먹다보니 그리 쉽지만은 않은 행위였다. 내 잘난 입만 닫으면 잘못 살아온 지난날의 일들이 주마등처럼 떠오를 텐데 말이다. 그래서 지자불언(知者不言)이라는 소리가 귀에서만 맴돌았던 모양이다.

● 어려우니 한자리에 모인다. 서로 다를 바 없다

내 잣대와 부합되어 벌이는 행위 자체는 잘해보려는 몸부림이기도 하다. 그리고 모순의 분별이 바로 서지 않은 상태에서는, 상대방의 근기를 무시하기 일쑤라 상충을 쳤던 것이다. 이럴수록 자존심은 미묘하게 기승떨며 고집처럼 포장시키는 행위가 다반사였던 것도, 그러한 행위조차도 줏대인 것 마냥 보이고 싶어서 그랬는지도 모른다. 그때마다 골통이라 웃으면서 말해주던 이도, 아마 내가 스스로 죽여가고 있으니 깨어나라고 하는 소리였던 것이다.

도량의 공부자들은 너나 나나 다를 바 하나 없다. 바르게 살아가지 못해, 어려워져서 들어온 환자이기 때문이다. 그러나 자신들이 환자라고까지는 생각하지 않는다. 어려워 고통스럽지 않다면 산으로 찾아들지도 않았을 테고, 애타게 가르쳐줄 선지식도 찾으려 하지도 않았을 텐데, 처지가 비슷한 이들끼리 만나 공부하게 된 것도 내 잘난 멋에 살아왔기 때문이니, 앞으로 남은 것은 수행자로서 서로가 얼마나 통할 수 있느냐가 관건이다.

하나같이 너무나 잘난 이들이다 보니 도반이 됐다. 못난이가 없었던 것이다. 그래도 어느 순간엔 누군가는 못난이가 되어 잘났다는 이와 공부는 벌여야 했다. 세간에서 실패할 수밖에 없었던 행위들을 들추어내기 위해서는 말이다. 바른 것이 무엇인지 모르고, 착하게만 살아가려는 등신이었음을 모르고, 또 내가 잘났나 싶어 치대고 있어서 그렇다. 나도 너도 그랬고 도반들 모두가 그랬다. 그래서 가르쳐주면 잘하겠노라고 맹세도 했다.

실패한 원인을 깨우쳐 달라는 소리나, 가르쳐주면 잘하겠노라고 맹세한 것이나 같은 이유에서다. 이를 깨우치기만 한다면 성공의 원리를 알수 있을 텐데, 사실 내 앞의 인연을 덕 되게 하느냐, 못하느냐에 따라서 삶의 차이가 드러난다고 하지만, 무엇을 어떻게 해야 덕 되게 하는 것인지를 다들 모른다는 게 문제였다.

● 어려운 건 바른 분별을 못하기 때문이다

사상이 아닌 자존심으로 나를 죽이고, 주체 없이 매달리다가 자신을 또 그렇게 죽여가고 있는 것이다. 바르게 사는 정법의 원리를 알 리가 없으니, 저마다 논리에 끌려 다니다 어려워진 것이다. 물론 중요한 것은 바른 것에 분별을 하지 못하는데 있었다. 착한 것과 바른 것에 대한 분별이 바르게 서지 않는 한, 덕 되게 살 수 없다고 말하니, 선하다는 것보다는 착하게 보이려 했던 지난날의 우스꽝스러운 행위가 떠오르곤 한다. 내 주체가 없고 사상이 없어 매달리고 끌려 다닌 몰골이라, 당장에 깨버려야 하는 것이 착하게 살아야 복 받는다는 사고라는 것에 있다.

성인(成人)을 이야기하자면 인간에서 사람으로 성장한 이를 말한다. 다시 말해, 인간으로서만 살아간다면 인생(人生)을 살아가지 못하고 육생(肉生)에 머물러 지배당하고 끌려 다닐 수밖에 없다는 것이다. 분별을 바로 할 수 없으니 말이다.

"정(正)으로 사는 것이 인생이니라."

바르게 살아가는 정법은 어디에서 오는 것이 아니라, 인간에서 사람으로 성장하여 사람답게 살아가는 것에서 나온다고 말한다. 말 그대로, 인간은 나를 위해서만 살고, 사람은 내 앞에 온 인연을 위해 살아간다는 것이다. 이유가 어찌됐든, 우리 민족이 다들 대접을 받고 싶어 하는 분명한 이유는 우두머리 근기를 가지고 태어났기 때문이라는 것이다.

● **우리 공부는 우리 삶 앞에 있다**

단순히 죽고 사는 것이 존재의 이유라면, 사람으로 성장하여 자신의 삶에 충실해야 하는 이유가 없다. 게다가 사후세계와의 연계도 무의미할 뿐이다. 더욱이 인간으로 태어나서 동물처럼 살아가도 된다면, 문화적인 발전과 완전 조물 된 오늘날의 인간의 모습도 필요치 않은 것이다.

배고프면 먹고 피곤하면 쉬면 되니까 말이다. 바르게 살아가기 위한 수행을 통해 '나는 누구이며', '무엇을 하기 위해 태어났으며', '어떻게 살아가야 하는가'를 깨우치는데, 있어서 기실, 방법이 틀릴 뿐이지 인간 생활 속에서도 깨우칠 수 있도록, 모든 공부거리를 대자연이 각자 앞에 가져다놨다는 사실이다. 그러나 매 순간 제 뜻대로 응해주지 않는 상대를 탓하며 살다보니, 이러한 사실을 깨우치지 못하고 있는 것뿐이다.

● 복 짓는 게 무엇일까?

굶주린 이에게 주린 배를 채워주는 것이 복 짓고 사는 것으로 안다. 그렇다고 보면 사실, 모든 인간은 복 짓는 행위를 위해 일생을 보낸다고 해도 과언은 아니다. 하지만 복을 짓는 행위를 해대며 살아가는 이들이 어렵게 살아가고 있는 현실을 어떻게 생각하고 있느냐는 것이다. 복 짓는 행위 자체가 바르게 살아가는 것이라면 어렵게 살아가지는 않을 것이라는 소리다. 복 짓는 행위가 무엇인지 모르고, 복 짓겠다는 행위를 해대니 어려워지는 것은 당연하다. 때문에 바른 행위가 아니라는 표적을 대자연이 주는 것이다.

복을 짓기 위해 검증되지도 않은 말에 의지하고 따라나서는 자체부터가 제 잘못이지, 행위에 있어서의 잘못은 없다. 그렇게 배워 그렇게 행할 뿐이니, 그에 따른 분별의 몫도 자신에게 있기 때문이다. 한편으로, 복을 짓고자 하는 행위 자체가 덕 된 삶을 살아보기 위한 것이라 가상키는 하나, 문제는 복을 짓고자 하는 욕심에 빠져 바른 행위가 무엇인지 모르는데 있다. 바른 것을 찾아 들어가면 스스로 이루어지는 것이 사랑의 행위인데 말이다.

• 사법(邪法)도 어떻게 받아들이는가에 따라 공부로 승화된다

못난 스승을 만나 못난 것을 배워도 아는 것이고, 바른 스승을 만나 바른 것을 배워도 아는 것이라고 했을 때 사실, 무엇을 배우느냐도 중요하지만 어떻게 받아들이느냐가 더 중요하다는 사실을 이때 깨우쳐야 했던 것이다. 같은 법문이라도 처한 입장에 따라 달리 들려오기 때문이다.

너와 나의 기운이 오갈 때마다 무엇을 어떻게 주고, 또 어떻게 받아들이고 있느냐에 따라 공부와 덕행에 있어서도 큰 차이가 난다. 받아들이는 것 조차도 덕 되게 쓰기 위한 것이기 때문이다. 이를 운용할 줄 모른다면, 주어진 방편마저 오히려 나를 해하는 흉기로 둔갑해버리고 마는 것이다.

내 고집이 나를 운영해나가기 때문에, 덕 된 삶을 살아가기 위해 주어진 절대 분별은 자신의 단점을 숨기기 위한 위장술로 쓰이는 경우가 허다하다. 줏대처럼 비춰지는 독선도, 사상적 우월을 점유하고 자신만의 왕국을 건설코자 하는 술수 일 수밖에 없으니, 더 많은 문제점을 야기시키는 것은 시간문제다.

사실상, 고집과 독선은 힘의 논리라 치우친 상생이다. 버팅기려고만 하는 힘이라는 소리다. 게다가 치우친 가치에서 들이미는 잣대란 내 계산법에 따른 욕심인지라, 상대방의 처지를 바르게 알 리가 없다. 그렇다 보니, 부닥치는 일들마다 치우친 내 처지에서 생각할 수밖에 없었다. 그래서 늘 내 조건에 맞아야 한다는 속물근성이 된 것도, 밉다, 좋다의 분별을 '각' 속에 미리 집어넣었기 때문이기도 하다.

3. 내 뜻만 받아주면 탓하지 않으리라

사랑으로 위장시킨 동정을 베풀다가 그에게 상처를 받았다면

이미 그도 마음의 상처를 받은 후라,

제 자신의 열등을 감추려는 우월적 행위에서

어설픈 동정을 보였던 탓이다.

지식은 산에서 구할 수 있는 것이 아니다. 지금까지 알음알이로 점철된 고집과 독선을 정리하기 위해 주어진 시간이기 때문에, 기운 정화를 위해 처음부터 책을 보면 바르게 정리하지 못한다는 것이다. 원을 세운 후 자신에 대한 정리를 어느 정도하고 나면, 원리에 접근해 가는 지혜는 스스로 일어나게 되어있다는 것이다.

● **주는 대로 받아 먹어라**

기운을 정화 시켰다는 것은 기운이 맑아졌다는 것이다. 정화되어진 만큼 내 고집과 잣대도 들이대지 않기 때문이다. 사실이지 이쯤 되면, 바른 것에 대한 분별을 심어주는 대로 깨끗이 받아먹고, 받아먹은 것들

이 쌓일수록 내공도 쌓인다. 중요한 것은 누가 뭐라고 해도 배타하지 않는다는 것이다. 내 식이 없이 상대방의 뜻을 끝까지 듣게 되니, 일어나는 일에 대한 원리까지도 자연히 알게 되기 때문이다. 이때는 그럴 수밖에 없는 이유를 알려고 해서 알아 지는 것이 아니라, 있는 대로 그냥, 받아들이니 근본으로 들어가 원리와 부합되어 스스로 풀어지는 것이다. 내 식이 없이 상대의 입장을 그대로 받아들이니, 그럴 수밖에 없었던 처지에 대해 자연히 알게 된다는 소리다.

"이 생명이 다르고 저 생명이 다를 줄 아느냐."

"대자연의 진리가 하나이듯이 근본도 하나이니라."

생명의 근원이 하나이듯, 태어나서 살아가는 이유도 하나라는 것이다. 오늘날까지 수많은 논리가 출현한 것도 존재의 값어치를 찾기 위한 것이었으나, 치우친 자들의 논리들이다 보니 오래갈 수 없었던 것이다.

● 인생의 전부가 화두다

처해진 상황에 따라 주어진 단면만 보고 결정해 버리는 우매함을 범해서는 안된다. 저마다 처지에 따라 보이는 것만 가지고 놀아나니 전체를 보지 못하고 있다. 눈앞의 손등을 쳐다볼수록 부분을 전체로 인식하듯이, 내 것이 옳은 것은 하나 없는데, 옳은 것 마냥 미련을 떠는 만큼 삶은 고통스러울 수밖에 없다.

치우쳐 있기에 수행자다. 고로, 수행자는 어떠한 화두도 들어서는 안

된다는 것이다. 치우친 자의 분별은 고작 제 생각에서 기인하고 있기 때문이다. 지금 여기에 있을 때 스스로 생겨나는 것이 화두라는 소리다. 어제와 오늘이 다른데, 어제와 오늘의 화두가 같을 수는 없다는 것이다. 근기에 따라 매일 매일 주어지는 자기 화두를 잡아야 한다는 것이다.

'각'이 바뀌면 바뀔 때마다 화두는 계속 나오기 마련이라, 인생의 전부가 화두라는 소리다. 살아가는 동안에 들리는 것이 틀리고, 보이는 것이 틀리는데, 어찌 화두를 하나만 잡고 보이고 들리는 모든 것들을 제거할 수 있느냐는 것이다. 탁해진 내 주체의 기운을 맑히기 위해, 이 지상에서 오만상과 더불어 인육을 쓰고 살아가고 있는 자체가 바로 화두인 것이다.

게다가 인생의 화두는 내 앞에 온 인연을 통해 오게 되어있다. 하나만 붙들고 늘어지면 거기에 묶여 고집쟁이로 변하기 십상이다. 부분이 전체가 될 수는 없어서다. 그래도 있다고 말한다면 전체와 부분의 상황이 분별되지 않은 상태라, 일부분의 이해하는 것을 가지고 전체가 이렇지 않을까 라는 자기 생각을 그려보는 것에 불가할 뿐이다.

살아가야 하는 이유는 분명 하나이기에, 내 앞에는 내 할 일이 주어졌고, 네 앞에는 네게 필요할 일이 주어졌다. 이를테면, 일도 서로 통하기 위한 방편이라. 주어진 몫에 비례하여 살아가고 있다는 사실이다. 내 답이 너의 답이 결코 될 수 없는 이유가 여기에 있다. 이로써 네 사고가 내 사고에 맞춰줘야 한다는 생각을 가지고 있다면 심각하다. 분별, 분별이 말이다.

● 자신의 처지를 이해하는 만큼 배려가 나온다

'내 뜻만 받아주면 탓하지 않으리라'는 근성 때문에 그런지, 별거 아니다 싶은 일에도 곧잘 불편한 심기를 들어내곤 한다. 밴댕이 소갈머리라서 그러나, 그렇다고 고집쟁이도 아닌데 자존심에 열등감이 배어 나오는 행위가 빈번히 일어났다.

어찌 보면 도량이라는 한정된 공간은 자유 속에 구속이라, 은근히 자신만의 아상의 왕국을 갈망하면서 겸손한 척 너스레 떨다가 자신을 알아주지 않는다고, 내 뜻을 받아주지 않는다고 서운하고 섭섭함을 들어내기 일쑤다.

어느 정도 도량 생활 적응을 위한 시간이 지나면서부터, 서서히 도반들과 부닥침의 공부가 벌어진 것도, 내 뜻이 우선되어야 한다는 생각을 가지면서부터였다. 도량의 도반들을 존중하지 못해서가 아니라, 한 식구가 되어감에 따라 내 독선에 내가 춤추었던 시간만큼이나, 이해력이 바닥을 쳤던 모양이다.

강하게 보이는 만큼 그 속이 여려서 그러나, 지지 않으려는 열등감은 나를 속이는 자존심을 빚어내어, 소심함과 대범함의 걷잡을 수 없는 행위를 벌여댔다. 나부터 그들의 심기를 알아주지 못하는데, 나 먼저 알아주기를 기대했으니 심기가 불편한 것은 당연했다. 배려는 상대방을 존중할 때 나오는 행위다. 말하자면, 그럴 수밖에 없는 입장과 처지를 이해하려 들기에 그 기준에 맞춰 나오는 행위가 배려라는 소리다. 자신의 처지를 이해하는 만큼 말이다.

● 공부는 서로에 대한 이해다

도량생활이 몸에 배일수록 잘하려는 건지, 잘 보이기 위해 하는 건지 어색한 행동들이 드러날 때마다, 한결같이 아픈 사연을 가슴에 묻어둔 이들이라. 먼저 배려해 주기보다는 자신을 먼저 이해해 주기를 바랐다. 그렇다고 해서 상대방을 존중해야 한다는 것을 모르는 이들이 아니다. 자신을 먼저 이해해 주기를 바라다보니 그 깊이는 헤아리지 못하고, 잘 보이기 위해서만 안간힘을 쓴 것이 모나게 보였을 뿐이다. 그의 입장에서는 결코 모난 행위가 아니었던 것이다.

이렇듯, 지금 우리의 공부는 어떠한 교과서가 없었지만 부족함이 드러나는 만큼, 그 교과서는 어느새 앞에 와있었다. 내가 되든 네가 되든 말이다. 내 뜻과 맞는다면 별 문제는 없다. 그러나 네 뜻에 맞춰주기가 이리도 힘든 일인가. 사소한 일에도 으르렁대니, 더욱이 그러한 행동을 제 스스로 해놓고도 씩씩댔다. 내 뜻에 안 따라준다고 말이다.

공부의 맥을 바로잡지 못해 너는 너대로, 나는 나대로 일수밖에 없어, 어디 속편한 날이 있었겠는가. 때로는 상대를 위한다고 설칠 때마다 상대의 방법은 무시하고, 내 방법대로 처리해버렸으니 기 싸움에 불똥만 더 튀는 건 당연했다.

상생을 일깨워나가는 과정에서 상대를 위한다는 행위들이, 그만 참견과 간섭 일변도였으니 얼마나 잘난 척으로 비춰졌을까. 이런 일이 일어날 때마다 혀 깨물어가며 숱한 나날은 다짐했으나, 업그레이드된 차원에 부딪히면 한순간에 놓쳐 버리기 십상이었으니, 아마도 습하나가 완전히 빠져나갈 때까지 잘못된 행동을 한 모양이다.

우월주의는 내 멋에 도취된 행위라 상대방의 의견을 존중하지 못할 뿐더러, 내 뜻에 따라주는 이들만 좋아하는 자폐증을 악화시켜나갔다. 사랑으로 위장시킨 동정을 베풀다가 그에게 상처를 받았다면, 이미 그도 마음에 깊은 상처를 받은 후다. 자신의 우월적 행위에서 비롯되는 어설픈 동정은 아픈 상처만 남길 뿐이다.

그렇다고 네 처지나 내 처지나 뭐 다를 것이 있나, 다들 똑같다 보니 그 짓이 그 짓인데 말이다. 너와 나는 인생을 바닥쳐 이곳으로 보내졌음을 모를 리가 없다. 아니 어쩌면 이러한 자기 자신을 모를지도 모른다. 자기주장이 강한 이들이 수행하는 곳이, 도량이라는 특수목적을 띤 곳이기에 그렇다고 할 수 있다.

사실, 상대방의 행위를 이해하는 것은 고사하고, 내 처지를 아는 것이 우선이었다. 하지만 고집으로 버터 온 세월이다 보니 내가 나를 알기에는 그리 쉬운 일만은 아니다. 내 고집과 독선으로 내가 나를 막았으니 막힐 수밖에 없었던 것이고, 막혔기에 내가 나를 바로 이해하지 못해 부닥치는 일이 다반사였던 것이다.

제 처지도 모르는 주제들이 오만 간섭해대며 입방아를 쩌대니 노상 겉으로는 웃고 속으로는 으르렁거려야 했다. 그리고 제 일도 하나 바르게 처리하지 못하는 주제들이 콩나라 팥나라 휘젓고 다니니 도량에서조차 막힐 수밖에 없는 노릇이 아닌가. 통하지 못해 막힌 내가 문제지, 통하지 않은 상대방의 문제가 아니었으니 사실, 누구도 '탓'해야 할 이유가 없었던 것이다.

• 도량생활에서의 마찰

　사랑은 너와 통하는 것이었다. 허나 나 자신과도 통하지 못하는 꼬락서니가 어찌 애초부터 사랑이 무엇인지 알리가 있었겠는가. 제 먹고 살아가기 위해 발버둥 쳤을 뿐, 상대를 위하는 행위와는 거리가 멀었다. 제 이익을 위해 길들어진 짐승들처럼 아옹거리며 살아갈 때, 제 잣대로 좋고 나쁘다는 선을 그어버렸다. 그로 인해 맞다, 맞지 않다는 사고가 고착되니 미움도 생겨난 것이다. 당초에 미움을 배우지 않았다면, 사랑의 행위를 깨닫기 위해 노력이나 해보려할까. 사랑을 가르치기 전에 미움에 대한 원리를 깨닫게 하기 위함인지도 모른다. 내가 문제였다.

　도량 내에서 공부하는 도반들의 기갈이 보통이 아니다. 그러한 기갈 때문에 수행자이긴 하지만, 그래서 눈물도 많고 정도 많은 모양이다. 여기까지 와서도 다 주고도 또 주려하니, 간도 쓸개도 없는 것 같아 하는 소리다. 이러한 이들이 정을 주다보면 행위 자체가 간섭으로 보여 질 때가 허다하다. 여타의 감정은 없는 이들이 도반이다. 그리고 지난 세월을 이리도 못나게 살아왔기에 도반의 인연되었다.

　때로는 불쑥 내뱉은 말 한마디가 도량 전체의 기운을 확 바꾸어 놓곤 한다. 이러한 횟수가 빈번해질 때마다 세간에서는 제 싫으면 그만이라 안보면 그만이라지만, 도량에서는 내일도 보고 모레도 보고, 미워서 미워지도록 봐야만 하는 이들이다. 때문에 상대방에게 감정의 표현을 대 놓고 할 수도 없는 노릇이다. 서로가 마찬가지로 공부 중이라, 공부가 벌어졌다는 것쯤은 안다. 그리고 부닥침의 모순을 잘라내야 한다는 것쯤도 알고 있다. 그러나 여간 힘든 일이 아니다. 몸에 배인 악습은 잘못 살아온 세월만큼이나 골이 깊게 패여 있기 때문이다.

습관화된 행위가 반복적으로 벌어지다시피 하니 이러한 병을 고치는 것이 1차적인 공부였다. 별 의미 없이 해대는 행위로, 작은 마찰이 빚어질 때는 병적인 행위인지 모르다가, 크게 부닥치고 나서야 사고가 병적 행위였다는 것을 그때 가서야 인식하니, 도량 생활이 익숙해질수록 마찰이 끊이지 않는 이유가 여기에 있었다. 그것이 내 병이라는 사실을 인식하지 못했기 때문이다.

● 상대를 이해 못할 때, 모순된 행동 말이 나온다

한방 터지고 나서야 각성하기에, 저지레치는 행위자에서 그들을 쳐다보는 관찰자가 돼보려고 발버둥 쳐보지만, 인습이 몸에 밴 시간만큼 어느새 관찰의 대상이 되어버리곤 한다. 너무 쉽게 생각했던게 탈인가. 의욕만 앞세웠지 또 그 짓거리다. 행위자에서 관찰자가 돼보려고 했을 뿐이지, 이해의 품을 키우지 못해 유사한 상황이 벌어지면 숨겨 놓은 자존심을 여지없이 입으로 뱉어버린다. 그럴 수밖에 없는 상대방을 전혀 이해하지 못하는 데에서 나온 행위임을 깨달을 때까지였다.

모르면 못한다는 사실을 알기는 했지만, 이도 모르는 바와 다를 바 없었다. 여전히 내 잣대를 들이대는 만큼 이해의 품은 바늘구멍이었고, 이 구멍을 들여다보고 반성하려는 것이나, 모기보고 칼 뽑으면서 어쩔 수 없었음을 정당화시키는 것이나, 하나도 다를바 없기 때문이다. 손바닥도 마주쳐야 소리가 난다. 그럴 수밖에 없는 상대를 이해하지 못하는 한 상황종결이란 없다. 단지 다른 일이 불거져 잠시 뒷전으로 밀릴 뿐이다.

'각'이 작아 이해와 배려를 말로만 안다. 게다가 받은 만큼은 줘야 했던 소갈머리는 어디에 숨어있다 나왔는지, 이 시기에는 대화 도중에 늘 링크를 달았고, 또 링크를 달면 링크를 다는 자기변명의 일색이었다. '대화는 상대를 위해 하는 것'이라는 가르침을 귀로만 듣고 가슴으로 까지는 받아들이지 못해서인가. 내 뜻대로 해보려 했으니 어떠했겠는가!

내 주장을 늘어놓고 그 뜻을 이해하지 못한다고 핀잔을 주자, 알아듣게 이야기하지 못했다고 도리어 힐난해왔다. 맞는 행위다. 대화란 서로 통하기 위한 방편이기 때문이다. 하지만 대화에서까지도 제 뜻대로 해보려 핏대를 세우자, 상대방의 눈초리에서 발산하는 핏대는 더 기세등등하다. '남 탓 하지마라'고해서 '탓'하지 않는 대신에 소소한 일까지도 제 뜻대로 일관해보려고 해서 그랬나. 서운하고 섭섭한 감정이 대신하고 있다. 뜻 한대로 응해주지 않는다고 말이다. 나쁜 조건도 없었다. 내 뜻대로 써버렸고, 내 뜻대로 쓰려 했기에 궁지에 몰린 것이다. 욕먹을 짓을 했기에 욕을 먹은 것이다. 바르게 도와주고 욕먹는 법은 없다. 내가 저질러 상대방은 그런 행위를 해대고 있을 뿐이다.

4. 부닥침

참을 인(忍) 3번이면 살인도 면한다는 말이 있다.

하지만 그럴 수밖에 없는 처지를 이해하지 못한다면

참는 것도 한계가 있기 마련이다.

참는 행위는 이해하기 위한 전 단계라,

참는 것만이 능사가 아니다. 이를테면,

받아먹는 과정이 참는 것이라면

소화시켜내야 하는 것이 이해하는 과정이다.

받아먹고 소화시키지 못해 탈이 나는 것이나,

탁한 기운이 압이 차면 폭발하는 것이나 다를 바 없다.

하루에 서너 번씩 특별히 수련을 하기위해 주어진 시간이 없으니, 참선이나 명상 그리고 기도라는 자체를 아예 입 밖으로 꺼내지도 않았다. 하루를 보내기 위해서라도 어떠한 소일거리라도 찾아야만 했다. 그 당시야 과수원을 겸하고 있어 할 일이 있었지만, 움막생활 초기에만 해도 없는 일거리라도 만들어서라도 해야 할 형편이었다. 주어진 하루를 보내기 위해서 말이다.

놀고먹는 백수가 되는 것은 그렇다 치더라도 무료한 시간이 지속되다 보면, 그리움에 사무친 하루를 뿌리치기가 여간 고통스럽지 않을 때가 많다. 나름대로의 소일거리에 취해 있으면 새벽이다 싶으면 저녁이 되고, 저녁이다 싶으면 새벽동이 트니 회상에 빠지고 자시고 할 겨를이 없다. 개개인에게 무엇 무엇을 해야 한다고 딱히 주어진 일도 없지만, 그렇다고 주어지지 않은 일도 없었다. 공부를 위한 하루 일과는 그날의 상황에 따라 스스로 알아서 해나가고 있었기 때문이다.

산에서의 일은 해도 해도 끝이 없고 표시도 나지 않듯이 과수원의 일도 마찬가지다. 과수원에 가면 일이 있고, 가지 않으면 일이 없다는 말을 하고 다녔으니 고되기도 했던 모양이다. 그래서 그런지 도량은 공부의 장이었고, 과수원은 수업의 현장이었다. 과수원 아니라 일터라는 수업현장에서, 제 잘났다고 치대다가 부닥쳐가면서 잘못 살아온 지난날을 드러냈기 때문이다.

● 자존심 싸움

상대방이 뜻대로 응해주지 않는 이상, 마찰이 잦아질 수밖에 없다. 상생을 밝혀내야 하는 공부터이다 보니 마찰로 인해 자기모순을 비춰내기 시작했던 것이다. 사실, 내 뜻대로 응해주지 않는 상대만을 탓했지, 상대 뜻에 응해주지 못하는 제 자신에 대해서는 그리 깊게 생각해보지 않는다. 응당 받아줄 것이라는 생각이 앞서가지고, 그러한 일들은 그리해나가야 맞지 않나 싶어서 그런 것이다. 사소한 행위조차도 제 뜻대로였으니 마찰이 불가피 했던 것이다.

제 계산법대로 잘해보겠다는 행위에만 빠져있으니 심기는 늘 불편했고, 불편한 심기에 상처라도 받는다면 폭발은 불가피 한 것이다. 때문에 일이 다소 지연되더라도 혼자서 해보려고 안간힘 썼다. 누구의 간섭이나 참견을 싫어하는 이들이다 보니 속 편히 해보려는 욕심도 깔려있다. 한편으로, 지고는 못 산다는 오기가 발동해 자신이 하는 일에 대해, 일체의 간섭이나 참견 따위를 하지 말라는 무언의 시위이기도 했다. 일이라는 방편도 공부를 위해 주어졌다. 그러나 하나같이 일의 방편에만 빠져 자신을 위해서만 하려고 안간힘쓰다보니, 모난 모습을 그렇게 보여야 했던 것이다.

"네 답은 네 답 일 뿐이니라."

시간이 흐를수록 갈등과 마찰이 심화되자, 잔여분의 자존심발동 여부를 보기 위한 대자연의 진료가 시작되었다는 말이 떠돌기 시작했다.

과수원이나, 텃밭을 일구다 보면 사소한 것에서 부닥쳐야 했다. 도와주지 않는다고, 자신의 행위에 응해주지 않는다고, 은근히 자신을 무시하는 느낌을 받았다고 '각' 세워 아주 사소한 일에서부터 탓해가며, 세간사에 병들어온 모습을 드러내 보이기 시작했던 것이다.
자존심의 기 싸움이 시작된 것이다. 물론, 자신의 삶은 고귀하고 소중한 것이다. 그러나 저마다 제 꼬락서니도 모르고 제 주장이 옳다고 우겨대는 수준은 초딩도 안되어 보이니, 자신의 삶이 고귀한 것인줄 알기나 아나, 영 말이 아니었다.

"내 답이 결코 상대의 답이 될 수 없음을 알아야 하느니라."

잘못 살아온 지난날을 반성할 때까지 서로의 허물을 들쑤셔야만 했다. 이럴 때마다 한 뜸씩 들춰지는 허물, 이것들이 쌓여 삶이 멍들어 버린 모양이다. 그럴 수밖에 없었던 이들을 탓하지 않으며, 불편한 심기를 드러내 보이려 하지만 거기까지가 한계인가, 허물이 들춰질 때마다 격한 감정을 보이며 이내 씩씩거린다.

이렇게 품성에 모가나 어려워졌음을 일깨워주기 위한 대자연의 깊이를 바로 알 리도 없다. 찌들대로 찌들고, 망가질 때로 망가진 자신의 추한 모습을 망각한 채, 참견과 간섭으로 오히려 상대방의 모난 모습만을 탓했으니 말이다. 공부하겠다고 대자연과 약속했기에, 허약한 부분을 집어내기 위한 역할 자에 힘입어, 한 군데씩 드러나는 허물을 도려내기 시작했던 것이다.

● 소화하지 못해 싸우고 부딪치고 탈나는 것이다

서로의 의견을 조율시키기 위한 부닥침이 잦아질수록 미움도 크게 자리했다. 아마도 이리 쌓여진 미움은 지난날의 삶의 애환이라, 이러한 모습조차 숨기려고 애쓰는 행위가 밉상으로만 보이니 웃음조차 부자유스러울 수밖에 없다.

시간이 흐를수록 어떠한 행위도 이해할 수 없는 지경에 이르자, 상대방의 행위마다 앙금이 쌓였고 서로가 부닥치지 않으려고 도피적인 행위만 해댔다. 이렇게 미움이 쌓여 부닥치고, 부닥침으로 인해 드러나는 부족함은 병든 부위라 쌍방의 공부였던 것이다.

참을 인(忍) 3번이면 살인도 면한다는 말은 있다. 하지만 그럴 수밖에 없는 처지를 바로 이해하지 못한다면 참는 것도 한계가 있기 마련이다.

참는 행위는 이해하기 위한 전 단계라, 참는 것만이 능사가 아니다. 이를테면, 받아먹는 과정이 참는 것이라면 소화시켜내야 하는 것이 이해하는 과정이다. 받아먹고 소화시키지 못해 탈나는 것이나, 탁한 기운이 압이 차면 폭발 하는 것이나 다를 바 없다. 모르기에 못하는 것이나 아는 만큼 이해하는 것이나 똑같은 이치라, 모르는 것을 깨우치기 위해 법문을 상기시켰지만, 몰라도 너무 모른다는 게 문제다. 아니 제 식을 놓지 못하는 게 더 큰 문제다.

도량에서의 일은 공부를 위해 주어진 일이라 잘해도 그만 못해도 그만이다. 자기가 좋아서 하는 일을 가지고 감놔라 배놔라 해대는 내가 문제다. 내 뜻에 따라주지 않는다고 화를 끓이며 지적을 해대는 꼴이야, 상대를 위한다기보다는 내 속 편하기 위한 행위라 받아들여질 리가 만무다. 그리고서는 그러한 상대를 탓해댄다.

행위가 이렇다 보니 참견과 간섭을 해대는 내 꼴을 알 리가 있나, 그렇다고 그 순간에 '상대를 탓할 권리는 그 누구에게도 주지 않았느니라'는 법문을 떠올릴 수나 있었나. 상대방의 뜻한 바대로 응해주기 보다는, 내 방식대로 도운 것을 가지고 상대방을 도왔다고 말할 수 있느냐는 것이다. 그리고 그런 나를 상대가 어찌 생각하겠느냐는 것이다.

가는 방망이 오는 홍두깨라고 했다. 아마도 홍두깨로 맞은 여운이 너무 커서 그런지 회복이 더뎌 사랑의 행위는 저만치 가버렸다. 보여주기 위해 마지못해 '척' 하는 행위만 남았을 뿐이다. 되로 주고 말로 받고, 죽도록 미워서 미워해야 제 부족함이 보이려나, 부닥침 없이 부족함을 찾아낼 수는 없는 것인가. 미워서 미워지도록 미워해 보지 않았다면 사랑을 바로 알지 못했을 것이며, 이리도 병든 삶을 살아 왔음을 알지도 못했을 것이다.

● 부족함을 채우는 게 공부다

부족한 부분은 채워지기 위해 부닥치는 것이다. 부닥칠 때마다 상처
난 제 자존심을 위로한답시고 숨겨진 고양이 발톱이 튀어나오는 것을
없앨 때까지 말이다. 부족한 부분을 부닥쳐가며 채워갈 수만은 없는 노
릇이기 때문이다. 부족한 이들이 다시 부닥치면, 순간 고양이 발톱을
내밀어 할퀴는 것은 불 보듯 뻔하다.

부닥친 부분을 아파하면서도 또 부닥치면 내 환부가 아니라 상대방의
환부라고 생각하는 '각'이 바뀔 때까지, 고양이 발톱은 생각 속에 잔재
했던 모양이다. 달이 바뀌고 해가 바뀌어 갈 무렵에서야 내가 바뀌지 않
으면 상대방도 바뀌지 않는다는 사실을 알았으니 말이다.

속 끓이고 아파하고 고통스러워하는 것을 보아하니 수행자인 것은 분
명하다. 그러나 내가 내 병을 모르고 있으니, 기갈이 같은 도반을 이해
한다는 것이 보통일은 아니다. 사실, 먼저 이해하려 들기보다는 그들의
자율을 존중하고 지켜봐야만 했던 것인데, 그 만큼의 내공이 부족한 탓
도 있다.

게다가 내 자율을 위해서는 몸부림치면서 상대방의 자율을 침해한
편애한 사고는, 존중은 고사하고 그럴 수밖에 없는 그들을 이해 할 수
있는 분별을 키울 수나 있었겠는가. 있는 그대로의 모습을 지켜보고, 하
고자 하는 대로 응해 주는 것이 1차적인 관문인데, 내공이 빈약하니 부
닥쳐야 했던 것이고, 상대방의 자율성을 존중해주지 못하는 만큼 문제
를 일으켜야 했던 것이다.

도량이란 이렇듯, 정신과 육체를 위한 안식처이자 더불어 살아가는 것을 배우는 곳이므로, 너보다는 나를 우선할 때마다 부닥쳐야 했던 것이다. 어느 때는 부닥침을 피해보고자 내가 나에게 제재를 가해 스스로를 구속했다. 이도 공부의 일부였다고 할 수도 있으나, 빠른 길을 놔두고 먼 길로 돌아가니 구속된 시간은 그냥 구속된 시간이었을 뿐이다. 너를 위해 덕 되게 살아가지 못하는 한 구속은 상생의 단절을 가져올 뿐이라서 그렇다.

● 허물을 겸허히 받아들였더라면…

상대방의 실수에 관대하고 나에 대한 지적을 겸허히 받아들였으면 얼마나 좋았을까. 사실, 실수는 대자연이 너와나의 연결의 매개체로 주어진 것이나, 내 처지도 이해하지 못했으니 허물로만 받아들인 것이다. 지적은 상대방의 관심이자 잘해보자는 의미였는데 '각'에 빠져 부닥쳐야 했던 것이다.

지난날의 아픔을 공감하는 이들이기에 도반이 된 것이다. 물론, 처음 인연이 되었을 당시만 해도 무엇 때문에 인생이 꼬였는지 알 턱이 있기나 했나. 착하게만 살다 보니 착한 것을 바른 것으로 알아, 바르게 살지 못해 어려워졌다는 소리조차도 이해하지 못했으니 말이다. 공부하는 동안 차츰 그 깊이를 이해하기 시작했으니, 실수와 부닥침을 통해서 자신의 모난 점을 깨우치리라고는 생각지도 못한 일이다.

전무후무(前無後無)한 천부(天符)의 진리인 대자연 법을 공부하는 것이라 교재와 교본이 있을리 만무다. 그렇다고 해서 선지식의 뜻을 이룬 선학도(先學道)도 없다. 시발의 학인이라 습관처럼 잣대를 들이대는 것이 예사고, 실수하고, 부닥치고, 게다가 자존심까지 고개를 치켜들고 기 싸움을 해댈 때 도량 전체적인 분위기는 그야말로 싸늘했다. 그때마다 어김없이 법문은 뇌리를 스친다.

"부처 佛의 글을 관찰해 본적이 있느냐."

"자세히 관찰해보면 아주 잘 만든 글자라는 것을 알 수 있느니라."

글자체가 부처 불이기는 하지만, 이는 싯다르타만을 지칭하는 것이 아니라는 것이다. 마음을 구름 위에 올려놔도 솜털보다 가볍게 티 없이 떠 있는 이들을 가리키며 만든 글자가 부처 불(佛)자이 때문에, 맑고 깨끗하게 쳐다보기만 한다면 정확히 보이는데 저마다 자기 논리로 끌어 맞추다 보니 바로 보지 못하고 있다는 것이다. 나 역시도 불자라는 글 이외에는 아무것도 볼 수가 없었다.

한때는 佛자를 떨어뜨려서 사람인 '人'에 말마 '馬'를 선문답으로 줘봤더니 한결같이 합쳐서 다시 '佛'자로 만들어 놓는다고 하시면서,

"이게 어디 佛자로만 보이더냐."

"行자로는 보이지 않더냐."

이것을 떨어뜨려 써 놓으면 佛자가 아니라 行자가 나온다는 것이다. 지금까지도 행할 행(行)자를 찾아내어 말한 이가 없다하시면서,

"행을 한다하면 누가 행하는 것인 줄 아느냐."

"사람이 행하는 것 이니라."

"그럼 무엇으로 행하겠느냐."

"말로 행하는 것을 가리키고 있는 것 이니라."

사람의 말이 행이 된다고 하는 것은 바른말, 좋은 말을 하게 되면 상대방의 마음을 움직일 수 있기 때문에 그렇다는 것이다. 마음 한번 움직여 바르게 일을 하게 되면 그것보다 더 큰 덕행은 없다는 것이다. 깨우친 사람이 하는 말은 곧 법이 되어 나가는 것이니, 상대방은 이것을 듣고 깨우치고 행위가 달라지면 삶 자체가 바뀌는 것은 당연하다는 것이다. 탁한 DNA는 어떠한 마음가짐을 가지느냐에 따라서 변화하기 때문이다.

"깨우침이 부처 이니라."

"무엇을 깨우친 것이 부처인줄 아느냐."

佛은 선문답 그대로, '말의 법'을 가지고 상대방을 깨우쳐줘 윤택한

삶을 살아가게 하는 것에 있다, 그래서 佛은 깨우친 자를 가리키는 것이라고 한다. 그렇기에 싯다르타만을 지칭하는 것이 아니라, 말 그대로 깨우친 자가 부처인지라 깨우친 모든 자를 가리키기 위한 글이라는 것이다.

더욱이 깨달음이란 본래 대자연의 깨달음과 생활 깨달음으로 나뉘어 있어 무엇을 깨달았느냐에 따라서 행의 차원이 달라진다는 것이다.

"똥을 만져보니 물컹하다는 것을 깨우친 것이더냐,"

"겉은 시커먼데 안을 보니까 누렇다는 것을 깨우친 것이더냐."

"아니면, 밥을 먹으니까 분명히 배부르다는 것을 깨우친 것이더냐."

세상의 깨우침은 바닷가의 모래알처럼 많지만 지금까지 나온 모든 깨우침은, 서쪽에 가까운 동쪽의 깨우침과 중쪽에 가까운 동쪽의 깨우침일 뿐이라 해 돋는 땅의 깨우침은 나오지 않았다는 것이다.

해 돋는 땅 한반도는 길이가 삼천리에 둘레가 칠천리, 산이 70%에 들 30%, 삼면이 바다에 흐르는 물은 어디에서 던지 떠 마실 수 있는 곳이다. 이처럼 지상에서 3:7의 함수가 가장 안정적인 구도 비율을 보이는 것도, 3:7은 음양화합의 비율이기 때문이다. 따라서 지구상의 지판대 형성도 바다와 육지의 비율이 3:7이며, 인간의 비율도 회30% 물70%로 조물 된 것이다.

이를 지판대 위의 한그루 나무에 비유하자면, 가장 안정적인 구도 비율을 보이는 것이 3:7의 함수관계이기 때문에, 해 돋는 땅이야 말로 뿌리에 해당한다는 소리다. 뿌리가 안정적으로 자리매김을 해야, 뿌리에서 영양공급을 받은 나무가 고목으로 성장할 수 있는 것이다. 그리고 뿌리의 성장은 물의 원천이므로, 뿌리는 물질이 자원이 아니라 기운만이 자원이 되는 것이다. 물은 곧 천기(天氣)의 운송수단이므로 뿌리는 축복받은 땅이다.

더욱이, 이 지상 3차원에서 조물 된 오만상의 방편은, 음양과 오행으로 상생을 이루어 나가도록 빚어놓은 관계로, 인간의 임의대로 그 무엇 하나도 함부로 건드려서는 안 되는 것이다. 특히 뿌리인 해동 땅에서 만큼은 말이다. 3:7의 함수의 비율로 지탱시켜나가기 위해 이유가 있어 들어가고, 이유가 있어 나온 부분을 임의대로 건드렸다가는, 이 지구상을 지탱시켜 나가고 있는 어느 한 부분을 침식시키거나 돌출시켜내야만 한다는 사실이다.

● 뿌리에서의 깨달음

해동 땅이 뿌리기운이기 때문에, 압록강 두만강 너머가 나무의 밑둥치 역할을 한다는 소리다. 말하자면, 나무 밑둥치의 경계는 중국과 소련인데, 이 나라들은 뿌리의 영양분을 받아먹어야만 안정적이고 균형 잡힌 발전을 이룰 수 있는 것이다. 뿌리국의 영양분이란 물질적인 기운이 아니라 정신문화의 영양성분을 말한다. 이러한 영양성분을 밑둥치로 올려보내기 위해 뿌리가 살아가는 것이다. 다시금 밑둥치에서는 이 영양성분을 몸통으로 해서 나뭇가지로 올려보내는 것이다. 몸통에서 이어

나가는 나뭇가지의 경계는 천산산맥과 히말라야산맥으로써, 이 너머가 가지로써 서양문화권의 시작이라는 것이다.

"해동 땅 뿌리국의 깨우침은 지금까지도 나오지 않았느니라."

나무는 뿌리, 몸통, 가지, 3등분으로 분리되어지듯이 깨달음도 생활상에 따라 상중하로 나누어진다. 따라서 둥치나 기둥의 삶은 거기에 알맞는 깨달음을 얻어 살아가는 것뿐이고, 가지는 가지의 맞는 생활 깨달음을 얻어서 살아갈 뿐이라는 소리다. 뿌리와 몸통과 가지의 문화는 확연히 달라, 나뭇가지에서 몸통에 주는 영향은 1안의 물질경제인 것이며, 몸통은 뿌리에서 받은 2안의 대안을 가지로 올려주도록 되어있다. 이를테면, 몸통인 중국 대륙에서 1안과 2안의 교역의 장이 된다는 소리다. 이는 1안의 서양의 물질과 2안의 해동땅 뿌리의 사상이다.

나무의 영양공급원은 뿌리에서 몸통, 몸통에서 가지로 올라가게 되어있음으로, 뿌리의 깨달음이 몸통과 가지의 영양공급원이 돼주어야 한다는 것이다. 그러나 지금까지도 뿌리의 영양공급원이 창출되지 않아 어떠한 영향도 미치지 못하고 있다. 역으로, 뿌리가 몸통이나 가지의 기운을 받아가지고 정신문화의 기틀을 세울 수 있다고 생각한다면, 대자연의 이치를 다시 생각해봐야 할 것이다.

"생활의 깨달음을 가지고서는 뿌리와 나무에 지대한 영향을 미칠 수 없느니라."

동서양의 생활 방식이 다른 것처럼, 가지와 몸통의 기운은 뿌리와 확연히 달라 어느 문화권이냐에 따라서 깨달음이 다르다는 소리다. 때문에 지금까지의 깨달음이 최고조까지 올라왔다 한들, 고작 가지나 밑둥치에 불과한 깨달음이다 보니, 이를 가지고는 깨달음이라고는 말할 수 없는 노릇이다. 생활 방식이 거기에 미쳐 발생하는 생활의 지혜, '각'의 차원이기 때문이다.

● 상대를 덕되게 할 때 업을 사한다

겉으로 익어가는 '각'의 차원은 처해진 상황에 따라 사고를 달리할 수밖에 없는 것이고, 땅속 깊숙이 여무는 뿌리의 차원은 '각'의 사고(思考)에서가 아니라 마음에서 생성되는 지혜(智慧)인 것이다. 뿌리는 스스로가 삶의 영양분을 섭취하며 살아가지만, 영양분의 섭취는 나를 위한 섭취가 아니었음을 아는 것이 뿌리의 깨달음이라는 소리다.

이를테면, 지상 3차원에 육신을 받아가지고 오면서 부터의 삶은, 내 삶을 살기 위해 보내진 것이 아니라, 상대방의 삶을 위해 스스로 온 것임을 아는 것이다. 이러한 사항을 깨닫고 공부해 나가다 보면, 상대를 위해 덕으로 행하며 일생을 보내야 업을 사할 수 있다는 사실을 깨우치게 된다는 것이다.

대우주(천상)에서부터 업의 고리가 맞물려있는 인기들이, 이 지상 3차원으로 육신을 받아가지고 내 앞의 인연으로 찾아온다는 것이다. 빚을 받기 위해서다. 한마디로 대우주에서 역행한 죄는 이 지상에서 상생으로 풀어야하는 것이며, 지상에서의 상생은 오로지 내 앞에 온 인연을 위해 덕 된 삶을 살아가는 것에 있다. 때문에 내 이득을 보기 위해 사는 삶 자체는 아예 없다는 것을 아는 것이 깨달음이다.

게다가 깨우침은 앉은뱅이를 일어서게 하고, 장님을 눈뜨게 하며, 죽어가는 이를 살려내는 것이 아니다. 그렇다고 해서 미래와 과거를 알아내야 하는 것도 아니다. 산으로 끌려와 수행하는 이유와 이곳에 와서까지도 내 앞의 인연과 부닥쳐가며 살아가야 하는 나는 도대체 누구인가를 알기위해 공부해나간다면 궁극에는 '나는 누구인가'를 찾게 되기에 하는 소리다. 그리고 찾았다면 그때 뜨거운 눈물과 함께 대자연에 감사드리며 스스로 독백을 하게 된다. '나는 알았다고…'

그리고 훗날이 되어서야 깨달음이라는 자체가 나를 찾는데 있다는 사실을 알았다. 그 당시에는 알았다 하더라도 나는 누구인가의 자체만을 알뿐이었다. 점차 시간이 흘러가면서 '나는 누구이며', '어디에서', '무엇을 하러왔는가'에 대한 성찰이 깊어지면서

'무엇을 위해', '어떻게 살아가야 하는지'를 알게 되었다.

이는 어느 정도 시간이 흐르고 나서 농막에서 알게 된 사실이지만, 나 자신을 아는 것이 깨달음이었음을 아는 순간, '이거구나', '나 자신을 찾는 것이 깨달음이구나', '너를 위해 살아가야 하는 것이 인생이구나'하고선 무릎을 크게 한번 칠 때는 이미 복받쳐오는 희열로 인해 눈물범벅이 되어있었다. 이때서야 비로소 나 자신이 해야 될 일을 찾은 것이다. 나를 찾고 나면 이 지상에서 나 혼자 잘 먹고 잘살기 위해 발버둥 치고, 제 멋대로 살아가기 위해 태어난 것이 아니라, 업의 고리에 물려있는 인연들을 위해 태어났다는 사실도 알게 된 것이다.

인간에서 사람으로 성장하고 나면 정확하게 삶은 덕으로 살아가기 마련이라, 그때서야 부처 '佛'을 쓸 수 있는 자격이 주어진다. 따라서 이러

한 깨달음은 뿌리의 자손이라면 누구나 얻을 수 있는 것이다. 만약 깨달음을 얻기 위해 가부좌 틀고 앉아있을 요량이라면 3년, 30년의 시간이 흐른다 해도, 아니 수천 년이 지난 오늘까지도 깨달은 바가 없기에, 깨닫기 위해서는 죽을 때까지 앉아 있어야 한다는 사실을 알고나 앉아 있어야 할 것이다.

5. 술독(術毒)

세간에서 마시는 술에 취한 어느 날,

오랜 시간 동안 세상도 취해 있음을 알았다.

그 속에서 내가 취해 살아가고 있었으니,

세상이 취해 있음을 어찌 알 수 나 있었을까.

세상이 취한 만큼 나도 취해 버렸으니

동물처럼 먹고살기 위해 발버둥 칠 수밖에 없는 노릇이 아닌가.

내 뜻대로 하지 못하는 세상을 탓해가며 말이다.

"글 보는 것이 무슨 공부더냐."

수많은 논리와 논리 사이를 비집고 새로운 논리를 정립시킨 이들을, 온갖 잡서를 통해서나마 만날 수 있었다. 하지만 가지는 가지에 맞게, 둥치는 둥치에 맞게 과도기 때마다 솟아져 나온 저마다 설득력 있는 논리들도, 결국에는 한 세대가 채 지나기도 전에 비틀거렸다. 그 틈바구니 속에서 진화된 논리가 또 다시 꿈틀거린다. 그러나 저마다 제 처지에 맞게 들이대는 잣대인 만큼, 어느 것에는 맞고 어느 것에는 맞지 않는 신토불이 논리들 뿐이었다.

논리는 논리일 뿐인데, 그 논리가 진화했다고 말한다. 아마도 1안의 물질문화가 발전하자 논리들도 시대상의 개혁을 단행해야 했던 모양이다. 문명의 편리성에 의해 사고의 틀은 늘 변화의 자세를 취하고 있으니 말이다. 그러나 인간이 살아가는 이유에 대한 진리는 변화하지 않는다. 허나, 진리를 모르는 이상 논리를 진리로 알 수밖에 없다. 그러다가 업그레이드 된 논리만 알았지, 진리를 접해보지 못했던 터라, 법문에 잣대를 들이대기 일쑤였다. 그때까지도 알음알이를 털어내지 못하고 있었으니, 혈색이 까맣게 타들어 가는 건 당연한 일이다.

공부가 막히면 기운이 막히게 되어 혈색이 볼품없어진다고 했는데, 내 몰골이 꼭 그렇다. 젊은 시절부터 먹어온 알음알이에 취(醉)해있어 미련의 꼬리도 그만큼 긴가. 길게 늘어진 미련의 꼬리만큼이나 제 꼬락서니도 모르고 있었으니, 탁해진 기운을 맑힐 수 있는 방법을 알기나 하겠는가. 자존심의 꼬락서니를 내밀수록 몰골은 더 초췌해져만 갔다.

"바보가 되지 않으면 바른 분별을 세울 수 없느니라."

똑똑한 바보가 아니라 진짜바보가 되어보라는 소리였다. 그러나 자존심이 꿈틀거려 진짜 바보가 되지 못했다. 돌이켜 보면 지난날의 어려움이 꼴 같지도 않은 자존심 때문이었는데도, 이곳에서 조차 뻣뻣이 고개를 추켜세우니 진짜 바보가 되지 못했다. 이 모든 것에 내가 취해있음을 인식하지 못해 불편한 심기를 들어내 놓곤 할 때마다, 서로의 눈빛은 상대방의 뒤통수에 고정되었다.

사실, 부닥침은 나로 인해 벌어진 일이지만 그때마다 네 공부가 아니고 내 공부였던 만큼, 너는 관여할 바가 아니라는 행위로 슬그머니 넘어가 보려 했지만, 이 자체도 내 계산법이었다. 너는 네 방법이 있고 나는 내 방법이 있다는 것을, 저마다 귀동냥한 터라 서로가 자기 계산법대로의 행위를 해댔다. 그것도 상대를 위한다는 핑계로 말이다.

  어디 이러한 깊이를 알고 저지레를 떨겠는가. 너도 네게 덕이 되는 방법을 모르고, 나도 내게 덕이 되는 방법을 모르고 있는데 어찌 바르게 응해 줄 수 있었겠느냐는 소리다. 어쩌다 한번 응한다고는 하지만 마지 못해 하는 행위에 불과했다.

  "인생을 바르게 사는 법을 배우는 것이 공부이니라."

  모르는 자는 아예 모르기에 심기 불편할 이유가 없다. 알고 있기는 하나 바르게 쓰는 법을 모르는 자가 불만이 많은 자라, 그래서 아는 게 병이라고 말한 모양이다. 때문에 바르게 쓰지 못해 불편한 심기를 들어내는 자가 환자인 것이다. 불편한 심기를 드러낸다는 것은, 이해하지 못한 만큼 제 자신을 갖추지 못해 '화'로 대응하거나 상대 '탓'으로 돌리기 때문이다.

  알음알이에 취해 병에 걸리면 모두가 병에 걸린 것처럼 보인다. 나도 취하고 너도 취해있어서다. 이 취기에서 깨어나지 못해, 알음알이 집착이 가져다준 계산된 행위만 하고 또 할뿐이었다.

● 바른 인생이란 무엇일까?

지금까지도 인생을 바르게 사는 자가 없다고 말을 하는데 이런 연유에서인가. 가르침을 받고도 가르침의 그 깊이를 알 수 없으니 그래서 알음알이 세상이란, 술에 취한 세상이라 했던 모양이다. 나도 그랬고, 도량 내의 도반 모두가 그리 살다 왔으니 그 분별이야 오죽이나 했겠는가 말이다.

매 상황이 주어질 때마다 의논 동참을 하기보다는, 내 뜻대로 해보기 위한 계산된 행위만을 들이미니, 그때마다 상대방도 여지없이 제 뜻대로 행하려드는 것이다. 항상 너보다는 내가 우선이어야 했으니 어찌 말이 통하고 뜻이 통할 리가 있겠는가. 부닥침이 조율되지 않은 불협화음은, 음색이 맑고 고울 리가 없다.

어쩌면 그 이면에는 잘 어울려 보려고 했던 행위인지도 모른다. 허나, 취기가 가시지 않은 상태에서의 행위가 어설플 수밖에 없는 것도, 살아온 삶이 늘 취해 있었기 때문이리라. 게다가 살아오면서 먹은 알음알이 술(述)의 양 때문에 지금까지도 취(取)기가 덜 가신 모양이니, 취(醉)해 있기는 많이 취해 있었던 모양이다.

● 우리는 저마다 취해 살고 있다

언제부터인가 찌그락 째그락 부닥쳐가며 살아온 모습이 한 뜸씩 밝혀지기 시작하자, 제 고집에 취해 생활했던 모습이 눈에 들어오기 시작했다. 저마다 근기에 따라 취해 살아가는 모습은 다르겠지만, 아마도 이 사회는 거대한 술 독아지가 아닌가라는 생각이다. 한결같이 거기에 빠져 헤어 나오질 못하고 있으니 말이다.

술(術)에 취(取)하니 진짜 술(酒)에 취(醉)하듯, 저마다 술에 취해서 살아가니 술 취한 세상밖에 바라볼 수밖에 없었다. 이는 내가 취했다고 해서 하는 소리가 아니다. 술(酒)은 취하면 그만이다. 시간이 흐르면 자연히 깨어날 테니까 말이다. 하지만 자기 잣대에 취해서 살아가면 깨어나기가 여간 힘든 것이 아니다. 더욱이 그 취기에 아상과 독선의 독기까지 머금고 있을 테니 말이다.

등 따시고 배부르면 해이해지는 것인가. 수행한다는 주제에, 더욱이 한 번도 자존심을 죽여보지 못한 주제에, 한 번도 정신적인 고통을 견디어 내지 못할 주제에 지나온 세월에 취해 난리다. 쥐구멍만한 제 잣대조차 놓지 못해 괴로워하는 꼴이 가관이 아닐 수 없다. 한 번 정도는 진짜로 죽었다 살아나야 술독에 빠진 자신의 모습을 볼 수 있으련만, 그렇지 못하다 보니 그 고통과 가르침에 대한 깊이의 잣대만을 재는 어리석음을 범한 것이다.

호강에 눈물겨워 공부는 한 뜸도 나가질 못하고 있으니, 기운이 막혀 혈색이 탁해지는 것은 당연하다. 씻어내야 할 때가 누구보다 많기에 수행자이며, 이때를 씻어내기 위해 산속으로 잡혀들어 왔다는 사실을 망각하지 말아야 할 텐데, 물론 알음알이 자체도 살아가는데 필요하고, 알아야 했기에 습득한 것이다. 그러나 문제는 거기에 빠져버렸다는 사실을 일깨워주기 위해 누군가 냅다 후려치고 갔다는 것에 있다. 아는 게 너무 많아서 탈이 난 것이라고 말이다. 거기에 빠지지만 않았다면 알음알이가 아니다. 필요했기에 알게 된 사항들이기 때문이다.

한편으로, 알음알이도 나를 위해 부는 바람이라 나의 깨침을 위한 것이다. 분별의 방편으로써 말이다. 문제는 합리화를 시키려 들어 독이 되어가는 것에 있다. 갖춘 자에게는 필요할 때마다 필요한 방편이 주어지는 법이다. 이 소리는 세상사의 오만상은 너를 위해 살아가는 나를 위해 존재하고 있다는 것이다. 내가 있다는 것은 너를 위해 할 일이 있어서다. 이 일을 위하여 오만상은 바르게 쓰는 자의 것이라는 소리다. 그렇다면 기억력도 마찬가지 이유일 것이다. 정작 알아야 될 것은 모르고, 몰라도 될 것을 너무 많이 알아 탈나는 것이 문제이긴 하지만 말이다.

● 나의 분별이 나를 가로막는다

제 꼬락서니도 모르고 습관처럼 해대는 저울질로 '각'을 늘 앞세워야만 했다. 사실상 내 욕심에 '각'을 들이대니, 긍정과 부정의 물살은 끊일 날이 없었다. 이런 상태가 지속되다 보니 어떠한 것도 바르게 들어올 턱이 있나. 얼마만큼 바닥을 쳐야 주는 만큼 받아먹을 것인가. 이미 먹어 버린 알음알이 식을 언제 놓느냐에 따라 탁해진 혈색이 맑아질 것이라고 했는데 말이다.

이러한 사실을 깨우칠 때까지 부정적인 화두만 집어 들었던 모양이다. 행의 조건에 있어서 '사랑은 어떠한 조건이나 분별을 가져서는 안 된다'라는 내 '식'에 묻혀있었으니, 그럼으로써 '티 없이 행하라'는 가르침과 '분별없이 행하여 어려워 졌다'는 법문에서 막히고 말았다.

티 없이 행하는 사랑 앞에서 어찌 분별과 조건을 내세울 수 있단 말인가. 곧 이은 법문은 '행이 바르지 못해 어려워 진 것이다'였는데 이는 더더욱 납득이 안 갔다. 티 없이 행하는 사랑의 행위란, 상대에게 바르게 살 수 있도록 냉철한 분별로 덕 되게 행하라는 소리였는데, 내 식에 묶여서 그만 바로 들을 수 없었던 것이다.

"그들은 착하게만 살았지, 바르게 살지 않아 어려워졌다는 사실을 알고 있기나 하더냐."

부정은 부정을 낳고 말았다. 긍정적으로 이 법문의 깊이를 헤아렸어야 하는데, 헤아리지 못해 불찰을 낳았던 것이다.

• 1차적 뜻을 이루고가 끝이 아니다

사실, 욕심이 없으면 그 무엇을 이루기란 힘들다. 욕심으로부터 제 뜻을 이루려 드는 것이니, 그 욕심으로 인해 뜻을 이루었다면 그다음에 '어떻게 할 것인가'에 대한 원이 서 있어야만 한다는 것이다. 인생이란, 궁극으로 가기 위해 1차적으로 뜻을 이루게 되는데, 이는 2차적으로 해야 할 일이 있기 때문이다.

그러나 다들 1차적인 방편에만 머물러 있다가 어려워졌다는 사실을 간과해서는 안 된다. 2차의 대안이 마련되어있어야 1차적인 뜻을 안정적으로 이루어 나갈 수 있다는 소리다. 문제는 2차적 대안이 무엇인지 모르다보니 1차에서 헤매다가 떨어진다는 사실에 있어서 중요한 사항은, 욕심과 원(願)이라는 상관관계를 이해하지 못해 2차의 대안을 마련하지 못하고 있기 때문이다.

진정한 의미에 상생을 모르고서는 냉철한 분별력이 있을 리 만무다. 분별과 본능의 차이를 깨우쳐야 진정한 상생의 깊이를 바로 볼 수 있다.

"인간과 동물의 차이는 마음이 있고 없음이니라."

지혜의 샘인 마음에너지를 지닌 인간은 절대 분별의 삶을 살아가야 하는 반면에, 마음에너지가 없는 동물은 본능으로 살아가고 있다는 소리다.

　인간은 지적으로 덕 된 삶을 살아가야 하기에, 대자연이 마음에너지를 빚어 육천육혈의 모공을 통해 인육(人肉)속에 안착시킨 것이다. 때문에 나 살기 위한 행위는 '생각'이 앞선 동물본능 행위인 것이며, 마음속에서 우러나오는 지혜는 덕으로 살아갈 때 저절로 쓰이도록 되어있다.

　동물은, 육(肉)의 지탱을 위해 육식(肉食)을 입으로만 먹고, 인간은 정신의 지탱을 위해 눈과 귀로 지식(知識)을 먹고, 인육의 지탱을 위해서는 입으로 육식을 먹는다. 눈과 귀로 먹은 지식은 대자연의 파일에 그대로 저장되어 필요할 때마다 나타나 그 쓰임을 다하나, 절대 분별의 지적 행위는 갖춤에 따라 질량이 다르게 나타난다. 내 앞에 온 인연과 입으로 기운을 교류하는 동안, 지적으로 덕 된 행위는 눈과 귀로 먹은 지식의 분별에서 그 차이가 드러나기 때문이다. 그러나 분별력의 차이는 갖춤도 중요하지만, 누굴 위해 사는가가 중요한 사안인 것이다.

　기운교류에 의해 살아가는 인간은 너와 통하지 못하는 한, 사람답게 살아갈 수 없다는 소리다. 그럴 수밖에 없는 상대방의 처지를 바르게 이해하지 못하면, 기운소통이 어려워 인간에서 그만 성장이 멈춰 버리기 때문이다. 본능은 동물 육이 살아가기 위한 힘의 논리 앞에서만 성립되고, 분별은 너와의 사랑을 위한 것이다. 너 위해 살아가는 것이 인생이라, 냉철한 분별력이 뒤따르지 않으면 바르게 살아갈 수 없다는 소리다.

● 인생이란 무엇일까?

아직까지 나를 위해서만 살아온 습의 때가 남아있어, 정작 남을 위해 살아간다는 자체가 그리 쉽지 않은 일이다. 나 살기 위해 태어나서 하는 소리다. 그러나 정작 내가 사는 법을 모르기 때문에 어렵다, 힘들다, 고통스럽다는 말만 해댔다.

너를 위해 살아가야 하는 것이 인생이다. 나 자신을 위해서만 살아오다 보니 당장은 너를 위해 살아가기가 그리 만만치 않은 일이다. 더욱이 그 누구도 제 인생을 대신해 줄 수 없기 때문이라고 하면서, 그것이 가장 쉬운 방법이라고 말한다. 내가 너의 인생을 대신할 수는 없지만, 너를 위해 덕으로 살아갈 수 있다는 소리다. 내가 있는 이유도 네가 있기 때문이다. 내가 있어 네가 있으니, 네가 살아야 내가 사는 길인가.

너를 사랑함이 나를 사랑하는 것이라고 했다. 내 앞에 온 너를 사랑하지 못해 어려워진 것이기에 남은 인생을 위해서라도 선지식을 찾아 나서야만 했다. 바르게 사는 법을 배워 사랑하며 살아가기 위해서 말이다. 그리고 그리 소원하던 선지식 수하에 공부하면서도 매순간마다 내 잣대를 들이미니 불호령밖에 더 떨어지겠는가.

● 세상이 취한만큼 나도 취해 세상을 탓하고 있었다

세간에서 마시는 술에 취한 어느 날, 문득 오랜 시간동안 세상도 취해 있음이 스치곤 했다. 그 속에서 내가 취해 살아가고 있었으니, 세상이 취해 있음을 어찌 알 수나 있었을까. 세상이 취한만큼 나도 취해 버렸으니 동물처럼 먹고살기 위해 발버둥 칠 수밖에 없는 노릇이 아닌가. 내 뜻대로 하지 못하는 세상을 탓해가면서 말이다.

자신도 취해 살아가는 주제에, 취해 있는 것들을 탓하는 제 잣대에 취해가지고서는, 먹어가는 나이에 취할수록 남의 인생에 이러쿵저러쿵 입 띠는 제 논리에 취하고, 제 잘났다 뽐내는 자기도취에 취하고, 어느 한 구석 술 취하지 않은 곳이 없어 보이니 이 사회 전체가 술 독아지로 아니 보일 수가 없다.

그러고 보면 신경성 스트레스 증후군을 앓는 자폐 환자들이 모여 사는 곳이 사회다. 술에 취하고도, 더 취하려 드는 현실이니 불신 풍조가 만연할 수밖에 없어서다. 분별의 저항력을 잃은 자폐 환자들 끼리 생활하기에 어쩔 수 없는 모양이다.

술 취한 사회에는, 술 취한 이들뿐이니 대안이 나온다 한들 술취(術醉)한 술(述)일 수밖에 없는 노릇이다. 사상이야 때가 일러 출현하지 않아 그렇다 치더라도, 이렇다 할 논리마저 술 취해 부재중이니 나도 딱하고 너도 딱할 노릇이다.

어디에서든지 모방이 되는 것이 논리다. 이러한 모방을 창조라고도 말을 하나 모방은 모방일 뿐이다. 논리는 단지 진화하여 진리 창조를 위한 밑거름에 불과하기 때문이다. 따라서 논리는 논리이기에 논리일 뿐이라고 말하는 것이고, 한편으로는 진리가 무엇인지를 모르기에 논리를 가지고 진리라고 말한다. 진리란, 창조도 창출도 아닌 대자연의 원리이므로 흉내 낼 수 조차도 없는 것이다.

6. 조율

이해의 차원이 깊어질수록 동정과 연민도
상호 간의 조율로 진정한 사랑으로 맺어지는 것이다.
또 너와 내가 만나기 위한 방편으로 주어진 조건이라,
만났다면 덕 되게 살아가기만 하면 그만이다.

종족번식을 위해 동물처럼 먹고 살아가기 위해 태어난 것이라면 덕
된 삶을 위해 인성을 갖추어야 될 어떠한 이유도 성립되지 않는다. 그냥
제 편하게만 살아가면 되니까 말이다. 이 때문에 인기인 내가 인간으로
태어난 이유는 빚 갚기 위해서라고 말한다. 때문에 빚쟁이들은 빚을 받
기위해 사랑스럽게 다가온다는 것이다. 하기야 성내면서 다가오면 누가
받아주기야 하겠느냐 만은, 갚아야 할 빚은 이미 천상에서 지은 빚이라
서 받으러 온다는 것이다. 하지만 먼저 갚고 후에 받아야 하는 쌍방의
빚이니만큼 사랑으로 주고받아야 하나, 다들 사랑을 바르게 주고받지
못하는 관계로 빚을 받다가 멀어지고 있다는 것이다.

너를 위해 덕 된 삶을 살아가야 하는 이유가 이렇다 보니, 인생을 살
아가기 위해서는 자신을 갖추는 일만 남았다. 한편으로 이 지상에 빚어

놓은 오만상은 빚 갚기 위한 방편이므로, 바르게 쓰는 법부터 배워야 한다는 소리다. 바르게 갚는 법을 모르다 보니 다르게 갚고 나서 '탓' 해대며 살아가는 것이다. 내 살아가고 있는 그 자체가 빚 갚기 위한 것인데 말이다. 이를 위해 필요한 것은 너를 덕 되게 하기 위한 내 조율이다. 내 삶의 조율은 너의 음률에 맞추어나가야 하는 것에 있기 때문이다.

● 불협화음은 내 고집에 있다

도량이라는 특수한 곳에서는 내 음률에 상대방이 맞춰오길 기대한다는 것은 물론 공부의 키를 잘못 튼 것도 있겠지만, 제 이목을 끌어보기 위한 목소리에 지나지 않으니 그 화음이 고울 리가 없다. 상대방을 우선하는 화음이었더라면 존중으로 드러날 텐데, 제 우선하는 화음의 꼴이다 보니 튀는 음률은 기싸움 해대는 형국이라 그야말로 가관이다.

이렇듯 불협화음은 내 소리를 더 크게 내려는 소리였고, 내 음률이 너의 음률에 맞추어 나가지 못해 발생하는 소리였다. 내 문제지 네 문제가 아니라는 소리다. 게다가 통하지 않았던 것도 내가 기운을 소통시키지 못해 막혀 단절된 것이었다. 내가 부족해 부조화를 이룬 만큼, 상생의 조화는 내게로 부터 시작이니 상대야 무얼 하든 나만 잘하면 되는 것이다. 하지만 무엇을 잘해야 하는 것인지를 모르는 것이 문제였다.

어울리지 못해 편중되게 살았나, 어울릴 수 있는데 고집 부려 편중 되었나, 지금까지 살아오면서 통하지 못해 어려워졌음을 모를 리가 없다. 하지만 내 탓이 아니라 상대 탓으로 돌렸던 것이 문제였다.

고집이라 할 수도 없는 고집, 몰라서 안하려고 한 것뿐 인데 그러한 행위를 보고 고집부리고 있다고 말한다. 몰라서 못한 행위가 불협화음의 이유가 되었다면, 거절도 조율의 방편이 되어야 하는 것이 아닌가. 여하튼 살아오는 동안 내 기운을 바르게 교류하지 못한 결과는 어려움이 수반되었다는 것이다. 게다가 고집과 독선이 대화단절을 부른 이유도 있다. 대화도 조율을 위한 것이라 상대방의 입장에 서 있어야 한다. 따라서 듣고 말하기 전까지 자기 편애와 자기주장 일색이면 대화단절은 당연한 결과다.

아전인수라, 그러한 상대를 이해시키지 못한 자신의 부족함은 모르고, 내 말뜻을 알아듣지 못한다고 오히려 상대방을 탓 했으니, 이 원리를 이해할 때까지 속을 끓여야 하는 것도 내 몫이었다. 모르기에 조율하지 못한 부분도 있다. 이해하지 못한 만큼 내 부족함이니 그리 떳떳할 수 없는 일이다. 너와의 조율을 위해 부족한 만큼 내공을 쌓아가는 것이 공부이자 수행이기 때문이다.

● 이해와 배려는 존중할 때 나온다

부족한 것이나, 이해하지 못하는 것이나, 그 결과는 부조화를 이루었고, 부조화에 따르는 불협화음은 조화를 위해 음률을 튀게 한다. 부닥침의 불협화음과 마찰의 부조화를 끄집어내기 위해 대자연이 채찍을 가한다는 것이다. 그로인해 불협화음을 협화음으로 조율하고, 부조화를 조화로 승화시키기 위한 쌍방의 공부는 계속된다는 것이다. 이는 비단 도량에서만이 아니다.

때로는 조화와 조율을 공부하다 보면 이해의 폭이 작아서 그런지, 행하면서도 손해 보는 것은 아닌가라는 생각으로 속 끓이고 화나는 때가 허다하다. 사자로 돌변한 도반이 앞에 있을 때는 더욱 더하다. 하지만 그 도반이 보이지 않으면 잘해줘야겠다는 생각을 가지기도 하지만 그가 앞에만 있으면 왜 이리도 심사가 뒤틀렸는지 그 이유를 몰랐던 것이다.

쌍방이 사자 짓을 해대고는 나만 착각을 일으킨 것인가. 상대방을 사자로 만들어 놓고 상대를 위한다고는 했으니, 내심 나를 위한 행위라 내가 우선이었고, 내 뜻에 맞추려 했기에 그에 대한 이해의 폭을 넓힐 수 없었던 것이다. 갖춤의 품이 이해의 폭에 비례하기에, 배려도 자신이 갖춘 만큼에서 이루어진다. 그렇다면 동정이든 연민이든 각기 생각의 차원에서는 다르겠지만, 상대를 위하고자 하는 행위자체에서는 같다. 물론, 다가서는 마음자세는 틀리겠지만 말이다.

이해의 차원이 깊어질수록 동정과 연민도 상호 간의 조율로 진정한 사랑으로 맺어지는 것이다. 또 너와 나와 만나기 위한 방편으로 주어진 조건이라, 만났다면 덕 되게 살아가기만 하면 그만이다. 그로 인해 내 공부는 내 앞에 있지, 하나 건너 인연 앞에 가져다 놓지 않았다는 사실을 되뇌일 수 있었다.

이해와 배려도 자율적인 행위를 존중해줘야 가능하다. 상대방의 자율적 행위를 존중해주지 못하는 한, 내 모자라는 만큼 상대방이 주는 것 없이 미워질 뿐이다. 이렇듯 제 자신을 우선하는 바람에 인생을 배울 수 없었던 것이다. 게다가 육생으로 살아오는 통에 배고프면 먹고 피곤하면 잠자라는 식으로, 육생도 인생과 마찬가지로 여겨왔던 것이다.

● 우리는 동물의 삶이 아닌 인생을 살아야 한다

인생(人生)과 육생(肉生)의 분별이 세워지기 전까지의 존중의 실체는 예의와 미덕으로만 알았고, 한편으로는 욕먹고 살지 않기 위해 어쩔 수 없이 해야 하는 행위로만 알았다. 이런 실상이 몸에 배인 터라, 힘의 논리로 군림하려는 듯 한 행위가 무의식중에 튀어나오곤 했는데 이때마다 법문이 일침을 가해왔다.

"인생을 살아야지 어찌 육생을 살아가려하느냐."

중요한 사실은, 우리는 인생을 살기위해 내려왔지 육생을 살아가기 위해 온 것이 아니라는데 있다. 그렇다면 이해의 폭을 넓혀 인생이 어떻다는 것을 알아야만 한다. 이해하려는 행위는 인생을 살아가기 위한 것에 있고, 인생을 살아가기 위해서는 상대를 존중해야만 한다는 사실이다. 어떠한 의견이라도 조율을 위한 차원에서 주어지는 것이기에, 무시한다거나 지나쳐버린다면 음률은 튀기 마련이다. 존중은 너와 나의 삶의 음률이기 때문이다.

● **미움도 관심이 있기에 하는 것이다**

의논과 합의는 조화와 조율과도 같은 의미다. 때로는 이해하지 못해서가 아니라 이해하려 들지 않았기 때문에 '그럴 수밖에 없었던' 지금의 처지를 헤아려 주지 못했던 것이다. 그도 그럴 것이 자기 기분에 따라 이해의 차원을 달리하다 보니, 상대의 입장은 아랑곳하지 않는 행위가 다반사라, 제 기분에 따라 바뀌는 행위가 문제였다. 말하자면, 내 이익에 우선하는 차원을 대자연이 공부시키기 위해 내린 방편이 상호대립적인 관계라는 것이다.

제 자신이 부족하니 상대방을 탓하며 미워할 수밖에 없는 노릇이다.

그러나 어찌 보면 미워하며 탓하는 그 자체가 그에 대한 관심 때문이었는지도 모른다. 관심이 없으면 미움도 없을 것이다. 여하튼 부족하니 공부자이고 분별력이 떨어지니 공부자인 것은 틀림없다. 그리고 관계 개선의 폭을 넓혀주기 위해 벌어지는 공부가 대립 구도이며, 욕심을 부리는 시점에서부터 상호보완적이자 적대적관계의 공부는 시작된다. 상생을 일깨우기 위한 상방의 조율이 시작됐다는 소리다.

아마도 적대적인 관계로 마찰을 빚은 대부분이 상대방을 내 뜻대로 움직여 보려는 욕심 때문이었다. 내가 네 뜻에 응해 주지 않을 때 네가 서운해한다는 것쯤은 모를 리 없으니, 상대방 역시 마찬가지로 노골적으로 치대는 행위를 바로 해댄다. 둘 다 똑같다 하는 짓이라고 말하겠지만, 그 이면에는 이를 이해하지 못한 내 잘못이 더 크기에, 내가 아파하고 있다는 사실을 모르고 있다는 게 더 큰 문제였다.

내가 네 주파수에 맞추지 않는 이상, 진정한 의미에 상생을 깨치기는 힘들다는 것을 일깨워주기 위한 대자연의 연출이 충돌 그 자체다. 그렇다고 보면 모든 뜻이 안 맞은 것이 아니었다. 맞춰가는 과정에서의 완전 연소되지 못한 잔여분의 티끌이 쌓이고 쌓여 폭발 했던 것이다. 네가 있어 쌓인 때가 폭발 했고, 네가 있어 내 모습을 찾을 수 있었던 것도, 너를 위해 살아가야 하는 내 인생이 있었기 때문이다.

"어떻게 생각하느냐."

"내 할 일을 하는 그 시기부터 인생이 즐거운 것이라고 생각하지 않느냐."

탁한 기운의 압이 쌓일 때면 분위기가 냉담하지만, 폭발하고 나면 맛보지 못한 생기가 도량 전체를 휘감고 돌았다. 물론 수습은 대자연의 몫이지만, 탁한 기운의 압이 차면 정화를 위해 폭발은 불가피 한 것이다. 세간에서도 그렇고, 수행 중에도 그렇고, 내 할 일을 바르게 하지 못하면 곤욕을 치르긴 마찬가지였다.

"탁한 기운으로 바르게 행할 수 있다고 생각하느냐."

이는 고통 속에서 보는 세상이 다르고, 즐거움 속에서 보는 세상이 다르기 때문에 그렇다는 것이다. 그러고 보니 하루에도 열두 번씩 바뀌는 내 기운에, 나 자신도 울고 웃지만 상대방도 따라서 울고 웃었다. 이상적인 자기조절 능력은 갖춰진 만큼 내 몫이라, 상대 때문에 기분 상해야 하는 이유가 없는데 소갈딱지가 밴댕이만도 못하니, 밴댕이만도 못한 소갈딱지를 숨기려다 더 큰 화를 자초했으니 말이다.

● 도반을 스승처럼 대했더라면…

즐거움과 고통의 상관관계는 누구를 위해 살았느냐에 따라 다르게 나타난다. 사실, 너를 위한다는 행위를 한다고는 하나 나를 위한 행위가 태반이었고, 너에게 잘하려하기 보다는 스승에게 잘 보이려는 행위들이 태반이었다.

누구나 너를 위해 행했다고는 하나 자기계산법이었고, 바르게 행한다고는 하나 스승 앞에서는 모두가 응석받이가 되어가고 있으니, 즐거워하지 못한 주된 원인은 여기에도 있다. 스승에게 대하는 만큼은 아니더라도, 10분의 1만큼만이라도 내 앞의 도반에게 행했더라면 불편한 심기는 들어내지 않아도 됐다. 몰골에 들어난 기운이 그렇게 행하지 못한 아쉬움을 증명하고 있기 때문이다.

할 일을 못 찾아서 힘들어 한 것이 아니다. 그저 도와주지 않는다고 심통을 부렸기 때문이다. 때로는 내 일보다는 네 일이 수월해 보인 것도 사실이다. 떡을 어떻게 빚었건 그 과정에는 관심이 없고 빚은 떡만 커 보였으니 말이다. 자신이 갖춘 만큼 냉철함도 이에 비례하여 행으로 나타난다는데 그렇지 못해서 그러나, 그 짓을 해대는 도반을 볼 때마다 불안 초조한 기색이 역력하니, 이도 무언가의 욕심으로 흔들리는 내 모습을 반영하고 있다는 것이다

내 모습에서도 드러났듯이 치우쳐있고 빠져있는 만큼 힘들었다. 힘들어 할 때마다 대자연의 가르침을 우연으로 치부해 버리기도 했고, 그럴 때마다 부정적 잣대는 늘 '과연 그럴까'라는 의구심을 품게 만들었다. 의구심에 부합되는 편견, 그래서 사고는 편중되었던 모양이다. 부정은 부정을 낳는다고 공부가 막힐수록 엉뚱한 생각도 했으니 말이다. '단식과 생식을 겸해 좌선을 했더라면 어느 경지까지…'

탁해진 기운만큼, 탁해진 생각으로, 탁해진 것들을 받아들일 수밖에 없다는 것을 알고는 있었으나, 공부가 막혀 한 뜸을 뛰어넘지 못할 때는 여지없이 탁기에 놀아나고 있을 때다. 이때마다 삼십 년 동안 기복과 형상에 매달리며 입으로만 관세음을 부르던 이들이 도량으로 찾아오곤 했다. 참으로 기이한 일이다. 누구를 위한 일일까. 나를, 아니면 너를, 아니면 모두를, 빠져있는 만큼 치우쳤으니 무엇 하나 분별이 바를 리가 없다.

"인간관계 상대성 이론이 인류 최고의 상대성 이론이니라."

유유상종이라고 했나, 끼리끼리 만나게 되는 것이 인연이라고. 이는 내 앞의 인연이 내 모습을 비추고 있다는 소리와 같다. 수행은 앞으로 내 앞의 당면한 일들을 바르게 처리해 나가기 위한 것에 있으니, 먼 곳을 보지 말고 내 앞에 온 인연부터 바르게 볼 줄 알아야 한다는 것이다. 앞으로의 수행은 산속에서만 해야 하는 것이 아니라, 생활 도(道)로써 실천해나가야 하기 때문이다. 산속수행자들은 바르게 살지 못해 어쩔 수 없이 들어간 이들이라 몇몇은 제외하고, 수행은 생활 속에서 충분히 해나갈 수 있다는 것이다.

● 신에게 부탁하러 간 것은 기도가 아니다

사람이기에 사람의 존재성이 필요하다. 수행은 자신의 존재성을 찾기 위해하는 것이지, 영통(靈通)을 하기위한 것이 아니다. 만약, 수행 중에 영통이 됐다면 상대를 위해 진정 바르게 쓸 수 있는 자가 되기 위해 자아 수련을 해야 하는 것이다. 이 지상에 주어진 모든 방편은 바르게 쓰지 못해 불편해 진 것이지, 불편한 삶을 주기위해 내 앞에 온 것은 하나도 없기 때문이다.

수행과 기도와 믿음에 대한 분별을 바르게 세우기 위해서라도, 아픈 것을 낫게 해달라고 찾아 간 것은 신에게 부탁하러 간 것이지 기도하러 간 것이 아니라는 사실을 깨우쳐야 한다. 내 자식의 입시를 부탁한 것도 신에게 떼쓰러 간 것이지 기도하러 간 것이 아니며, 돈 많이 벌게 해달라고 신에게 부탁하는 것도 동냥하러 간 것이지 기도하러 간 것이 아니라는 사실을 말이다.

하나같이 제 욕심을 채우기 위해 하는 기도는, 기도가 아니라는 것이다. 관세음보살을 부른 것은, 관세음보살을 부른 것이지 기도한 것이 아니며, 주 예수를 부르짖고 성모마리아를 찾는 것도, 제 욕심으로 부르짖고 찾는 것이지 기도한 것이 아니라는 사실이다.

우선에 빌어서 어려움이 풀렸고, 약간의 병이 호전됐다고 하더라도 행의 공덕이 없다면 구걸한 것밖에는 안 된다. 대자연이 어렵게 만들어 놨을 때는 분명한 이유가 있다. 그러한 분명한 이유를 깨우치지 못하는 한, 어렵고 아파한 만큼 제 일생을 허비한 형국이니 누구에게도 덕 되지 못한다.

인생은 존경받기 위해 살아간다. 때문에 일생을 사는 동안 상대를 얼마나 덕 되게 했느냐에 따라서 존경의 기운은 비례하기 마련이다. 이를테면, 덕 된 행위가 기도공덕으로 쌓여지고, 이러한 기운이 존경의 기운으로 변하여 자신에게 되돌아오는 법이다. 행의공답의 완성체는 즐거움과 기쁨을 선사함으로써, 받은 이로 하여금 존경의 기운으로 되돌려 받는 것에 있다.

때문에 기도는 덕 되게 사는 자가 되기 위한 자성(自性)이고, 나를 깨우치는 행위가 되어야 하는 것이라고 말한다. 따라서 기도는 비는 것에 있는 것이 아니다. 비는 것은 그냥 빌어대는 것일 뿐이었다. 내 앞에 인연에게는 결코 덕이 되지 않기 때문이다. 사실, 수십년 동안 종교에 몸담았던 도반들이 도량을 찾아오는 덕택에 헤매는 시간을 줄일 수 있었는지도 모른다. 속이 까맣게 타들어갈 때마다 도량에서 며칠씩 쉬어가고, 그때마다 상황은 분명 도반들을 위한 것이었으나, 알고 보니 나를 위한 행위였던 것이다.

음식에 집착하다보면 몸이 비대해지는 것처럼, 기도라는 행위에 빠지다 보면 내 욕심으로 나도 모르게 편중된 생활을 하게 되어 그 넘어 차원을 보지 못하는 모양이다. 애초에 배운 행위가 기복의 방편이었던 탓에, 수십 년 기도해서 얻은 것이라곤 가슴에 맺힌 피멍뿐이라고 한결같은 소리만 하고 있으니 말이다.

사실, 어려워져서 도량에 찾아왔고, 그 어려워진 내면을 살펴보면 기복의 방편에만 빠져 살아온 세월이 있었다. 그래서 종교 생활 수십 년에 어렵지 않은 자 하나 없다고 말들을 한다. 종교 생활마저도 이럴진데, 더불어 살아가라고 주어진 오만상에 빠져 살아가지 않을 수 없는 노릇이고, 오만상에 빠져 사는 모습은 다들 똑같아 동물의 아우성소리만 들리는듯하다.

● 사주의 기본 자리는 성공이 아니다

누군가가 사주의 기본값 위에 오른 이들을 보고 성공을 운운하는데 이는 몰라도 너무 몰라 하는 소리다. 근기에 따라 단지 방편을 많이 주었을 뿐이다. 사주의 기본값이 크면 클수록 많은 인연이 찾아온다는 사실에서 볼 때, 가진 것 없이는 덕으로 살아갈 수 없음을 시사하는 바도 있다.

그러므로 인생의 기본값은 내 앞의 인연과 더불어 살아가기 위해 주어진 내 몫이기는 하나, 나를 위해 쓸 것은 아무것도 없다. 빚을 갚기 위한 방편이라 버릴 수도 없다는 것이다. 버려서 버려질 것 같으면 대자연이 주기나 했을까. 진정 버려야 한다면 삶의 집착이 빚은 아상이며, 나만을 위해 살아가다 빚어낸 자존심과 인간 욕화일 뿐이다. 말 그대로 방편하나 없이 살아가고 있다면 어느 누가 찾아오겠느냐는 것이다. 내게 주어진 방편(능력)은 너와 나의 인생을 위한 연결의 매개체인 것이다.

그러나 대자연은 그 누구 할 것 없이 바르게 쓰지 못한다면 거두어간다. 빚 갚지도 못할 행위를 하며 사는데 가지고 있어야 할 이유가 없지 않은가. 현실에 있어서도 마찬가지다. 잊혀져 가는 자는 덕이 되지 않기에 잊혀져 가는 것이며, 죽은 자를 찾지 않는 이유도 덕이 되지 않기에 찾지 않는 것이다. 자신에게 이득이 된다면 영혼까지 모셔놓고 비는 형편이 아닌가.

● 갖추어 어디에 쓸 것인가?

나 자신을 갖추기 위해 수행하는 것도 덕 된 삶을 살아가기 위한 것에 있다. 때문에 내 앞에 온 너를 위해 살아가야 하기에 내 몫은 없다는 말이 빚어진 것이다. 동물처럼 나를 위해서만 살아가기에 무소유를 부르짖는 것이지, 내 앞에 온 너를 위해 살았다면 무소유를 부르짖지는 않았을 것이다.

"이 지상에 네가 쓸 것이 무엇인지 알고 있기나 하더냐"

나를 위해 쓸 것은 덕으로 행하는 사랑밖에는 없다는 것이다. 재물과 권력을 비롯한 오만상도 통하기 위한 도구로 주어진 것뿐이지, 나만 잘 먹고 잘살아가라고 준 것이 아니라는 사실이다. 때문에 무소유란 내게 있으나 나를 위해 쓸 것이 없다는 뜻에 비유하여 만들어진 말일뿐이다.

그렇다면 세상에는 성공한 자가 하나도 없다는 소리와 다를 바가 없다. 어렵지 않은 이들이 없으니 말이다. 게다가 이는 바르게 사는 것이 무엇인지 모르는 데에서부터 기인되어, 내 것이라는 방편에만 빠져서 살아가고 있으니, 이는 한편으로 부르짖어야 하는 소리이기도 한 것이다. 게다가 제 욕심대로 살아왔으니 팔자타령을 해서도 안 되는 것이다. 다들 팔자의 깊이를 알지 못해서 하는 소리일 뿐이다. 팔자는 공덕을 쌓아가기 위한 자본금으로 근기만큼 주었는데, 내 것이라는 욕심으로 내 뜻대로 하려다가 팔자의 기운을 사장시킨다는 소리다.

● 내 뜻대로 하려다 삶은 어려워진다

내 입장먼저 생각하기에 상대방의 처지를 이해하지 못한다. 우선의 이득을 위해 나를 먼저 생각하는데, 상대방의 처지를 이해나 할 수 있겠는가. 내 스스로가 그럴 수밖에 없는 상대방을 이해하려고만 든다면, 커지는 품성만큼 주어진 방편을 마음 껏 쓸 수 있다는 것이다.

"네 것은 네게만 옳다는 것을 알고나 있느냐."

하나의 인연이 오면 변하는게 기운이고, 또 오면 또 변하는 것이 기운이다. 자기 인생을 위해 만나야 하는 것이 인연이라, 세상에는 내 것은 내게만 옳은 것이지 상대방에게까지 옳은 것이 아니라는 소리다. 맞고 틀리고는 내 고집에서 고착된 내 계산법이라, 내 앞에 온 인연의 기운을 어떻게 받아들이느냐에 따라 삶의 차이는 나기 마련이다. 그러므로 내 것은 내게만 맞는 것 일 수밖에 없으니 모두에게 맞는 것인 냥 접목시키려 들지 말라는 것이다.

● 사회는 홀로 살아가지 못한다

대자연은 언제든지 기운을 쇄신시키려 든다면 어느 누구의 기운이든 쇄신시킨다. 자신을 갖추지 못한다면 그 압에 못 이겨 누구든지 간에 물러나거나 떠나야 하는 이치와도 같다. 원할 한 기운 소통을 위해서는 탁한 기운을 정화시켜야 하는 것처럼, 마모되어 갈아야 할 부품이면 갈아버리는 것이 대자연이기 때문이다.

상생은 지고지순한 사랑 속에서 피어난 냉철한 분별력에 비유한다. 따라서 내 살아가는 마음속 지혜의 실체는 누구 위해 사느냐에 따른 분별이며, 음양을 조화롭게 순환시켜주는 촉진제이기도 하다. 본래 음양은 둘이 아니라 하나였으니, 하나로 통하기 위한 매개체다. 사실, 이 하나마져도 없는 것에서 빚어냈으므로, 지혜의 실체와 분별의 의미를 깊이 새긴 자라야만 지적으로 덕 된 삶을 살아갈 수 있다는 것이다.

낙오자 없이 궁극으로 가기위해 상생을 배우고, 이를 실천하며 사는 것이 상생이다. 사회는 혼자서는 살아갈 수 없도록 구성되어있기 때문에, 정확히 한 팀으로 살아가기 위한 시스템을 구축해나가야 하는 것이다. 고로, 주어진 소임에 우선하는 것이 사랑이자 상생이며, 상호 간의 내조이기도 하다.

강한 집착을 들어낼수록 이해력은 빨대구멍정도도 안 된다. 내 것과 나만을 우선하다보니 '각'의 한계에 부딪쳤고, 이때마다 생성되는 자존심은 자신을 합리화시킨 억지의 배설물이다. 배설이야 그렇다 치더라도, 무엇을 얼마만큼 흡수 할 수 있느냐 인데, 이 대롱구멍으로 오만상을 보려고 대드는 이해력도 알만한 것이고, '탓' 해대는 병이 도지는 것도 알만한 일이다. 남 '탓' 하는 증세는 '각' 세워 미리 결론을 내리는 증세가 보일 때부터 시작되는 것이라고 하는데 말이다.

7. 내 생각

나 밖에 모르면서 상대를 위한다나 어쩐다나.

그것도 상대방이 먼저 위해야 그때서야 위하려 들면서

이러한 소갈머리는 인심은 잃어도 인기만 얻을 수 있다면 된다는

어설픈 생각에 사로잡혀 있어서 더하다.

힘의 논리와 동물적 근성에 취해 살다 보면,

한쪽은 잃어도 다른 한쪽에서는 얻을 수 있으리라는

생각이 빚어지는 이유는 뭘까.

누구나 피 끓는 시절에는 허장성세의 기세도 만만치 않았으리라. 더욱이 나이 먹어갈수록 자존심과 교묘히 믹서 된 수구적 허세를 버팀목으로 삼아, 다들 버팅기고만 있으니 이미 치우쳐버린 생활을 알리가 없다. 반쪽짜리 삶에서의 치우친 아상을 고착시켜 분별력을 어지럽혀 사회를 탓하더니, 내 앞에 온 너를 탓하고, 급기야 제 '탓'까지 해대면서 이를 정당화시키기 위한 목소리도 함께 키운 모양이다.

나를 우선했던 '각'의 차원에 맞추어가기가 어디 쉬운 일이겠는가. 대범함과 소심함도 종이 한 장 차이라고 하지 않나. 치우침의 기준을 어

디에 두느냐에 따라서 다르겠지만 우열(優劣)모두는 자존심의 표방이라, 내세웠던 만큼 아파했던 것이다. 제 자존심을 지키려는 행위는 어찌보면 더 보여 줄 것이 없어 어쩔 수 없이 취하는 행동인 것이다.

또 한편으로 자존심이 제 자신을 지키는 길이라고 생각한다면, 생활의 윤택함은 있을 수도 없는 일이다. 그 결실은 안 봐도 뻔하다. 상처뿐인 영광이 있을 뿐이기 때문이다. 어찌되었건 치우친 생활이 원만 했다면 그것은 결코 치우친 생활이 아니다. 바르다고 생각했던 일이 잘못되었다면 그 또한 바른 것이 아니다. 쭉정이만 남은 속내를 감추기 위한 '각'이 날뛸 때마다, 합리용으로 아니면 도피용으로 '그게 맞아'라는 말을 습관처럼 내뱉는 것이다.

'그게 맞아'라고 제 자신을 은근히 부추기는 행위는 분별을 저버렸을 때는 위안되었다고는 하지만, 그러나 인생을 바닥치고 도량으로 들어와 부닥쳐가면서야 비로소 잘못된 사고방식이라는 사실을 깨달았다. 열등이 불러드린 허접한 자존심이라는 사실이 드러내 보인다는 것은, 아마도 지금까지 살아온 추잡함을 들어내 보이는 거와 같다는 생각에서 합리화시키려 들었던 모양이다.

숨기려 해도 드러나는 것이 쭉정이만 남은 추접함이라, 이리 들어낸 추접함을 숨겨가면서 상대방의 입장을 고려하려 했으니, 고려 한 것이 아니라는 입장임을 바로 비춰온다. 체면상 어쩔 수 없이 받아들이는 행위였음이 바로 드러났기 때문이다. 기운과 기운이 만나 기운을 소통하는데 있어, 정화되지 않은 탁한 기운이 걸림이 되는 것은 당연하다. 더군다나 내 계산법이 들어간 '척'의 잣대가 어떠한 은신처 구실도 하지 못할 때에는 그 행위 자체가 그대로 상처로 남는다.

소심함이 응큼한 것이 아니다. 단지 드러내지 않고 생활하기 때문에 상처받는 것이다. 게다가 그렇게 상처받은 소심함은 때로는 스스로 위로한답시고 사적으로 방편을 마구 쓰려는 경향이 나타나기도 한다. 머피의 법칙이 적용된다고나 할까. 탁해진 기운으로는 어떠한 것도 바르게 처리할 수 없기 때문에, 탁해진 기운일수록 어떠한 방편도 건들여서는 안 된다고 말하는 것이다.

"이러한 방편이 네 앞에 왜 있겠느냐."

익히 들어서 아는 법문이다. 필요하기에 내 앞에 있는 것이긴 하지만, 정작 필요한 인연이 찾아오게 되어있다는 것이다. 어떠한 방편이든 인연을 만나기 위한 조건이 주어지는 것이라, 방편으로 인연을 만났다면 이제부터는 조건을 대하지 말고 인연을 대하라는 소리다. 내가 필요한 것은 덕 되게 살아가는 동안 덤으로 주어지게 되어있기 때문이다.

● **내 앞에 오는 건 내가 쓰기 위함이다**

필요하기에 내 앞에 있었던 것이다. 쓸 줄 모르는 것도 문제지만, 마찬가지로 필요치 않아 지금 여기에 없을 뿐이라고도 한다. 그렇다고 해서 안 줬던 것도 아니다. 쓸 줄 몰라 줬는지 안줬는지조차 모를 뿐이다. 이러한 사실을 망각하고 제 계산을 해대는 통에 초기부터 바르게 쓰지 못해 어려워졌다는 사실을 잊고 만 것이다. 그로 인해 '각'부터 앞세워 제 편안한 대로 쓰려고만 대들었으니 쓰여 질 리가 있나. 온통 제동만 걸리니 심기 불편한 것은 뻔하다. 게다가 왜 제동이 걸리는가에 대해서는 생각해보지도 않고, 제동을 걸어오는 상대만을 탓했으니 그 짓이 그 짓일 수밖에 없었다. 안하려 해도 부족한 것이 드러날 수밖에 없는 것이 무지렁이 수행자라서 그러나, 늘 참견과 간섭이 뒤따랐다.

참견과 간섭의 핑계는 항상 상대를 위한다는 명목이 붙었지만, 실은 내 속 편하기 위한 행위다. 상호 간에 주니까 받았고, 받았으니 주는 것이지, 주지 않고 받을 리는 만무다. 분별이 바닥을 친 자들이다 보니, 제 잣대로 그 무엇도 건들여서는 안 된다는 가르침을 망각하고 나서 그 자체도 공부라고 저지레를 떨었던 것이다.

상대방과의 충돌은 기 싸움이다. 그리고 벌어지면 이겨야 하는 것으로만 알았지, 이러한 상황이 무엇을 의미하는지는 생각지도 못했다. 양보의 미덕도 이기기 위함에 있었다는 어설픈 이해로, 이기는 자가 바로 우수한 자로 알고 있었기 때문일까. 그도 그럴 것이 수십 년 종교에 몸담았던 이들과 도반이 되어, 전무한 이 민족천부(天符)의 가르침에 따라 수행하고 있으니 어련하겠는가. 수구적 관행이 몸에 배인 탓에 어떠한 시간이 되면 때론 숙연해지는 모습이 보이기도 한다.

"무엇이든 한 틀에 고착시켜서는 안 되느니라."

여전히 그 틀을 깨지 못하고 그대로 늙어버릴 기세라, 어제의 기운과 오늘의 기운이 다르고 내일의 기운은 또 다른 것인데, 그 습에 너무 오래 머문다 싶어 하신 법문이기도 하다. 그렇다고 보면 어제의 문제는 오늘에 와서 다르고, 내일이 오면 또 틀려지는 것이 답이라는 소리다. 물론, 이는 지금까지 먹어온 종교적인 관행 때문이기도 하겠지만, 한 곳에 고착되면 그 이상의 깊이는 고사하고 아상의 늪에 빠져 버리면 문제는 심각해지기 때문이다.

　수행자는 누굴 뭐라고 할 것도 없다. 부족하다보니 힘들어 한다. 공부는 늘 대립구도로 주어졌는데, 무지렁이 팔불출이라서 그들과 갈등과 마찰을 빚어야 했지만, 순망치한(脣亡齒寒)이라고 했나, 입술이 없으면 이가 시릴 것은 뻔 한 노릇이다. 생면부지 인연인 어느 덧 한 식구가 되어가고 있었으니 말이다, 그래서 사람은 끼리끼리 어울린다고 유유상종이라는 말이 빚어진 모양이다.

　뭐든 흡수해야 하는 공부자에게는 선택이란 있을 수도 없다. 대자연이 나를 위해 모든 상황을 연출시키고 있는 중이라, 옳고 그름의 분별없이 받아먹어야만 한다. 내 분별, 아니 내 잣대를 내려놔야만 바닥을 친 원인을 찾을 수 있기 때문이다.

　이건 내 편을 들어줘서 좋고, 이건 내 뜻과 다르니 나쁘다는 치우친 분별이 가장 많이 어지럽히고 공부에 장애를 일으켰다. 이에 따르는 불안초조 마저 욕심이 불러일으킨 행위라고는 하지만, 사실 그러한 일로 이미 상처를 받았기에 솥뚜껑 보고 아니 놀랄 수 없는 일이다. 게다가 수행자는 삶의 가치가 세워지기 전이라, 습관처럼 '각'을 양산시키니 평상심이 흐려지는 것은 당연하다. 상처받을수록 상처받은 감정은 상처받지 않으려고 상대방의 의도를 무시한 체, 내 생각대로 움직였던 것이 거리격차를 좁히는데 시간이 걸려야 했던 것이다.

　그럴 수밖에 없었던 상대방을 이해하지 못하고서는 내 '각'을 깨기란 그리 쉽지만은 않은 일이다. 이 때문에 소심함에 그저 상처받지 않으려는 제 처지만 생각해서 그러나, 입장 바꿔 생각해볼 여유조차 같지 못했다. 사실, 이러한 처지로는 상대를 배려한다고 해도 나를 위한 배려일 수밖에 없었으니, 요러한 행위만 해대는 나를 상대방이 어찌 옳게 받아들이기나 하겠는가.

● 갖춤이란 무엇일까?

갖춤이란, 상대방을 얼마만큼 이해하고 품어 안을 수 있느냐에 따른다. 몰라서 이해하지 못하는 것이나, 아는 만큼 행하는 것이나 다를 바가 하나 없으니, 이해 할 수 없는 것도 이해해야 되고, 이해한다는 것도 다시금 이해를 해야만 하는 것이 수행자다. 다시 말해서, 이해하기 위해 배려하는 것이든, 배려를 위해 이해하는 것이든 행위자체는 상대방을 덕 되게 하고자 하는 것에 있다. 그러나 모든 행위는 내주장을 접지 않고서는 어림도 없다. 상대를 위함이 나를 위함이라고 잠꼬대까지 할 정도지만, 힘의 논리에 부대끼며 살아오다 보니, 어느 순간에는 기선을 제압해보겠다고 안간힘을 쓰는 내 모습이 참으로 측은해 보였다.

습관성 분노라고 해야 할까? 부닥치지 않으면 이해하려고 안간힘을 쓰는데, 부닥치고 나면 기 싸움에 질수 없다는 자존심은 더욱 기승을 부리니 말이다. 때로는 자신이 상대방에게 이끌려 다니는 행위자체를 소화해 내지 못해 스트레스성 행동이 표출하곤 한다. 화가 폭발하는 것이다. 물론 자기 가치의 중요성도 알고 있고, 자기를 지키기 위한 방법에도 문제가 있음을 알고 있다. 그러나 더 큰 문제는 집착에 의한 욕구 충족은 감정조절의 굴곡을 가져와 순간적 기분에 농락당하기 십상이었다는데 있다. 누구의 실수이든 간에 상호 간의 부족함을 배우기 위한 대자연의 연출임을 일순간 놓쳐서 벌어지는 일도 태반이니 더 할 수밖에 없다.

● 자존심과 경솔함은 자칫 자가당착에 빠진다

　지금의 시대를 이끌어가야 하는 세대가 아날로그인 만큼, 기성세대로써 그 소임을 다해야 하나, 제 잘났다고 전부다 치대는 통에 제 할 일 조차 하지 못해 공부중이다. 공부 중에도 행상머리가 이렇다보니 언제 그 값어치나 하고 살아가기나 하려나. 이는 비단 나뿐만 아니라 오늘날의 주역인 우리 민족의 아날로그 세대의 기갈이 이렇다는 것이다. 우두머리 기질을 가지고 태어나 곧 죽어도 머리를 숙이지 않는다는 것이다.

　돌이켜 보면 내 잘난 멋에 살아왔던 세월이었다. 인품을 살리기도 전에 입을 먼저 살린 이유도 잘나 보이고 싶어서다. 한편으로는 상대방의 행위가 성에 차지 않았기 때문이기도 하지만, 그러는 제 행위는 상대방의 눈에 차기라도 하는 것일까. 제 주제도 모르고 간섭대는 꼴이 얼마나 우스꽝스러웠을까.

　자존심은 경솔함에 힘입어서 자가당착에까지 빠져버렸다. 나 밖에 모르면서 상대를 위한 다나 어쩐 다나, 그것도 상대방이 먼저 위해야 그때서야 위하려들면서 말이다. 이러한 소갈딱지는 인심은 잃어도 인기만 얻을 수 있으면 된다는 어설픈 생각에 사로잡혀있어서 더하다. 힘의 논리와 동물적 근성에 취해 살다보면, 한쪽에서는 잃어도 다른 한쪽에서는 얻을 수 있으리라는 생각이 빚어지는 이유가 뭘까.

● 개성과 자존심의 차이

　나를 위해 '각'이 빚어낸 자존심은 인간욕화를 위해 쓰여 질 뿐이다. 말하자면 오로지 제 자신의 욕구를 충족하기 위해서 인간욕화가 빚어졌다는 소리다. 기실은, 자존심이 나 자신을 지켜주는 버팀목이자 개성의 원천으로 알고 있으나, 도피처에도 미치지 못한 다는 사실을 알아야 한다.

그래도 도피처는 잠시 흐트러진 기운을 제 정비시키기 위한 에너지라 할 수 있으나, 자존심만큼은 인간욕화의 탁한 기운 그 자체이므로, 여기에 빠져가지고서는 자신의 삶을 한 뜸도 살아가지 못한다고 말한다. 분명한 사실은, 개성과 자존심은 엄연히 기운이 다르다는데 있다. 때로는 자존심으로 개성을 살린다고도 말하는데 인간사는 너를 위해 나하기 달린 것이니 만큼, 개성은 자신의 주관으로 움직이는 신념이라 말할 수도 있다. 하지만 자존심이 가져다준 삶의 변화는 어려움의 굴곡이 선명하게 나타나니 문제다.

나를 위해 자존심만 세우지 않았더라도 인간 '고'가 덜했으리라는 것은 빤 한 소리다. 다들 그놈의 자존심이 나를 죽여가고 있음을 아는지 모르는지 원, 자신의 삿된 생각이 자존심과 함께 움직이는 한 절대로 상대를 덕 되게 할 수 없는 노릇이다. 그럴 수밖에 없었던 상대방의 처지에 내 잣대를 들이대는 만큼, 이해 할 수 없는 상황으로 더 빠져 들어가기 때문이다.

이렇듯 '각'의 잣대는 자존심에서 나온 계산일 수밖에 없다. 내 게만 맞는 내 답을 펼치니 하는 소리다. 진정 상대방을 위한다면 자존심 왜 필요한가. 더욱이 너를 위해 행하는데 세워야 될 이유가 없지 않은가. 이 속에는 존중과 배려도 함께 살아 숨 쉬기 마련이라 더욱 더하다.

그나저나 내 뜻대로 해보려는 자존심 속에는 존중이란 없다는 사실을 알기나 할까. 배려는 마지못해도 해야 하는 경우도 있고, 내 이익에 우선해 해야 하는 경우도 있어서 한다. 하지만, 상대방을 존중하지 못하는 한 존중받을 수 없다는 사실을 모르진 않을 텐데, 습에 젖어 살아오는 동안 삶의 애환이 쌓여 그런 모양이다. 너 따로 나 따로 놀아날 때마다 늘어나는 줄음 골은 푹 패인 한 숨골로 보이니 말이다. 한 숨 골이자, 주름 골은 내 앞에 있는 너와 한 팀이 되어, 덕으로 살아가지 못해 패인 '탓'의 골이기도 한 것이다.

주어진 소임을 다하기 위해서는 한 팀으로써의 공조체제를 이루어 나가야만 한다. 그렇다고 해서 하나로 완전히 흡수되어야 한다는 소리는 아니다. 저마다 객체이자 주체로서의 소임을 가지고 있기 때문에, 너는 네 자리에서 나는 내 자리에서 맡은 바 소임을 다해나가기 위해서는 사상을 같이해 나가야 한다는 것이다. 다시 말해, 내 앞에 인연에게 진 빚은 내가 갚아야 하는 이유에서다.

● 대우주의 핵심원소

대우주에 핵심원소였던 인기들은 수 억겁의 세월동안 앞의 기운들과 미세한 마찰을 일으켜, 30%까지 기운이 탁해지자 공한한 대우주에 머물 수 없게 되어 3:7로 분리되어져야만 했다. 티 없이 맑은 70%의 기운은 대우주에 그대로 남아있고, 30%의 탁해진 기운은 무거워서 밑으로 떨어져, 탁해진 30%의 기운으로 탁해진 기운을 정화시키기 위해 빚은 곳이 지상 3차원이며 바로 인간이 살고 있는 지구다.

때문에 공한한 차원의 대우주는 70%의 기운으로서는 운행할 수가 없어 정지 상태로 대기 중에 있다. 30%탁해진 기운을 정화시키기 위해 빚어진 3차원의 지상은, 탁해진 30%의 기운으로 운행 중에 있으니만큼, 변형이 된 대우주는 비정상적이며 마찬가지로 이 지상 3차원도 비정상적으로 운행 중에 있다.

이를테면, 대우주(천상)의 운행 주체인 핵심원소였던 인기들이 역행한 만큼 탁해졌고, 탁해진 무게를 견디지 못해 3:7로 분리되어야만 했다. 30%의 탁해진 기운을 정화하기 위해 빚은 이곳이 지상 3차원이며, 이곳이 바로 인기들의 교화소다. 그리고 70%의 티 없이 맑은 기운이 남아 있는 공한한 차원의 대우주를 가리켜 7차원의 천상 또는 7차원의 대우주라고 부른다.

인간은 대우주의 운행주체이자 핵심원소였기 때문에 인의 존자다. 탁해지기 전의 인기는 대우주 운행 주체의 핵심적인 원소였기 때문이다. 하지만 정화를 위해 이 지상 3차원의 지구에서 인육을 입고 인간으로 태어나는 순간, 핵심원소였던 인기는 인간으로 불리며 살아가는 것이다. 인간이 죽으면 인육에서 빠져나온 인기는 다시금 영·혼신으로 불리어진다. 그리고 영·혼신 된 인기는 수천 수만 번을 윤회해도 다시는 대우주의 원소가 될 수 없다는 사실이 중요하다. 탁해진 기운으로서는 공한한 차원의 대우주를 회복시킬 수 없기 때문에, 대우주운행 주체의 핵심원소가 될 수 없다는 소리다. 티 없이 맑게 정화되어 스스로 자리로 돌아가 운행 시킬 때가 돼서야 비로소 대우주의 원소가 된다는 소리다.

● 지상은 탁해진 기운을 정화하기 위한 교화소

탁해진 기운의 정화를 위해 이 지상 3차원에는 유무(有無)세계, 즉 3·4차원이 동시에 존재하고 있다. 시공(時空)과 오만상이 존재하는 유상(有相)의 세계가 3차원이고, 영·혼신만이 존재하는 무상(無相)의 세계가 4차원이다. 때문에 탁해진 기운은 맑히기 위해 인육을 쓰고 살아가는 인간에게만 마음 에너지가 생성되어 졌다. 이에 따라, 마음에너지는 지혜의 산물이자 덕 된 삶을 살아가기 위한 원천수인 것이다. 절대 분별로 탁해진 기운을 맑혀내기 위해 주어졌다는 소리다. 탁해진 기운을 맑혀내는 것이 행의 공덕이다. 행의 공덕은 내 앞에 온 인연을 덕 되게 함으로써 쌓아지는 기운을 말한다. 하지만 무상의 세계인 4차원의 영·혼신들은 마음에너지가 파괴된 관계로 절대 분별의 행위를 못한다. 따라서 행의 공덕을 쌓아나갈 수 없는 것이다.

이렇듯, 천상에서부터 부딪쳐 탁해진 기운이 지상으로 인연지어 온다. 이들이 바로 내 앞에 인연이다. 때문에 이들을 덕 되게 함으로써 내 기운이 맑혀지는 만큼, 덕행의 몫도 각각인 것이다. 이를테면 지상 3차원에서 주어지는 인연은 7차원의 천상에서가 아니라, 공한한 차원의 대우주로부터 나로 인해 탁해진 기운들이 인연으로 온다는 소리다.

이러한 이유에서 볼 때, 분명 인간은 죄를 사하기 위해 인육을 쓰고 이 지상에서 인간으로 살아가고 있으나, 원죄는 대자연(하느님)에게 지고 왔다는 차원에 있어서는 다시 한번 생각해 봐야할 문제다. 물론, 내 앞의 원소와 부닥쳐 대우주가 비정상적으로 운행 중인 면에 있어서는 대자연에게 큰 죄를 진 것은 분명하다. 하지만 몸에 병이 났다면 누구의 책임이겠느냐는 것이다. 가정이 몰락했다면 누구의 잘못이겠느냐는 소리다.

때문에 인간의 원죄는 대자연에게 갚아야 하는 것이 아니라 내 앞에 온 인연에게 갚아야 한다는 사실에 있어서, 감사해야 할 대상은 대자연이 아니라 내 앞의 인연들이다. 그러므로 이 지상에 내려진 오만상은 내 앞에 온 너를 위해 써야만 하는 것들인 만큼, 내 앞의 인연에게 감사해야 한다는 소리다. 대자연은 오히려 운행주체의 핵심원소들을 바르게 운행시키지 못한 부덕함이 큰 만큼, 핵심원소자리로 되돌아 갈수 있도록 무한한 사랑으로 이끌어가야만 한다는 사실이다.

● 우리는 본질을 잊고 살아간다

대우주의 운행 주체의 핵심원소들이 궤도를 이탈해 대우주는 정지 상태에 있다. 그리고 상생을 밝혀내야 하는 이 지상에서조차 편중되어 이탈의 조짐을 보이고 있는 것도, 저마다 삶의 이유와 가치를 찾아 내지 못했기 때문이다. 가치창조는 너를 위해 살아가야 하는 내 몫을 찾는 것에서부터 시작된다. 하지만 어렵다고, 바쁘다고, 급하다고 손목만 끌어 잡다가 손의 존재를 잊어버렸으니, 어찌 다르게 벌어지고 있는 상황이 눈에 들어올 리가 있겠는가.

너를 위한 방편을 내 잣대로 그냥 쥐버렸으니 가치가 떨어질 수밖에는 없는 노릇이다. 나를 위한 방편이 아닌데 나를 위해 마구 써버렸으니, 나를 해하는 독으로 변하는 것 또한 당연한 일이다. 역시 갖춤이 부족하면 주어진 방편마저 흉기로 만들 뿐이다.

어떻게 쓸 것인가에 관심을 두었는데도 쓰지 못했다면 제 잣대에 치우쳤던 것이다. 빠져있고, 치우쳐 살아가는 동안 방편의 소중함을 바르게 알 리가 있겠는가. 중요한 사실은, 방편을 바르게 사용하지 못한다면 상대를 덕 되게 할 수 없다는 것과 어떻게 쓸 것인가에 대한 분별만 바로 세웠다면 삶의 주체는 벌써 창출되었다는 것이다.

"대자연은 스스로 있는 기운 그 자체이니라."

근기마다 죄를 사해나갈 수 있도록 이 지상에 필요한 오만상을 내려놨으니, 갖추어 바르게 쓰는 자가 주인이라는 소리다. 대자연은 준 것도 없지만 그렇다고 주지 않은 것도 없기 때문이다. 따라서 내 앞에 온 인연을 위해 덕으로 살아갈 때 언제든지 쓸 수 있는 것이 오만상이다. 어떻게 쓰느냐에 따라서 행의 공덕에 비례한다는 사실을 안다면, 욕심으로 정해놓은 선에 억지로 맞추어 살아가려고 하지는 않을 것이다.

8. 분수

상대방을 먼저 이해하기보다는

내 처지를 먼저 이해해 달라고 아우성이었다.

안다고는 하나 안다는 것은 내 생각만큼 이었으니,

모르기에 하는 짓이 그 모양이었던 것이다.

참으로 웃기는 퍼포먼스가 아닐 수 없다.

내 방식이 너에게도 맞을 거라고 나데던 자체가 말이다.

얼마간의 시간이라도 지난다면 '각'의 변화가 있으리라 생각했었는데, 법문만 몇 해 더 들은 것뿐이지 여전히 속을 건드리면 심기 불편한 것은 마찬가지다. 이미 길들어진 행위자체를 바꾼다는 자체가 결코 쉬운 일은 아니기 때문일까. 하지만 상대방이 '왜 그러해야 하며', '왜 그럴 수밖에 없는가'에 대한 원리만 깨우치고 나면 사고는 스스로 바뀌어 행위 자체도 바뀔 것이라고 했다. 하지만 배운 것만 가지고는 나아지지 않는 모양이다. 정작 그러한 상대를 이해하려고 노력은 했으나 가슴속으로 까지는 받아들이지는 못하고 있기 때문이다.

듣고 또 들어도 들이대지는 잣대, 아마도 내 잣대를 대기 위해 법문을 듣는 것 같다. 애써 내게 끌어 맞추려다 보니 잘난 '척'의 기운에 사로잡혀서 그러는 것 같다. 상대방을 이해시키지 못하는 행위, 그럴 수밖에 없는 그를 이해하지 못하는 데서 오는 불편한 심기는, 이미 상대를 미워하는 단계를 지나 나에 대한 질타로 바뀌어 가고 있었다.

때로는 행위자가 아닌 관찰자가 되어보려고 노력했지만, 불편한 심기를 다스릴지 몰라서인지 어느 찰라 인가 오히려 관찰의 대상이 되어있었다. 신나게 놀아도 시원치 않을 판에 게다가 초발심은 어디로 간 것인가. 아상도 고개를 쳐들 듯, 공부한 지가 좀 됐다고 도량에서 군림하려 드는 것 같다.

"공부는 마장을 끌어 안고 하는 법이니라."

"마장이 없으면 공부가 되기나 하겠느냐."

고개를 들 수 없었다, 몇 해가 지났는데도 여전히 힘의 논리를 앞세우는 것 같으니, 법문 듣는 자체도 부끄럽고 도반들 앞에서는 더더욱 부끄러웠다. 여전히 무지렁이 그 꼬락서니기 때문이다. 사실, 이러한 것도 마장이고, 마장이라고 말하는 자체도 마장이라는데, 헤매다 보면 어찌 그 자체가 마장이었는지를 알 수나 있겠는가.

마장이 없다면 성인(聖人)으로 성장한 것이라고 말한다. 따라서 공부자이기에 작은 걸림도 자칫 크게 걸려 올 수 있다는 소리다. 아마도 상대방의 행위를 소화하지 못해 걸려있고, 잉여분의 독선도 아직은 남아있고, 내 잣대에 치우쳐있으니 마장에 걸리지 않을 수는 없는 노릇이다.

더군다나 악성 생활 장애 증후군이 완쾌되기 전이어서 옳고 그름의 분별이 쉽지 않을 터인데, 분수도 모르고 법문 들은 것을 써 먹어보겠다고 안달이 났었으니 오죽하겠는가.

잘됐다. 하는 것도 먹고, 잘못되었다 하는 것도 눈과 귀와 육천육혈의 모공으로 먹고만 있어야 했었는데, 안달이 난 세월뿐이니 못난 것만 더 들어내야 했던 모양이다.

"못났으니 공부하는 것이 아니겠느냐."

들은 만큼 입으로만 떠들어 댔으니 가슴 속 깊이 용해 시키지 못했던 이유도 있다. 자기 분수도 모르고 나대며 남 잘되기를 바라는 착한 심성이라, 가랑이가 수십 번 찢어짐에도 불구하고 소갈딱지가 코딱지인 모양이다. 따따부따 또 떠들어대고 있으니 말이다.

"무얼 그리도 않은 것이 많아서 그러느냐."

나도 그러했고 내 앞의 너도 그러했다. 가까워질수록 확연히 들어 나는 부족함을 가지고 제 처지에 따라 입방아에 올리기 때문에 문제가 됐던 것이다. 이러한 입방아 때문인가. 가까워지고 나서 다투기 시작하니 차라리 가까워지지 않는 것이 좋을법하다. 친해지고 가까워졌다고 눈빛만으로도 통하는 사이라고 미주왈 고주왈 시끄럽다. 그러다가 돌출행동으로 크게 한방 터진다. 게다가 감놔라 밤놔라 온갖 간섭 일삼으니 처음 만나 좋았던 호감이 오래 갈리 있겠는가. 가까워지기 전의 호감정은 또 그렇게 탁해져 같다.

● 인연이 된다는 건 소통하기 위함이다

막힘없이 인의 기운은 소통되어야 한다. 이 지상 3차원의 끊임없는 상생도 진화발전을 위한 것에 있으니, 멈춤은 곧 도태와 소멸을 가져올 뿐이다. 순환은 소통에 따르고, 소통은 진화 발전하기 위한 발판이라, 이렇듯 존재하는 모든 것은 소통하기 위한 방편일 뿐이다.

때문에 인간 생활에서도 내 앞의 인연과 얼마나 통하느냐에 따라 삶의 질량이 달라지는 것은 당연하다. 더욱이 인연이 된다는 것은 기운소통을 위한 것에 있다. 그러나 문제는 가까워질수록 서로의 허물이 드러나는 것인데, 탁해진 기운을 맑히기 위해 드러 내놓는 다는 사실을 모르고 살아가니 문제시 되는 것이다. 주고 받아야할 빚이 있어 인연이 되었고, 아주 가까워지지 않고서는 서로의 진정한 빚을 주고받지 못하는 법이다. 때문에 최고의 빚 고리 관계는 부모, 자식 지간이고 그다음이 부부지간 순으로서, 먼저 갚고 후에 받는 것이 빚 고리 관계다.

처음 만날 때 빚을 먼저 갚아야 하나, 먼저 받기 위해 맑게 보이기 위해 무진 애를 쓴다. 처음부터 탁한 기운이라면 누가 다가서려도 하겠는가. 그래서 빚쟁이는 활짝 웃으며 다가온다고 한 모양이다. 남아야 장사하는 것이고, 밑지고는 살아갈 수 없는 것이 인생살이인 만큼, 문제는 어떠한 이득을 보느냐며, 어떻게 남겨야 하느냐는 것에 있다. 그렇다고 적자생존이나 힘의 논리를 말하려는 것이 아니다. 너와 바르게 살아가는 인생이 어떤 것이냐를 이야기하는 것이다. 상호 간의 이익은 주고받는 것에 있기 때문이다.

• 우리는 모르는 걸 공부하기 위해 공부한다

하나에서 둘로 분리되자 음양이 되고, 음양으로 나뉜 만큼 탁해졌다. 따라서 인간은 탁한 만큼 부족한 것이고, 그 만큼의 부족함을 매우기 위해서 갖춰야 하는 것이다. 음양화합을 이루기 위해서다. 음양화합을 이루기 위한 갖춤은 이해력이자 넉넉함이니 만큼, 상대방의 처지를 얼마만큼 이해하느냐가 갖춤의 척도라는 소리다.

이해할 수 없다고 말하는 것은 몰라서 이해하지 못하는 것이므로, 그러한 상대를 이해하기 위해서는 모르는 것을 공부하기 위해 공부하는 것이지, 아는 것을 확인하기 위해 공부하는 것이 아니다.

그럴 수밖에 없는 입장과 처지를 이해하지 못하는 제 자신이 문제이지, 몰라서 못하는 상대방이 문제일 수는 없다. 탁해져 있는 만큼 모를 수밖에 없는 노릇이다. 그러기에 누가 조금 더 이해하느냐가 공부됨의 차이로 드러난다. 갖춤의 차이라는 소리다. 내공을 쌓아 삶을 숙성시키는 만큼 품위와 인격은 높아지는 것인데, 입으로만 높이려 들었으니 저 지레를 떨어야 했다.

돌이켜보면, 상대방을 먼저 이해하기보다는 내 처지를 먼저 이해해 달라고 아우성이었다. 안다고는 하나 안다는 것은 내 생각 만큼이었으니, 모르기에 하는 짓이 그 모양이었던 것이다. 참으로 웃기는 퍼포먼스가 아닐 수 없다. 내 방식이 너에게도 맞을 거라고 나대던 자체가 말이다.

알고 하는 이는 없을 것이다. 그렇다고 제 분수를 알고 하는 이들도 없을 것이다. 나 자신을 제가 아니면 누가 알 것인가. 제 분수도 모르면서 상대방의 근기와 삶의 질량을 아는 것처럼 나대 썼는지, 그러다가 상대방이 잘못이라도 된다면 그의 삶에 대한 책임이라도 질 수 있다는 소리인가.

제 분수도 모르고 나대는 행위가 잘 될 리가 없다. 어설프게 남을 위하려 들기보다는 내 처지를 먼저 아는 것이 우선이었다. 제 분수를 알면 상대방의 처지를 알 수 있다기에 하는 소리다. 기쁨 속에서 보는 세상이 다르고, 고통 속에서 보는 세상이 다를 진데, 제 주제도 모르고 똥 묻은 개가 겨 묻은 개를 나무랐으니 정말 웃기는 노릇이다.

자신의 삶이 바르게 정립되지 않고서는 상대방을 도울 수 없다. 정(正)과 사(邪)의 분별이 바르게 서 있어야 한다는 소리다. 환자가 환자를 도울 수 없기 때문이다. 탁한 기운이 어찌 탁한 기운을 맑힐 수 있다고 생각하는가.

"분수는 네 자신을 아는 것에 있느니라."

제 분수를 몰라 저지레를 떨었던 행위를 뒤돌아 볼 때마다 스치는 법문이다. 그때 그때마다 한 점의 내 꼬락서니만 보았다 한들 추잡한 자존심으로 멍들지는 않았을 것이다. 더군다나 자존심이 삶의 버팀목이라는 소리에 버티고만 있었으니, 분별하지 못한 아둔함의 대가를 치러야 했다. 내 분수도 모르고 나대다 보니 감당키 어려운 일들만 벌어졌고, 도에 지나치니 이해할 수 없는 일들만 벌어진 것이다. 그런 일이 반복될수록 그 상황을 이해하지 못하는 자신을 뒤돌아보기는커녕 그 상황만을 탓해야 했었다.

● 대자연은 무엇도 나쁘게 주지 않는다

'하필이면 또 나야'라든가 '재수에 옴 붙었어' 식으로, 재수가 없어서 나쁜 조건이 주어졌다고만 생각해 그리된 상황만을 탓했지. 한 뜸이라도 이해하려 들지 않았으니 자신으로 인해 비롯되어진 일임을 알 리가 없었다. 그럴수록 대자연은 그 무엇도 내게 나쁘게 주지 않는다는 사실을 잠시 잊어버리기도 했었다.

갖춤이 요만큼이었으니 여유도 그만큼 밖에 안 되는 것이고, 여유 부리는 그만큼에서 제 분수를 알았어야 하는데 분수를 모르니, 어찌 존중은 고사하고 배려조차도 밑진다는 생각을 가지지 않겠는가. 내 입장만 고수하니 상대방의 처지를 이해하지 못하는 것이 당연하다.

지극히 필요한 상생을 일깨워주기 위한 말이 역지사지(易地思之)다. 그래서 가장 평범하고 이해하기 쉽게 들려왔던 모양이다. 입장 바꾸어 생각해보라고 말이다. 하지만 너무 쉽게 들려왔던 것이 탈인가. 다들 제 입장과 처지만을 고수하려 드니 말이다. 이해한다고는 하나 한낱 제 잣대로만 견주는 탓에, 이해심은 고작 제 아는 척에 불과하다는 사실을 깨우치지 못하고 있던 것이다.

인간사의 병든 부의가 축소되어 공부 중에 나타난다. 알려고 해서 알아 지는 것이 아니라 대자연의 원리를 이해하고 들어가기 시작하니 자연히 드러나는 것이다. 대자연 가르침의 시작은 잘못 살아온 지난날을 깨우칠 때부터이니, 이때가 되면 곪아있던 부분은 여지없이 불거져 나온다. 삶의 병든 부위를 내 앞에 인연이 여지없이 찌르고 들어오기 때문에, 인원이 많고 적고는 아무런 문제가 되지 않는다. 이리 드러나는 환부를 숨기고 제 잘났다고 주절이 댔으니, 발전에 발목이 잡힐 수밖에 더 있겠는가. 분별이 병든 만큼 삶이 병들어 있으니 '그럴 수밖에 없는' 입장과 '그러해야만 하는' 처지를 이해하지 못해 더불어 생활하기가 힘들었던 것이다.

• 모든 일에는 이유가 있다

사실, 저마다 스스로 판단하기에는 이해의 폭이 굉장히 넓은 줄 아는 모양이다. 실오라기 하나 간신이 들어가는 바늘구멍 정도 안 되는 주제에, 간섭과 참견만을 일삼아놓고서는 너를 위한 행위라고 부득불 우겨 댔으니 말이다. 그러니 어찌 상대방이 내 뜻을 받아줄 리 있기나 하겠느냐는 것이다.

자가당착이 관찰자도 행위자도 없게 만들었다. 지금 여기에 있어서는 너나 나나 주어진 상황에 자신의 역할을 하고 있을 뿐이기 때문이다. 나를 우선하겠다는 자존심이 빚어지는 순간, 사자 짓의 역할을 담당해야 했다.

이처럼 소중한 것이 물질 권력에만 있는 것이 아니라, 하찮게 보이는 행위조차도 이유 있어 벌어지는 일이니, 하찮다 여겨지는 행위 자체도 소중하지 않을 수 없다. 그렇다고 욕심을 부린다고 될 일도 아니지만, 덕 된 삶을 살아가기 위해서 한 번 정도는 자신을 갖추기 위한 공부만큼은 욕심부려 볼 만하기에 하는 소리다.

더욱이 대자연은 물질 소유를 위해 노력하는 것을 가지고 욕심부리는 것이라고 가르치지 않았다. 각자 삶의 질량만큼 덕 된 삶을 살아가기 위해 주어지는 방편이라고 가르친다. 덕 된 삶을 살아가기 위해 주어진 물질과 권력의 방편, 그리고 이에 따르는 행위의 방편을 바르게 펼치지 못해 어려워졌다는 사실을 깨우치는 일만 남았다. 권위와 직위는 높으면 높을수록, 재물이 많으면 많을수록 좋은 것이다. 상대를 위해 지적으로 덕 되게 살아갈 수 있는 방편이기 때문이다. 하지만 주어진 방편을 덕 되게 써야 하는 몫은 자신의 몫이니, 반드시 이를 위해 자신을 갖추어야 하는 것이다. 바르게 쓰는 법을 배워야 한다는 소리다.

● 욕심의 본질을 바르게 알아야 한다

따라서 삶의 질량의 따라 주어지는 것이 재물과 권력이므로 소유욕을 가지고 욕심이라 말하지 않는다. 단지, 자신을 위해 쓰다가 많은 문제가 일어나자 무소유의 단어를 만들어 낸 것뿐이다. 그러므로 욕심은 오만상을 소유하려는 행위를 보고 가리키는 말이 아니라, 상대방의 뜻한 바를 제 뜻대로 움직여 보려는 행위를 빗대어 가리킨 말이다. 이는 사실 저마다의 삶의 질량이 다른 만큼, 너는 너대로 나는 나대로의 삶을 살아갈 수 있도록 각자의 자율성을 보장해 줘야 한다는 소리이기도 한 것이다.

각자의 자율성을 인정하고 보장해 주지 않음으로서 창조적이고 진취적인 행위를 다하지 못했던 이유가 그것이다. 참견이나 간섭은 상대방의 자율성을 저해시키는 인권침해이자, 상대방을 내 뜻대로 해보려는 욕심이 가미된 행위일 뿐이라는 것이다.

물질과 권력을 가졌다고 해서 삶의 질량을 채웠다는 것이 아니다. 삶의 질량을 다하기 위해 주어진 1안의 방편일 뿐이라는 것이다. 사장이 되었다고 해서, 정치가가 되었다고 해서, 어느 스포츠 한 분야에서의 챔피언이 되었다고 해서 성공을 운운해서는 안 된다. 1안의 자리는 2안의 자리로 오르기 위한 것이기 때문이다. 허나, 하나같이 1안의 방편에 빠져서 살아가니 행복의 질량에는 다가서지도 못하고 있다. 한 뜸이라도 행복의 질량에 다가서 보고 싶다면 절대 분별을 배워야 한다. 주어진 방편을 어떻게 쓰느냐에 따라 삶의 질량이 차이나기 때문이다.

순환은 상생이자 질서이며, 저마다의 인생을 가리키기 위한 절대 분별의 방편의 수단으로써, 매 상황이 내 앞에서 다르게 벌어지는 이유가 여기에 있다. 주어진 조건은 너와 나의 소통을 위한 것일 뿐 그 무엇도 아니기 때문이다. 고로, 소통이 되었다면 그 조건은 자기 역할을 다한 것이라, 그 이후에는 방편에 묶여서는 안 된다는 소리다.

끊임없이 흐르고, 돌고, 움직이고, 이어가고 있다는 것은 인간 생활의 소통을 일깨워주기 위한 대자연의 위대한 가르침이다. 하지만 저마다 집착으로 그 누구도 그 무엇 하나 바르게 인식하지 못하고 있다. 집착으로 빚어낸 인간 욕화로 인해 순환이 막히자, 그만 상생의 기능을 잃어버려 삶이 병들어버리고 마는 것이다.

● 물질로는 모든 걸 채우지 못한다

행복은 직위와 물질에 준하지 않는다. 주어진 방편을 '어떻게 쓸 것인가'에 대한 문제를 스스로가 해결해야 맛볼 수 있는 기운인 것이다. 이 행복을 맛보기 위해서는 '어떻게 할 것인가'도 배워야 한다는 것이다. 바르고 덕 되게 써야만 영위할 수 있는 기운이기 때문이다. 따라서 대자연(하느님)의 바람은 오직 한가지라고 가리키고 있다. 인생은 기도하며 살아가야 하는 것이 아니라, 바르게 살아가야 하는 것이라고… 그러므로 기도는 바르게 살아가기 위한 모두의 원이 서있어야 한다는 것이다.

"너에게는 그 무엇도 요구할 권리를 주지 않았느니라."

인간은 공동체의 삶을 살아가야하나 개인주체로써의 존엄성을 가지고 각자의 삶을 추구하며 살아가야하기에, 내 앞에 온 인연에게 그 무엇도 요구할 권리를 주지 않았다는 것이다.

대자연은 무질서 한 듯 보이나, 자율 속에 이타(利他)의 행을 해가며 스스로 삶을 살아가는 중이다. 보이지 않은 질서체계 하에 자신이 해야 할 바를 하며 살아가고 있다는 것이다. 인간 역시 자율 속에서 원죄를 사하기 위한 행위를 스스로 해나가고 있는 중이기 때문에, 내게 주어진 행위는 상대방을 존중할 권리밖에 없다는 뜻이기도 하다.

보이지 않는 인간사의 질서를 지켜나가기 위해 필요한 덕목 중에 하나가 존중이다. 따라서 너를 위한 작은 배려에서부터 질서는 시작되고 있다고 말한다. 하지만 상대방에 대한 존중이 뒷받침해주지 않는 이상 배려란 있을 수도 없는 일이므로, 우선은 내 앞에서 행해지는 작은 일들에서부터 질서를 지켜나가기 위한 배려가 필요한 것이다. 상대방이 무엇을 하든 나만 잘하면 되는 덕행 말이다. 배려는 덕행을 하기 위한 준비 단계이니 만큼, 행의 공덕을 쌓기 위한 과정이 우선 생활화가 되어야 한다는 소리다.

상대방을 존중해야 덕으로 살아갈 수 있는 법이다. 내 앞에 온 너의 의사를 존중하지 못해 으르렁거리고 살아간다. 으르렁거리며 살 때도 이와 마찬가지다. 배려를 위한 기본적인 소양만 갖추었더라도, 너와 나의 관계는 소원해지지는 않았을 것이다.

어려워진 이들이기에 도량 내의 도반의 인연이 되었다. 어려워지지 않았다면 산속에서 만나 수행을 함께하지도 않았을 것이다. 어려워진 이유는 다른 데 있지 않았다. 착하게만 살았지 바르게 살지 못했기 때문이다. 바르게 살지 못했다는 것은 덕 되게 살아가지 않았다는 소리와 같다. 대자연은 인간에게 착하게 살라고 가르치지 않았다. 바르게 살아가라고 가르칠 뿐이다.

뿌리 민족이자 천손은 신선의 후예로서 덕으로 사는 민족이었다. 덕으로 살아가는 신선의 삶이라고 해서 흰 수염을 휘날리며 구름을 타고 하늘을 날며 도술을 부리며 살아가는 삶을 말하는 것이 아니다. 저마다의 마음은 깃털보다 가벼워 구름 위에 올려놔도 두둥실 떠다닐 정도로 티 없이 맑게 살아가던 것에 비유하여 만들어진 말일 뿐이다.

칠천 년 전 선천시대까지는 도와 덕으로 살아온 민족이었다. 칠천 년 후부터는 도와 덕을 져버리고 힘의 논리에 이끌려온 후천시대다. 이 시기부터가 인류의 뿌리 민족은 치욕과 피로 물들어 버렸으며, 오늘날까지도 이산의 고통과 어려움만 남겨졌다. 이산의 아픔과 치욕의 역사를 회복하는 길은, 우리 민족 본연의 삶인 도와 덕으로 살아가는 데 있다.

길이는 삼천리 둘레가 칠천리, 들이 30%로 산이 70%, 삼면이 바다로 둘러 쌓여진 가운데, 동쪽 태백산을 기점으로 해서 서쪽 서산을 가로지르는 37도선이 분명히 자리하고 있기에 인류의 뿌리가 되는 것이다. 37도선이 해 돋는 땅의 중앙을 관통하는 만큼, 음양이 분명하고 사계가 뚜렷하며 사주가 뚜렷한 민족이다. 때문에 우리 민족의 힘은 도와 덕으로 살아갈 때만이 발휘되는 법이다.

나 하나부터라도 덕으로 살아가고자 시작한 공부가 천부(天符)의 수행법이었던 것이다. 이 수행법이야말로 해동땅 뿌리민족 신선들의 삶 그 실체였음으로, 뿌리의 기운을 되살리는 수행이기도 한 것이다.

제2장

부닥치고
그래서
멀어지고

1. 언쟁

내 답은 내가 모르기에 미리 구하려 들지 않으면

스스로 얻어지는 것이 답이다.

불편한 심기와 들끓는 화도, 결국 분별이 모자라는

너무 똑똑한 대화가 원인이다. 내가 먼저 나를 위한다면

상대방도 먼저 제 자신을 위할 수밖에 없다.

욕심부리는 것도, 성내는 것도, 좌절을 안기는 것도,

상대방의 언행에 분별이 모자라 놀아났기 때문이다.

대부분이 자기주장을 해놓고서는 말귀를 알아듣지 못하는 상대방을 쳐다보고 불편한 심기를 드러내 놓기일 수다. 내 말을 듣고 안 듣고는 전적으로 상대의 몫인데 말이다. 내겐 말할 자격밖에는 없다. 말귀를 알아듣지 못하는 상대방이 문제가 아니라 알아듣게 이야기 못한 내가 문제라는 소리다. 통해 보자고 찾아온 인연이다. 그와 통하지 못한 것은 그의 문제가 아니라 전적으로 나 자신의 문제인 것이다.

화를 끓이는 주된 이유도 대화의 단절에 있다. 억지 주장을 고집스럽게 내세운 결과도 있겠지만, 의사전달능력이 부족한 줄 모르고 말만 하

면 상대방은 무조건 받아들이는 것으로 착각하고 있는 것이 더 큰 문제다. 내말은 입을 떠나는 순간 상대방의 것이 되기에, 변론하든 반박을 하든 내게는 말할 자격밖에는 없다고 말하는 이유가 여기에 있다.

● 대화는 상대를 위한 것이어야 한다

너와 나는 입에서 입으로 기운을 주고받기 때문에 언쟁은 늘 제 주장이 받아들여지지 않을 때부터 시작된다. 중재하기가 더 어려워지는 것도, 대화의 중심은 상대방이 되어야 하나 내가 중심이 되려 하기 때문이다. 대화는 소통을 위한 수단인 만큼, 상대방 위주로 벌어져야 하는 것이다. 내 앞에 네가 찾아왔으니 네가 주인공이라는 소리다. 대화를 비롯한 모든 사항도 이와 마찬가지다. 나를 우선시하고 있어 어려워진다는 사실을 말이다.

따라서 언쟁은 상대방으로 인해 일어나는 것이 아니라, 내가 너의 중심에 서려다 통하지 못해 부닥치는 일이다. 통해 보자고 찾아오고 찾아가기에, 나 하기에 달린 것이 대화인 만큼 자신을 먼저 갖추어야 한다.

뛰어난 화술이 내게 주어졌다 하더라도, 나를 위해 주어진 것이 아니다. 내가 주도해 나가야 하는 대화에 있어서도 이와 마찬가지다. 상대와 통하기 위해 대화를 벌이는 것이다. 대화 속에의 언쟁은 늘 내 뜻부터 관철시키려다 벌어지는 사항이다. 내 방법은 내 방법일 뿐이고, 네 방법은 네게 맞는 방법이라는 사실을 모를 리가 없다. 토론하러 온 것이 아니라 토의하러 온 것이다. 갖추지 못한 자일수록 상대방의 문제를 존중하기보다는 제 것이 맞다고 반박하려 드니 문제가 발생하는 것이다.

존중은 상대방을 덕 되게 하기 위한 최소한의 예의인 만큼, 존중하지 못한다면 의견수렴이 그만큼 힘들다. 상대에게 이익을 주지 못하는 그만큼 내가 부족한 것이고, 딱 그만큼 존중은 고사하고 배려조차 하고 있지 않으니 딱 그만큼이 문제다. 덤은 존중 속에 피어나는 열매이다. 제 계산된 행위로만 이끌려 드니 덤이 없는 궁색함이 얼굴에 드러나는 것이다.

대화가 상대를 위한 시간이라는 분별이 바로 선다면, 그 중심에는 내가 아니라 상대방이 서 있기 마련이라, 갖춘 만큼 통하는 법이라고 한 모양이다. 형편에 따라 구사되는 것이 말이기는 하지만 갖춘 자는 늘 상대를 우선하기에 언쟁이 일지 않는다.

● 상대방을 내 뜻대로 해보려는 욕심

소통의 기운은 입으로 주고받는다. 너와 나의 기운은 대화로 주고받는다는 소리다. 너를 덕 되게 하는 행위는 내 입으로부터 전해지기에, 미리 행할 수 없지만, 말로써 덕을 쌓는다는 이야기다. 너무 똑똑함이 화근인가. 제 주장을 내세운 만큼 대화의 폭이 작아져 관계가 소원해지고 있으니 말이다. 덕 된 행위는 상대의 이야기를 끝까지 들어야 가능하다. 이는 한마디로 상대방의 처지를 바르게 알지 않고서는 덕 되게 할 수 없다는 것이다.

똑똑함이 가져다주는 것이 욕심이다. 상대방을 내 뜻대로 해보려는 욕심 말이다. 남의 답은 다 아는 듯해도 상대방의 처지를 바르게 이해하지 못한다면 내 답은 내 답일 뿐이다. 이러한 이치를 아마도 내 뜻대로 해보려는 욕심 때문에 모를지도 모른다. 게다가 정작 알아야 될 것은 모르고, 몰라도 될 것을 너무 많이 알고 있으니 정작 자기 답을 모르는 불편한 심기는 화로 드러난다. 욕심 부리는 것도, 성 내는 것도, 좌절을 안기는 것도 너무 똑똑해 상대방의 언행에 분별이 모자라 놀아났기 때문이다.

화는 내 욕심으로 인해 폭발하는 것이다. 어려워지는 원리도 이와 마찬가지다. 상대방은 그 어떠한 상황도 만들어 가져오지 않기 때문이다. 내 행위에 따라 그저 대처해 나가는 것이 내 앞에 인연이다. 때문에 자신의 부족함이 무엇인지 깨닫지 못하는 한 상대방을 사자로 만드는 것은 시간문제다. 인간사의 상대성의 원리가 이러할진데 그러한 이를 탓하고 흉본다면 자신의 허물이 무엇인지 알 수 있기나 하겠는가!

인생사 나 하기 나름이다. 자신의 행위가 바르지 못하면, 대자연은 바르게 행하지 못한 환부를 드러내기 위한 사자를 만들어 보내기도 한다. 어렵게 사는 원리를 깨우쳐 주기 위해서다. 대자연은 스스로 있는 기운 그 자체이므로. 인간을 일깨워주기 위한 손발이 없다. 인연을 통해 부족함을 전해주려는 것뿐이다. 이로 인해 끼리끼리 논다는 말이 빚어졌고, 내 앞의 인연이 내 모습이라고까지 말하고 있다.

실패한 이들이 찾아왔을 때는 속된말로 교과서라고 표현한다. 저이처럼 살면 저 꼴밖에 안 된다는 교과서 말이다. 한편으로 대자연이 교과서를 만들어서 보내기도 하지만, 내가 만들어내기도 하며, 나 자신이 되려 교과서가 되기도 한다. 대자연에 의해서건, 이러한 이들을 통해서건, 부족함을 깨우쳐주기 위한 오만상의 표적은 아주 사소한 것에서부터 일어난다. 크건 작건 표적을 받았다면 그때부터라도 이유를 찾아도 늦지 않다. 대자연은 바른길을 제시해주기 위해 인간상대성원리로서의 방편을 쓰고 있기 때문에, 내 앞에 온 인연은 내 할 바에 따라 행하는 것이다. 제 욕심으로 치우쳐 사는 만큼 표적의 의미를 깨닫지 못해 어려워진 몫은, 자신의 몫이라 그 누구도 탓 할 일이 없는 것이다.

● 인간상대성원리

천상에서의 역행으로 상충을 일으켜 탁해진 기운을 맑히려 이 지상으로 내려보낸 이치나, 이 지상에서 내 앞에 온 너와 어우러져 살아가지 못해 어려워진 이치나 똑같다. 따라서 내 앞에 온 너와 어우러져 살아갈 때가 어려움이 해소되는 시기이자, 탁해진 기운이 맑아지는 시기이기도 한 것이다. 대자연은 상생을 밝혀내기 위해 '인간상대성원리'로써 바르게 살아가는 길을 제시해주고 있다. 일상에서 일어나는 표적의 의미를 바로 알아차려야 한다.

사실, 의사가 수술을 집도했다고 해서 치유까지 의사의 몫으로 둔다면 대자연의 가르침이 무슨 소용이 있겠는가. 치료는 의사가 하고, 치유는 남은 인생을 살아가야 하는 환자의 몫으로 남겨 둔 것이다. 이는 사실, 육신의 치료를 위해 페니실린을 공급해 주는 것과 남은 인생을 위해 교과서 인생을 보내는 이치와 별반 다르지 않다.

나 하나쯤이 아니라, 나 하나에서부터 표적의 의미를 깨달아 정화해 나가기 시작한다면 고통 받고 살아가는 인연의 수도 그만큼 줄어드는 것은 시간문제다. 고통 받으며 살아가야 하는 이유가 밝혀진다는 사실이 중요하다. 작은 표적을 별거 아닌 것으로 그리고 대수롭지 않은 것으로 생각하겠지만, 이 지상 3차원에서 이유 없이 벌어지는 일은 없다. 닥쳐오지 않을 일이라면 보여주지도 들려주지도 않기 때문이다. '설마'라 생각하고, '사실일까'라는 의문을 가지는 순간에도 부족함을 일깨워주기 위한 표적들이 끊임없이 오간다는 사실을 알아야 한다.

실패로 괴로워하는 이들이라던가, 불치병으로 고통받는 이들의 소리가 가까이에서 들려오기 시작했다면 자신도 그리될 수 있음을 암시해

주는 것이다. 이유가 있어 보고 듣게 하는 것이니 만큼, 이러한 일들 속에서 자신의 부족함을 찾아내지 못한다면 호미로 막을 것을 가래로도 막지 못하는 결과를 초래한다. 어려워지는 하나의 이유는 사소한 일들을 바르게 분별하지 못했기 때문이다. 더욱이 이러한 일들이 왜 내 앞에서 일어나야만 하는지를 바르게 아는 이가 없으니 모르는 만큼 어려움을 겪고 사는 것이다.

'설마 그럴까'는 순전히 제 생각이다. 안일과 방심으로 어려움을 초래했는데도, 깨우침의 표적을 재수 없어서 그런 것이라고 우연으로만 치부한다면 어려움 준 것도 우연이며, 인생을 살아야 하는 것도 우연일 수밖에 없다. 그렇다면 잘 살고 못사는 것도 우연일 수밖에 없다. 그러니 덕으로 살아야 할 이유도 없지 않은가. 게다가 동물처럼 살다 어려워지는 것도 우연이므로 남 탓해야 할 이유도 없는 것이다.

덕으로 살아야 하나, 동물처럼 살아가다 탓하며 살아가니 받는 것은 표적이다. 너를 위해 살아야 하나 동물처럼 나를 위해서만 살아가려 하니 탓할 수밖에 없는 노릇이다. 덕으로 살아가는 것이란 내 앞에 온 너를 덕 되게 하는 것을 말한다. 내 앞에 온 너를 위해 살아가야 하나, 나를 위해 살아가니 받는 것은 표적이다. 따라서 표적의 감을 잡지 못해 불행해 졌다는 사실에서 만큼은 우연으로 치부할 수 없는 일이다. 어느 부모가 제 자식을 불행하게 만들겠는가. 부족함을 채워주기 위한 작은 표적의 감을 잡지 못해서 스스로가 불행해지는 것이다. 부모는 자식을 불행하게 만들기 위해 회초리를 들지 않는다.

언쟁도 내 뜻을 먼저 관철시켜 보겠다는 욕심 때문에 일어난 표적이다. 게다가 상대방의 뜻을 받아주지 못해 상충의 표적이 드러나는 것이다. '설마 그럴 리가'에서부터 생각을 놓거나, 은근히 요행을 바라다가 탈이 나는 것도 제 욕심 때문이지 다른 이유는 없다. 표적을 부정의 각으로만 틀어놓지 않으면 이보다 더 큰 가르침은 없을 것이다.

● 사실상 고통만 알뿐이지 무엇이 만족인지를 아는 이들이 없다

착한 것은 알아도 바른 게 무엇인지 모르고 살아가기에, 자존심으로 인해 사고가 편중되지 않아야 한다. 나를 지켜나가기 위한 것이 자존심 이라고 말들을 하고는 있으나 종례에는 자존심 때문에 관계가 소원해 진다는 사실을 알아야 한다. 이렇듯 자존심으로 인해 치우쳐 살아가는 지도 모르게 살아가고 있으니, 자신에게 야기되는 문제를 바르게 처리 하지 못하는 것이다. 그렇지만 적어도 우리 민족의 엘리트 정도가 된다 고 자부하고 살아간다면, 지금의 자신의 처지 정도는 읽어낼 줄 알아야 만 하는 것이 아닌. 이들마저 편중되어 살아가고 있으니 바르게 사는 것이 무엇인지 민초들이야 알 도리가 없지 않은가.

'태초에 주어지지 않은 것은 없다. 하지만 주어진 것도 없다.' 더불어 살아가야 하는 인연들만 있었을 뿐이다. 나를 싫어하고 좋아하는 이들 도 없었으니 나하기 나름이라, 오만상은 갖추어 쓰면 내 것이 되나, 쓰지 않으면 스스로 있는 것에 불과하다는 소리다. 인연에 따라 임기응변의 방편이 주어지기도 한다. 하지만 누굴 위해 어떻게 쓰느냐에 값어치를 달리하니 거기에 만족해서는 안 된다는 것이다.

'체험은 분별을 심어주기 위함이고, 고통은 모순을 일깨워주기 위해 일어난다.'고 말했다. 고통을 알기에 만족해 보고자 노력하지만, 사실상 고통만 알뿐이지 무엇이 만족인지를 아는 이들이 없다. 게다가 만족이 무엇인지도 모르고 그 만족을 위해 발버둥 치는 동안, 불행과 고통까지도 빚어 내놓고서는 그 불행과 고통에서 벗어나려고 또다시 안간힘쓴다. 그래서 그 순간의 고통에서 벗어났다고 치자. 허나 어려움이 찾아드는 원인을 밝혀내지 못한다면 고통에서 벗어났다고 말이나 할 수 있을까.

어려움에서 벗어나려고 노력하는 중에 만족을 느끼게 하는 것은 삶의 희망을 주기 위한 방편의 일환이다. 처지에 따라 다르겠지만 만족은 그냥 좋은 것에 불과한 꿈일지도 모른다. 사실, '각'이 가져다주는 만족은 욕심의 소산물일 수밖에 없으니 시간이 흐를수록 무언가 채우지 못한 공허함에 쉬이 빠져버린다. 채우지 못한 공허함은 허무함이라, 어쩌면 만족이라는 채울 수 없는 허무한 선을 그어놓고, 채워야 한다는 삶의 지표로 삼고 있다면 채워도 늘 부족하게 살아가야 하는 것이다.

삶의 좌표가 그어지는 것도 누구나 꿈을 가지고 살아가야 하기 때문이다. 살아가야 하는 좌표가 있어야 꿈을 꾸며 사는 것도 있겠지만, 누굴 위한 꿈이냐에 따라 삶의 값어치가 다르다. 고작 제 먹고 살기 위한 동물적 사고는 허무함뿐일 터이니, 허무함을 깨부수지 못하는 한 힘겨운 상충의 논리로 자기만족을 위한 투쟁을 계속해 나가야 할 것이다.

제 먹고 살기 위해 동물처럼 살아가다 길들어 버린 가치관은, 내 계산법에 길들어진 합리주의 병이라, 이러한 병을 삶의 희망이라 부르짖는다면, 제 인생을 언제나 한번 살아갈지 모르겠다. 게다가 힘의 논리에 부대낀 꿈이라도 이루어 보려는 몇몇을 제외하고는, 이들의 꿈을 위해 들러리로 살아가는 꼴이란 그야말로 가관이 아니다.

● 물질문명은 진화했으나 삶의 질량은 나아지지 않았다

그나마 1안의 꿈이라도 이루어 보고자 한다면 나는 누구인가를 알아야만 자신이 해야 할 일이 무엇인지를 알 수 있다는 소리다. 자신의 존재가치를 모르는 한, 제 할 일을 찾아 바르게 행할 수 없기 때문이다. 저마다의 해야 할 일을 찾아가는 과정에서 나는 누구인가에 대해서 논할 때마다, 수구적인 철학자로 치부해버리는 경향이 짙어 자신이 누구인지를 바로 인식하지 못한다.

사실, 나는 뿌리 국 해 돋는 땅에서 태어난 천손으로서 내 앞에 있는 너를 위해 태어난 공인들이라는 사실이다. 때문에 꿈을 이루고자 한다면 공인의 삶을 살아가기 위한 갖춤이 우선 필요하다. 우리 민족의 엘리트들인 중산층에서부터 어려워진 이유 중에 하나가 공인으로서 삶을 살아가지 못했기 때문이다. 내가 누구인지 모르는 한 누군가는 제 꿈을 이루기 위해 노력한다고는 하나, 단지 그 꿈을 이루기 위해 하고자 하는 일을 하는 정도에 불과할 뿐이다. 또 누군가는 희망의 실체 정도를 가지고 행복한 일이라고 말할 수도 있다. 이도 누굴 위한 바람인가에 따라서 삶의 질량이 달라진다는 사실을 간과해서 하는 소리다.

인간 역사이래 희망의 본체가 불행하게도 부와 명예에 준하고 있어, 물질문명은 진화했으나 삶의 질량은 나아지지 않았다. 하지만 바람은 한결같이 물질에 두고 있어, 그 바람을 이루었다 해도 이루었다고 말하지 못하는 것은, 1안의 물질 바탕은 2안의 성공을 위한 밑거름에 지나지 않아서다. 물질은 너와 나의 소통을 위한 방편이자, 덕 된 삶을 살아가기 위한 도구에 불과하다. 이타(利他)행을 하기 위한 방편 밖에는 안된다는 소리다. 이타 행으로서 이광공익(利廣公益)에 이바지해야 그제서야 그 꿈을 이룬 것이라고 하기 때문이다.

춥고 배고픈 자들에게 시급한 것은 옷과 밥이다. 살아가는 데 있어 기초생계수단이 해결되지 않는 이상, 인간의 바람은 거기에서 멈춰버린다.

제아무리 금강산이 아름답다 해도 춥고 배고픈 이상, 산은 산이요 물은 물일뿐이니 그래서 금강산이 식후경인 이유다. 춥고 헐벗은 자에게는 옷을 주고 배고픈 자에게 밥을 주면서, 제 할 일을 하며 살아갈 수 있도록 이끌어줘야 하는 몫이 가장 중요하다.

내 할 일을 주고, 네게 할 일을 준 것은 사랑하며 살아가게 하기 위해서이다. 네게 해야 할 일이 있는 그만큼, 내게는 모자라는 구석이니, 동물처럼 사는 인간은 그만큼을 채울 수 없는 것이다. 음양을 이루어 상생하는 것이 인생이므로, 네게 해야 할 일이 있어 내 할 일을 준 것이다. 이타는 네가 살아야 내가 사는 이치라, 서로의 부족함을 채워주기 위한 인연의 연결고리이기도 한 것이다.

아직도 이 사회는 행복과 만족에 대한 정의를 바로 세우지 못해, 그저 물질의 구애받지 않고 건강하게 잘 먹고, 잘 사는 것이 행복이라고 가르친다. 사실, 무엇이든 구애받지 않고 살아갈 수 있다면 가장 행복한 삶일 것이다. 문제는 너나 나나 바르게 살지 못해 구애받고 산다는 데 있다.

지금까지도 바르게 사는 법을 아는 자가 없으니, 1안의 물질에 빠져 2안의 인간경영에 의한 복지사회구현이 무엇인지조차 모르는 현실이다. 이를 위해 대자연은 복지사회구현을 위한 문제점들을 돌출해내고 있지만, 하나같이 물질경영만으로 해결될 것이라. 생각하는 모양이다. 앞으로는 더 이상의 의식의 빈곤함은 없을 것이다. 하지만 이런 식으로 생각하면 곤란하다. 인생의 주체가 서지 않아 부닥친 난관이라, 주체와 사상이 정립되지 않는 이상, 물질자원 빈곤을 빙자한 시름만 더해질 뿐이라는 걸 말이다.

2. 차이

편중되어 살아가는 만큼 분별이 춤출 터이니,

도낏자루 썩이듯 주어진 방편이 썩어도,

나는 웃고 너는 울고 사는데, 어찌 웃고 산다고 할 수 있겠나.

없는 것을 더 가지려고 노력하기보다는,

있는 것을 바르게 쓰기 위해 노력해야 하는 바,

없는 것을 찾으려고만 아우성이니 어려움이 꿈적이나 하겠는가!

없는 것을 찾아 쓰기 위해 애쓰기보다는, 가지고 있는 것을 바르게 쓰기 위해 노력하는 데에서부터 삶의 질량은 차이나기 시작한다. 대자연은 차별을 두지 않는다. 어떻게 쓰느냐를 가르치고자 할 뿐이다. 내 앞에 온 인연을 덕 되게 하는 방편을 필요할 때마다 주고 있으나, 누가 무엇을 위해 쓰느냐에 따라 양을 달리 주었던 것도, 어떻게 썼느냐의 차이에서다.

어떻게 쓰느냐의 차이에서부터 차별은 나고 있었다는 소리다. 사실, 바르게 쓰느냐 못쓰느냐의 차이에서 벌어지는 격차를 빗대어 만들어진 말이 차별이기도 하지만, 스스로 만들어 나가는 행위 차원에 따라서 삶의 질량이 달라진다는 소리이기도 하다. 동물처럼 제 자신을 위해서만 쓰는 자들의 행위가 가관이다 보니 대자연이 차별화시켜야 했던 모양이다.

가지고 있는 것도 바르게 쓰지 못하는데, 욕심을 부린다고 해서 더 줄리 있겠는가. 너와의 소통을 위해 써야 하는 방편이기에 바르게 소통을 시켰다면, 상생을 위해 끊임없이 공급해 주는 것이 방편이다. 덕 되게 썼을 때 더 준다는 얘기다. 그러나 아직까지 바르게 쓸 줄 아는 자가 없다는 것이 문제. 아니라고 반박을 가하는 이가 있다면 고작 제 근기만큼 밖에 쓰지 못하고 하는 소리다.

이는 치우침이 무엇인지도 모르게 치우쳐 살아왔었다는 소리다. 하기야 제 살아가는 데 지장이 없다면 아무런 문제 없다고 할 수도 있겠지만, 모두에게 맞지 않는다는 것이 더 큰 문제로 다가올 것이니 문제가 아닐 수 없다. 어려워져가면서부터 치우쳐 살아왔음을 깨달아가야 하는 터인즉, 어려워지기 전까지는 논리도 그쪽으로 치우친 이들에게는 분명히 맞다는 것에 있다. 때문에 빠져 있어, 빠져 있음을 모르기에, 빠져있는 논리를 가지고 모두에게 맞을 것이라는 착각은 하지 말아야 한다.

치우쳐 사는 것도 자기 이익에 따르는 만큼 살아가게 되는 것이기에 치우쳐 살아가고 있는지 조차 모른다. 그 이익 된 만큼 손해로 드러날 때야 비로소 치우쳐있음이 드러나기 때문이다. 한편으로, 덕 된 삶이 무엇인지 모르고서는 덕으로 살아가지 못하는 이유와 같다. 무조건 물질의 방편을 쓴다고만 해서 덕 된 삶을 살아가는 것이 아니므로 덕 된 삶을 살아가기 위해서는 냉철한 분별력이 필요한 것이라는 소리다.

편중되어 살아가는 만큼 분별이 춤 출 터이니, 도낏자루 썩이듯 주어진 방편이 썩어도, 나는 웃고 너는 울고 사는데 어찌 웃고 산다고 할 수 있겠나. 없는 것을 더 가지려고 노력하기 보다는 있는 것을 바르게 쓰기 위한 노력해야 하는 바, 없는 것을 찾으려고만 아우성이니 어려움이 꿈쩍이나 하겠는가!

● 행하며 살아갈 수 있음에 감사드리는 것이 기도다

어려워진 이들에게 나타나는 공통점이 있다. 착하게만 살았지 바르게 살지 못했다는 이유가 바로 그것인데, 바르게 쓰는 법을 몰라서 그랬다고 한결같이 말하고 있다. 순환은 바른 상생을 일깨우고, 바르게 쓰는 법을 가르치기 위한 방편으로 같이하고 있다. 통해야 순환하고, 막히면 기운이 탁해져 역류하는 법이기 때문에 이를 깨우쳐 주기 위한 것이다. 따라서 바르게 쓰지 못해 막히면 방편이 오히려 자신을 친다는 사실을 알아야 한다. 고이면 썩기 마련이다. 때문에 어떻게 썼느냐의 차이는 생활상의 어려움의 차이로 드러난다. 이는 한마디로 기운의 맑고 탁함의 차이인 것이다.

이를 가지고 행의 공답이자 기도의 공답이라고 말한다. 사실, 기도란 빚 갚아나가기 위한 방편이므로, 사적인 제 소원을 이루어보기 위한 행위는 기도가 아니고 기복에 불과한 것이다. 행하며 살아갈 수 있음에 감사드리는 것이 기도다. 이 감사함에 보답하기 위해 대자연에게 축원을 드려주는 것이 진정한 기도라는 소리다. 기도는 말 그대로, 인의 기운이 가야하는 기도(氣道)가 되어야 하는 것이지, 빌어대는 기도(祈禱)가 되어서는 안 된다는 소리다.

행의 공답은 곧 기도 공답이라는 사실에 있어서, 기도는 업을 씻어내기 위한 행위가 되므로 가장 가까운 빚 고리에서부터 갚아 나가야 하는 것이다. 부모 자식, 부부, 부모 형제, 친우의 순으로 말이다. 우리 민족 족보가 빚쟁이 도표라는 소리다. 하지만 가장 중요한 것은 내 앞에 온 인연부터 우선이 된다는 것이다.

이 지상에 내려진 오만상은 내 앞에 온 너에게 빚 갚기 위한 방편이다. 더욱이 음양을 분명히 해둔 이유도 상생을 위함이지 차별을 두기 위함이 아니다. 하나에서 둘로 분리되었고, 그 둘이 하나로 되어감에 따라 동물처럼 나를 위해서만 살아간다면 차별을 둔다고 하겠지만, 너를 위해 살아가는 이상, 음양이 하나로 되어가는 이상 차별은 존재치 않는 것이다. 서로가 행해가야 하는 일의 양이 다르게 주어졌기 때문에 삶의 질량이 차이 나는 것뿐이다.

대자연의 근본원리에서부터의 차이에서가 아니라, 힘의 논리에 의해 차별을 두고 살아가려 한다면, 이는 '각'이 일으킨 인간의 욕심이므로 어우러져 살아가지 못한다. 힘으로 밀어부쳐 차별을 두고자 한다면 내 앞에 온 인연을 존중할 수 없기 때문이다. 존중하지 못하는 삶은, 고작 차별을 두는 제 잣대의 행위를 할 뿐이라 자기발전이 어렵다는 사실이다.

게다가 차별이라는 야상은 자기 완력이 가미된 힘의 논리이기 때문에 개인의 자율성도 보장하지 못한다. 사실상, 인간은 사소한 것에서부터 은근히 자기 우월성을 들어내 보이기 시작하는데, 이때부터가 차별화는 시작된 것이다. 개인 우월주의는 보이지 않는 차이에서부터 차별이 아닌 것처럼 차별을 두고 있기에, 너와 내가 막히는 것도 대부분이 사소한 자존심 때문이지 큰 문제로 인한 것들이 아니다.

상대방을 존중하지도 못하는데 배려할 수 있다는 생각은 견강부회(牽強附會)다. 말 그대로, 억지로 끌어다 붙여 이치에 맞다고 우겨대는 이들일수록 상대방의 근기와 처지를 바로 알고 받아들이지 못하는 이들이다. 게다가 차별을 둬야 하는 계급적 우의를 점하고 있다면, 배려도 아량도 제 멋대로 일 수밖에 없다.

공적으로 티 없이 행하는 행위는, 마음에서 우러나와 상대방을 덕 되게 하고, 덕이 된 만큼의 기운은 다시 기쁨으로 내게 돌아와 탁한 기운을 맑히게끔 되어있다. 이를테면, 마음에너지는 지혜의 샘으로서 지적으로 티 없이 덕 되게 행한 공덕은, 삶의 질적 차이로 극명하게 나타난다는 소리다.

하지만 차별화시키기 위한 행위는 사적인 기운에서 움직이는 '생각'의 차원이라, 제 기운 맑히는 것은 고사하고 오히려 탁해진 만큼 생활고에 시달려야 한다는 사실이다. 차이는 나도 차별을 두지 않는다면 바른 분별에 대한 어려움은 없을 것이다. 하지만 늘 차별을 두려하기에 분별이 어려워, '탓'하며 살아갈 수밖에 없는 노릇이니, 사는 게 고통 일수밖에 더 있겠는가.

● 세상의 일이란 정해진 것이 없는데

탁해진 기운을 맑혀내지 못하는 만큼 어렵게 살아야 하는 것이고, 고통스럽게 살아가야만 하는 이유가 여기에 있다. 덕 된 삶을 살아가야 하기에 왼쪽이냐 오른쪽이냐에 대한 선택사항이 주어지는 이유도 이와 마찬가지다. 치우쳐 살아가는 이들에게 절대 분별을 심어주기 위한 대자연의 가르침이었던 것이다.

바르다고 하는 정(正)과 치우쳤다는 사(邪)의 분별이 인간 생활 깊숙이 스며들어야 했던 것도, 동물적 근성에서 벗어나게 하기 위한 과제였던 것이다. 그저 인간(人間)이란, 동물도 아니고 그렇다고 사람도 아닌 그 중간 삶을 살아가고 있어, 사이(間)간 자를 붙여 붙여진 이름이라는 소리다. 때문에 인간에서 사람으로 승화하기 위해서는 '각'을 깨버리기 위한 절대 분별이 필요했던 것이다. 절대 분별을 통해서만이 덕 된 삶을 살아갈 수 있기에 분별의 방편을 심어놓았던 것이다.

지금까지 자기식으로 생활해오다 보니 분별도 제 습에 끄달리기는 매 마찬가지다. 분별을 바르게 해봤어야 한 번이라도 그 맛이나 알지, 바른 맛을 모르니 선택이 어렵다고 할 수밖에 더 있겠는가. 내 식에 대한 집착은 아마도 고집과 자존심과도 무관하지 않아서 그런가, 다들 그것밖에 모르는 것처럼 몸에 배인 습성 그대로만 살아가고 있다. 세상의 일이란 정해진 것이 없는데 자기가 이해하고 아는 만큼 정해났던 것이 문제다.

이 때문에 자기만을 생각하는 '각'의 차원에서밖에 움직이지 못하고 있다. 욕심이 문제시 되는 것을 모르는 바도 아니다. 아는 만큼에서 취해 쓰려 하니 지혜로울 수가 없었던 것이다. 고집과 욕심은 별개라고 하지만 이미 그 자체부터가 치우쳤기 때문에 설령, 찾는다 해도 문제는 고만큼 밖에 쓰지 못한다는 데 있다. 어떠한 당위성을 끌어다 붙여도 제 자신의 주체가 바로 서 있지 않은 이상, 나를 위해 하는 행위에 불과하지 상대방을 위한 행위가 될 수 없기 때문이다.

역시 고집과 자존심으로 버팅 겨 봤자 손해다. 자신을 위해 취하는 행위인 만큼 상대방이 덕이 되기는 만무하기 때문이다. 어쩌다 주어진 것을 찾기라도 하면 행운아인 것처럼 우쭐대기도 하겠지만, 바르게 쓰지 못하면 필요한 자를 위해 다시 거둬가는게 대자연의 이치다. 바르게 쓸 줄 알아야 필요한 양만큼을 대자연에서 받을 수 있다. 차이와 차별은 어떻게 쓰느냐에 따라서 기운을 달리하는 차원이라는 소리다. 게다가 쓰지 못해 가지고 있는 자는, 바르게 쓰는 자를 위해 가지고 있는 자일 뿐이다.

바르게 쓰지 못해 어려워지고, 바르게 쓰지 못해 병이 나고, 바르게 쓰지 못해 고통스러워한다. 다들 이렇게 밖에 못살아가니 바르게 쓰기 위해서라도 공부해야 하는 법이다. 더욱이 고집과 자존심도 치우친 만큼 제 욕심대로 취하고 구하려 드는 행위인지라, 비우고 버릴 수 있는 성질의 그 무엇이 아니다.

어쩌면 욕심도 쓰기 위해 빚어낸 것이라고 말할 수도 있다. 따라서 바르게 쓰기 위한 공부를 병행한다면, 욕심부리지 않아도 주어진 방편을 마음대로 쓸 수 있지 않을까 해서 하는 소리다. 쓰라고 준 것이고, 쓰기 위해 빚어낸 것인데 애써 버려야 할 필요성은 또 어디에 있겠는가. 서운하고, 섭섭하고, 억울하다는 생각이 드는 것마저도 바르게 쓰지 못한 데에서 기인한 것이라, 욕심이라는 잣대를 새롭게 재야 한다.

● 마음에너지

덕으로 행하고자 할 때는 마음에너지가 발동해 상대방을 지적으로 덕 되게 한다. 나를 우선하고자 할 때는 동물처럼 본능적으로 생각에 의해 움직이는 것뿐이니 발전이 있을 수 없다. 어렵고 힘들어 졌다는 것은 동물처럼 나 살기 위해서만 움직였다는 소리다. 진정 마음에서 움직였다면 어려워질 리가 없기 때문이다. 마음에너지는 결코 모순을 빚어내지 않는다. 생각이 모순을 빚어내고 문제를 일으키는 것이다.

그렇기도 하지만 한편으로는, 생각이 빚어내는 모순은 진화를 위해 필요한 부분이 될 수도 있다. 제 자신의 '각'의해 그것밖에 해나가지 못한다면 발전이 멈출 것이라는 사실을 일러주는 일종의 표적이 되어주기 때문이다. 어려워져가거나 어려워졌다면 이를 찾아내어 반성하는 자와 그렇지 못한 자의 삶의 질량은 극명한 차이를 드러내 보인다. 먹고 살기 위해 어쩔 수 없었다는 구차한 변명은 자신의 병을 악화시킬 뿐이다.

모순은 자신의 발전을 위해 빚어지고 있다는 사실에 있어서 볼 때, 자기모순을 스스로 깨달을 때까지 유사한 일들을 반복적으로 대자연이 일으키고 있는 것이다. 다시 말해, 동물처럼 제 자신 밖에 모르는 행위를 깨우쳐 주기 위한 표적이므로, 내 앞의 인연을 덕 되게 할 때까지 받아야 하는 고충인 것이다.

사적인 행위는, 욕심에 끄달려 내 생각에 의해 나를 우선하고자 할 때 해대는 짓이다. 공적인 행위는, 내 앞에 온 인연을 위해 티 없이 행할 때 마음의 지혜가 동하여 덕 되게 하는 행위다. 그러므로 마음에너지는 덕으로 살아가야 하는 인간에게 대자연이 빚어준 지혜의 샘인 것이다. 게다가 대우주 안과 밖 그 어느 곳에도 존재치 않는 것이 마음에너지다. 이를 육천육혈의 모공을 통해 인육 속에 안착시켜 완전한 인간으로 빚어 놓은 것은, 절대 분별을 통해 업을 사해나가도록 시스템이 구성되어 있기 때문이다.

이러한 마음에너지는 인간에게만 있고 동물에게는 없다. 인간만이 업 소멸을 위해서 이 지상에서 살아가고 있기 때문이다. 업은 내 앞에 온 인연을 덕 되게 하는 행의 공답만으로 소멸시킬 수 있는 '때'이므로, 마음에너지는 없애거나 비울 수 있는 성질의 것이 아니다. 대자연과 자유로이 연결된 것이 마음이기 때문에, 인기가 인육을 쓰고 인간으로 살아가는 동안에 그 무엇으로도 소멸시키지 못한다는 소리다.

마음에너지 생성과정은, 나의 주체가 육천육혈의 모공을 통해 인육에 안착될 때 발생하는 스파크로 갓난 애기가 태어나 울어 재끼는 그 순간, 대자연은 대우주의 원소로 마음에너지를 빚어 안착시킨 것이다. 이를테면, 갓난아기가 세상 밖으로 나와 힘차게 울어 재끼는 순간이 내가 육천육혈의 모공 속에 안착되는 순간이고, 해맑게 옹알거릴 때가 마음에너지가 안착되는 순간이다.

이곳이 지상 3차원인 이유도, 대우주의 핵심원소 30%로 빚었기 때문이다. 따라서 이 지상 3차원에서의 운행의 법도는 3단계로 진행되어나간다거나, 3단계로 이루어졌다는 사실이다. 인간의 조물법도 개인 주체로서 인기인 나, 마음에너지 그리고 인육 3단계로 빚어진 것이다. 여기서 나와 마음은 별개임을 찾아볼 수 있다.

인육은 업을 사해나가기 위한 죄수복과도 같은 의미다. 인육이라는 죄수복을 입고 있을 때만 존재하는 마음에너지는, 덕 된 행위를 하기 위한 도구다. 행의 공덕을 쌓기 위한 지혜의 샘으로써 나를 위해 쓸 수 있는 그 무엇이 아니라는 소리다. 탁해진 기운을 맑혀내야 하는 인기인 나는, 인육을 입고 마음에너지와 더불어 인간으로 살아갈 때만 맑힐 수 있다. 따라서 인기는 개인 주체로서 나이기 때문에, 생각은 인육을 쓴 내가 나를 위해하는 것이다.

● 인간 행동에 의해 대자연은 움직인다

'천지(天地)기운 가만히 계시사 인(人)이 동(動)한다'라고 했다. 천지대자연은 스스로 있는 기운 그 자체이므로, 인이 동하지 않으면 스스로 있는 것에 불과하다는 소리다. 더욱이 인기들의 돌아가야만 하는 어버이의 품이기도 한 것이다. 이 지상 3차원은 탁해진 인기들의 기운을 정화를 위해 빚어 놓은 곳이라, 인기들이 인육을 쓰고 살아가는 인간 세상이다. 인간 세상이라는 소리는 인이 운영해 나가야 하는 세상을 말한다. 말 그대로 인(人)이 동(動)하지 않으면 천지 기운은 늘 그대로 있을 뿐이라는 것이다. 이에 따라 빚어 놓은 오만상도 쓰지 못하면 스스로 있는 것에 불과한 것뿐이라 갖추어 쓰는 자가 바로 주인이다. 이는 인간으로 태어났으니 사람으로 바르게 성장하여, 사람 사는 세상을 열어 가기 위한 방편이 오만상이라는 것이다.

'모든 육은 물 번식하느니라'는 것도, 이 지상 3차원에 물은 육(肉)을 가진 모든 종의 번식을 하기 위한 수단이자, 천기(天氣)의 운송수단이기도 한 것이다. 게다가 육질에 있어서는 '인육이 으뜸'이며, 인간과 동물의 차이는 '마음이 있고 없음'이라고 했다. 사실, 마음에너지는 인기가 인육에서 분리되는 순간 자동소멸 되어 영·혼신은 극 단순해진다. 인간이 죽으면 마음에너지는 자동소멸 됨으로써, 그 순간에 진화를 위한 모든 행위들까지도 멈춰버리기 때문에, 영·혼신들은 죽었을 당시의 그 모습에서 벗어나지 못하고 있는 것이다.

이렇듯 마음과 생각은 떨어질래야 떨어질 수 없는 불가분의 관계로 있다 보니, 마음과 생각을 혼동하여 마음을 '나'로 착각하며 살아가는 것이다. 마음은 도와 덕으로 살아가기 위해 주어진 지혜의 샘이라, 버리거나 비울 수 있는 그 무엇이 아니다. 비워야 하는 것은 마음이 아니라, 동물처럼 살아가겠다고 설쳐대는 생각을 비우거나 바꾸는 것이다. 사실, 생각과 마음의 차이는 어떻게 쓰고, 어떻게 살아가느냐에 따라 차별화가 나타나는데, 절대 분별로 덕 된 삶을 살아가게 하기 위한 방편이 마음이다.

따라서 생각은 내가 일으키는 사적인 기운이며, 육천육혈에 자리 잡고 있는 안이비설신의를 통해 보고 느낄 때마다 자동 발생 된다. 이는 동물에게도 있으나 인간의 세포보다는 미성숙하여 생각의 세포에서 많은 차이를 보인다. 특히, 인간은 사사로운 욕심이 앞서게 되면 '각'이 먼저 앞서는 바람에 분별이 착각을 일으키게 되어 있다. 게다가 동물은 자기 생존을 위한 범위 내에서만 본능으로 쓰고 있을 뿐이다.

'마음에너지가 파괴된 영·혼신은 극 단순하니라' 이도 인육 안에 인기와 마음에너지가 함께 있어야 인간이라는 소리다. 인기가 육신을 떠나는 순간 마음에너지는 자동파괴 되어, 영·혼신은 극 단순해지고 인육을 떠날 당시의 모습 그대로 4차원의 남아 있다는 것이다. 생전의 집착을 풀지 못하는 이상, 죽을 당시의 모습으로 천년만년 머물러 있어야 한다는 소리다.

말하자면, 영·혼신들은 죽은 그 순간부터 모든 것이 정지됨으로 해서 진화의 행위를 일체 할 수 없다는 것이다. 삼위일체의 기운으로 빚어진 인간만이 절대 분별의 삶을 살아갈 수 있는 것은 마음에너지가 있기 때문이다. 마음에너지는 대우주 안과 밖에서 그 어느 곳에도 없으며, 절대 분별의 삶을 살아가야 하는 인간을 위해 빚어낸 것이다.

● **절대 분별의 삶**

절대 분별로 세운 삶의 주체란, 너와 내가 어우러져 살아갈 수 있는 상생의 길이다. 우리 민족의 본연의 삶인 도와 덕으로 살아가는 세상을 말한다. 물론 여기에는 4차원의 영·혼신들까지도 포함되어 있다. 이 지상 3차원은 인간을 위해 빚어낸 세상인 만큼, 인간에서 사람으로 승화되어 사람답게 살아가는 세상을 창출해 내야하는 것이다. 마음에너지가 소멸되어 극 단순해진 영·혼신들은 어떠한 분별도 할 수 없다는 사실은, 스스로 업을 사할 수 있는 행위를 할 수 없다는 소리와 같다. 때문에 인이 운용해 나가야 하는 지상 3차원의 정법은 인이 창출해 내야한다는 것이다.

이 지상의 주인이 인간이다. 따라서 오만상도 인간의 업을 사하기 위해 주어진 방편에 불과하다. 너와 내가 통하기 위한 소통의 도구인지라 갖추어 쓰는 자가 주인이라는 소리다. 사람이 사는 세상을 만들어가기 위한 방편이기 때문이다. 사람 사는 세상이란, 도와 덕으로 살아가는 세상을 말함이며, 도와 덕으로 살아가는 세상이란, 내 앞의 인연을 위해 덕 되게 살아가는 것을 말한다. 이러한 덕행은 비단 3차원에서 살아가는 인간에게만 국한 되어 있는 것이 아니라, 4차원의 영·혼신들에게까지도 지대한 영향을 미친다.

사실, 영·혼신들이 인간과 교접을 하는 이유도 도움을 주기 위해서가 아니라 도움을 받기 위해서다. 마음에너지가 파괴되어 분별력이 없는 극 단순해진 상태로서는 어떠한 행위도 바르게 해나갈 수 없음은 물론, 업을 사하는 어떠한 행위도 할 수 없기 때문이다.

더욱이 살아생전의 집착으로 인해 영·혼신이 되어서도, 집착 고에 묶이게 되는데, 이 고를 풀기 위해 나타나기도 한다. 인간은 업 소멸을 위해오고, 영·혼신들은 한을 풀기 위해오는 것이다. 문제는 영·혼신 스스로 맺힌 '고'를 풀 수 없다는 데 있다. 이 또한 이 지상의 주인인 인간의 몫이기도 한 것이며, 한 맺힌 집착에서 벗어난 영·혼신들과 어우러져 살아가야 하는 몫도 인간의 몫인 것이다.

각기 마음에너지의 존엄성을 가지고 있는 인간은 스스로 절대 분별의 삶을 살아가도록 되어있다. 따라서 대자연도 인간에게 이래라저래라 말하지 못하는데, 하물며 인간이 인간에게 이래라저래라 말할 자격이 있기나 하겠는가.

한편으로 어찌 보면, 대우주 운행 주체의 핵심원소였던 인기들을 대자연이 바르게 운행 시키지 못해 탁해진 기운이라 할 수 있다. 그러니 어찌 탁해진 기운을 맑혀내기 위해 지상 3차원을 비롯한 오만상을 빚어내지 않을 수 없는 일이다. 하지만, 앞의 원소와 각자가 부딪쳐 탁해진 관계로 각기 맑혀내야만 하는 일이다. 인기(人氣)마다 가지고 있는 고유의 존엄성과 자유의지를 가지고 말이다.

인의 본향인 대우주에서 역행으로 탁해진 기운이 바로 원죄이고, 원죄를 사하는 길은 상생을 밝혀내는 데 있다. 상생을 밝혀내는 길은 내 앞에 온 인연을 덕 되게 하는 길이다. 이를테면, 나를 위해 살아가다 부닥쳐 탁해진 기운은 덕 되게 살아갈 때만이 맑혀지는 기운이므로, 나 이외는 그 누구도 탁해진 내 기운을 맑혀내지 못한다는 소리다.

내 앞의 온 인연을 덕 되게 하는 길이 곧 업을 사하는 길이며, 이는 절대 분별의 행위로서만이 가능한 일이기 때문에 '인간은 절대 분별의 동물이라'고 말하고 있다. 한마디로 덕 된 행의 공적이 있어야 후에 받을 수 있는 공덕의 원리를 말한다. 마음에너지라는 지혜의 실체가 인간에게만 존재하는 고로, 정(正)과 사(邪) 의 분별을 통해 바르게 살아가야, 내 앞의 인연을 덕 되게 하는 것을 가르치고 있는 것이다.

이 지상 3차원에 시공과 분별의 개념을 새우기 위해 마음과 생각은 이원화된 기운으로서 진화를 이루어왔다. 따라서 생각이란, 자기중심의 틀에서 기인되어진 사(邪)기운 일 수밖에 없어, 사적(私的)인 생활에서는 사(死)할 수밖에는 없는 노릇이다. 그러나 마음에너지는 상대를 위해 티 없이 행하기 위해 주어진 지혜의 실체이므로, 동물처럼 살아간 다면 지혜를 발휘할 수 없다. 하나같이 사사로운 '각'에 의해 어려움을 자초하고 있는 것이다.

사실, '각'은 내 욕심에서 바라본 나만을 위한 세계라, 갈등을 빚는 것도 '각'이 앞서는 만큼 분별치 못해 겪는 고초다. 이 때문에 '내 잣대로 세상을 평가하지 말라'는 말이 빚어졌다. 인생살이 치대며 되지도 않을 떡잎부터 보고 그림을 그려대다가, 스스로 짜 맞춘 '각'의 틀에 갇혀 살아가는 주제에, 진정한 자유의지가 뭔지 아는 것처럼 역설해대는 이들이 태반이기에 하는 소리다.

너를 위한 인생살이 방편이 내게 얼마큼 주어졌는지가 때로는 궁금하기도 했을 테니, 가지고 있는 것도 쓸 줄 모르면서 더 얻으려고 혈안이 안됐겠나. 이미 주어진 것에 대해서는 개인마다 다소의 차이가 있기는 하겠지만 대자연은 차별을 두지 않았다. 근기에 따라 해야 할 일의 차이를 둘뿐이다. 다만, 내게 주어진 일을 바르게 처리해 나가지 못한다면 차별은 주어지게 마련이다.

자신이 가지고 있는 것을 바르게 써야 새로운 방편이 주어지는 만큼, 더 많은 것을 얻고자 한다면 내 앞 온 인연을 위해 바르게 쓸 줄 알아야 한다. 덕 되게 쓰지 않고서는 새로운 것은 구했다고 한들 오래가지 못하는 것은 뻔하다. 하지만 다들 성취의 목적 앞에서는 수단과 방법을 가리지 않는 후안무치(厚顔無恥)라, 뻔뻔스러운 얼굴이라 부끄러움을 알 턱이 있나. 방편에 빠지다보니 조그마한 방편이라도 더 얻고자 형상에 무릎 꿇고 머리까지 조아리고 있다. 자기 자신의 잘못이 무엇인지도 모른

체, 신과 신앙 앞에서는 믿음이라는 명분을 내세워 구걸을 위한 복종을 마다하지 않으면서, 왜 내 앞의 인연에게는 내가 잘못해서 네가 어려워졌다는 것에 대한 용서를 구하지 못하는 것일까. 이보다 더 큰 행의 공답은 없을 텐데 말이다.

3. 분별

인연은 허물을 쓰고 온다는 사실을 몇몇이나 알고 있을까.

이를 쓸어 안을 때가 덕 된 행위라는 것을 알고나 있는 것일까.

이 행위 여부에 따라 허물과 독기는 사랑의 향기로

스며든다고 하는데 말이다.

바른 것에 대한 분별을 바로 세우지 못하면, 늘 착한 짓을 해대며 살아온 행위를 가지고 바르게 살아온 것으로 안다. 바르게 살아왔다면 어렵다거나 고통스러울 리가 없다. 착하게만 살아가니 앞앞이 갑갑하고 구석구석 눈물 날 일만 일어나는 것이다. 사실이 그렇다. 바르게 살아가자고 해놓고서 하는 행위는 고작 타의 모범으로 살아가자는 것이다. 타의 모범으로 살아가는 것이 무엇인지도 모르고 말이다. 그리고서는 힘들어도 참아야 한다. 아프고 고통스러워도 참아야 한다. 약간의 손해를 감수하더라도 남을 위해 살아갈 수 있으면 그렇게라도 살아가야 한다는 가르침들이 고작이다.

타의 모범이 되어야 한다는 조건은, 착하고 선하게 살아야 한다는데 있다. 이를테면 나라에 충성하고, 부모에 효도하고, 형제간에 우애 있게 지내고, 남을 도우며 의롭게 살아가야 한다는 등의 것이다. 사실, 이는 맞는 말이라기보다는 틀리지 않은 말이라고 해야 할 것 같다. 틀리지 않은 말이기에 많은 이들이 그리 살아가 보려고 무진 애를 쓰다가 그만 고초를 겪어야 하는 것이다.

그러니 그렇게 살아가지 못하는 이유에 대해서 한 번쯤은 짚어봐야 하지 않을까. 한결같이 제 앞에 누가 있느냐에 따라서 착하고 선하게 살아가려고 노력하는데 대에서 말이다. 게다가 착하고 선하게만 살아가는 게 업을 사하기 위한 인간의 덕목이라면 더불어 살아가는 모습도 아름다워야 하는 법이다. 그럴수록 구석구석 눈물 날 일들뿐이고 앞앞이 갑갑해져 가야만 하는 지에 대해서는 모르니 사는 자체가 고행이 아닐 수 없는 일이다.

사회 통념상 이러한 행위를 바른 것이라고 아직까지 가르치려 든다면 지금보다는 앞으로가 더 문제다. 착하게만 살아온 이들이 어려운 현실에 계속 봉착하는데도 행하기 어려운 도덕성만을 강조하려드니 말이다. 내 앞에 온 인연을 덕 되게 하는 일은 바른 분별이 따라야만 가능한 일이다. 착하게 굴면 오히려 상충을 칠뿐이다. 내 앞의 인연을 덕 되게 하는 바른 분별력을 일깨워주기 위해서라도 어떻게 할 것인가, 그리고 어떻게 쓸 것인가에 대한 과제부터 우선 일깨워줘야 하는 일을, 우리가 사는 사회가 우선 해야 하는 일인 것이다.

바른 것을 가르치는 것이 누구의 몫이냐는 것도 중요하다. 바른 행위에 대해서는 지금까지 맞는 것도 없었지만 그렇다고 해서 맞지 않은 것도 없었다. 저마다의 말로 빚어낸 논리로서만 살아가고 있어서다. 인간은 마음에너지를 지니고 있기 때문에 저마다의 논리로 살아가야 하는 것이 아니라, 대자연의 원리로 살아가야 하는 것이다. 따라서 대자연은 바르게 살아가라 가르치고 있을 뿐이다. 절대로 착하게 살아가라고 가르치지는 않았다.

공(公)과 사(私)의 분별 다시 말해, 공적으로 살아가야 하는 원리를 가르쳤을 뿐이고 사적인 삶을 가르치지 않으며, 정(正)과 사(邪)의 분별, 어느 쪽에도 편중되지 않는 바른 삶을 가르쳐 왔을 뿐이다. 그러나 대자연의 가르침을 허구한 인간의 잣대로만 들이대니, 어느 누구도 삶을 바르게 해석하지 못해 아름다울 수 없었던 것이다.

때로는 인생살이에 있어서 상대방이 내게 사자 짓을 해대거나, 자신도 모르게 상대방에게 사자 짓을 해댈 경우가 누구나 있기 마련이다. 분명한 사실은 이해하지 못할 일은 일어나지 않는다는 것이다. 아는 만큼만 이해하려 드니 이해하지 못할 뿐이다. 정(正)이란, 이해하지 못하는 것을 이해하면 알아지는 것들에 대한 사항이다. 때문에 내 앞에서 일어나는 일들은 이유가 있어서 일어나는 일이니 만큼, 일어났다면 자신의 행위에 대해서 먼저 뒤돌아봐야 할 것이다. 바르게 처신하지 못한 행위를 일깨우기 위한 대자연의 빈틈없는 가르침이기 때문이다.

사실상의 착한 행위는 내 감정에 치우친 행위라, 바른 행위를 하는 거와는 거리가 좀 멀다. 그만큼 치우쳐 살아가기에 다들 착한 것을 바른 것으로 알고 생활한다는 것이다. 착한 거와 바른 것에 대한 분별은 그리 어렵지만은 않다. 착해서 치우쳐진 것이라, 그 행위가 바르다면 인생이 어려울 리 만무하기 때문이다.

● **갖춤은 이해력에 비례하는 법이다**

자기 중심성이라고 둘러대는 고집은 강한 자존심을 동반하니, 바른 사고를 세우지 못하는 것은 당연하다. 자기스스로에 대한 답답함에 눈물을 흘리면서도, 제 잣대를 놓지 못한다면 바른게 무엇인지 알 도리가 있기나 하나! 이러한 이들일수록 남에게 폐 한번 끼친 일이 없다고 자신 있게 말한다. 게다가 자기방어를 위한 수단이 고집이었다고까지 말한다. 나를 위한 행위일 수밖에 없으니 자기 잣대에 맞지 않는 이들을 얼마나 이해할 수 있을까.

고집은 꺾고 굽히는 성질이 아니므로, 개인의 자율성을 존중하지 못하고 힘으로 꺾으려고만 든다면, 되래 꺾이지 않으려고 힘으로 맞설 뿐이다. 치우쳐 살아가는 자기 왕국에서 나오려 하지 않는 것이 인간이기 때문이다. 게다가 아는 만큼 이해하고 스스로 정리하는 것이 인간의 기도이다.

모르기에 그 모양이며, 모르기에 분별하지 못해 좌절하는 것이다. 좌절을 않기 위해서는 치우치고 빠져있다는 사실을 깨우치는 것이 정(正)의 분별보다도 우선이다. 아니 이것이 우선의 정의 분별이라고 할 수 있다. 자기 자신이 몰라서 이해하지 못하는 것은 생각지 못하고, 이해할 수 없는 행위를 하는 자라고 멀리하려는 제 자신을 아는 것이 정의 분별인 것이다.

고로, 갖춤은 이해력에 비례하는 법이다. 그럴 수밖에 없는 상대방의 입장을 얼마만큼 이해하느냐에 따라서 삶의 방식이 달라지기 때문이다. 갖추지 못한 이들의 품이야 자신이 처한 입장에서 고작일 수밖에 없으니, 품이 작을수록 사소한 것까지도 자기방식으로 끌어 맞추려 드는 것이다. 이러한 이들이 자신의 처지를 바로 인식하지 못해, 자신이 풍기는 악취를 쟈스민 향기로 아는 모양이다. 상대방의 악취만 맡으려 드니 말이다. 자신이 풍기는 악취를 맡지는 못한다하더라도, 최소한 내 악취에

역겨움을 드러내는 상대방을 읽어 낼 정도의 갖춤이 필요하지 않을까.

아량도 이익에 따른 관심 정도에 따라 질량이 다르게 나타나다 보니, 사실 관심이라는 자체도 자신의 손익계산에 의해 대칭 구도를 이루기 마련이다. 그렇다고 보면 자신의 이익을 우선하여 관심을 가지기 시작했던 시기가 상대방의 처지에 잣대를 재면서부터일 때다. 이로 인해 일상에서는 허물의 독기만 배어 나와 간섭이 아닌 간섭과 참견이 아닌 참견을 해댈 수밖에 없는 노릇이다. 이를테면 자기 이익에 우선하는 순간부터 자율에 따른 존중과 배려도 이익에 따라 행해질 뿐이라는 소리다.

이나 저나 인연은 허물을 쓰고 온다는 사실을 몇몇이나 알고 있을까. 이를 쓸어 안을 때가 덕 된 행위라는 것을 알고나 있는 것일까. 이 행위 여부에 따라 허물과 독기는 사랑의 향기로 스며든다고 하는데 말이다.

허물과 독기는 욕심 구덩이라, 부린 만큼 빠져버려야 했고 그 구덩이에 빠져버렸다면 헤어 나오기가 여간 고통이 아닐 수 없다. 부린 만큼 심기 불편하고, 심기 불편한 그만큼 인생을 허비한 것이기도 하니, 진정 나를 사랑한다면 상대방의 인생에 일체 간섭 하지 말라는 뜻이기도 하다. 동물처럼 사는 만큼 덕 되지 못했으니 덤은 생각지도 말아야 한다.

내 인생을 살아가기 위해 상대방을 덕 되게 하고자 하는 것이니, 덕 된 삶을 살아가기 위해서는 상대방의 입장을 바로 볼 줄 알아야 한다. 내 인생을 위해 상대방을 덕 되게 하자는 것이니 만큼, 덕 되게 살기 위해서는 자신이 살아온 지난날의 모순까지도 꺼내 쓸 수 있어야 한다는 소리다.

인간 생활에서의 깨우침은 자신이 살아온 발자취에서 모순을 찾아내는 데부터다. 지나온 날의 모순을 찾아 꺼내 쓸 수 있는 것은 인간뿐이다. 인간이 진화 발전하는 이유다. 이는 업을 씻어내기 위해 인간만이 진화한다는 소리이기도 하다. 살아가는 동안 빚어낸 모순을 먹고, 또 다른 모순이 빚어지는 와중에도 빚어낸 모순을 먹은 만큼, 덕 된 삶을 살아가기 위해 진화하는 것이다.

이렇듯 매일 진화를 거듭하기에 내 인생은 남이 볼 수 없는 것이라고 말하는 모양이다. 더욱이 내 인생을 남이 볼 수 없는 이유 중에 하나가 매일 무엇을 보고, 무엇을 들었는지 모르기 때문이기도 하다.

● 꼬시래기 제살 뜯어먹는 형국

내가 진화하는 만큼 상대방도 진화하기 마련인데, 늘 하던 방식 그대로 참견과 간섭 일변도라면 병든 인생을 치유하기는 더욱 힘들어진다. 내가 나를 바르게 알지 못하고서는 인생을 살아가기가 어렵다는 소리이기도 하다. 매일같이 내 앞에 온 인연으로부터 자신의 모순이 속속들이 드러나고 있는데도 불구하고 상대방의 모순부터 먼저 들추어내려 한다면 덕 된 삶을 살아갈 수 없는 것이다.

세상 어느 곳에도 나를 먼저 덕 되게 하는 곳은 없다. 이는 한마디로 덕이 되지 않는 곳이 없다는 소리와도 같다. 인생사 먼저 갚고 후에 받아야 하는 대자연의 원리가 적용하는바, 내가 먼저 너를 위해 살아가지 않으면 그 누구도 나를 위해 살아주지 않는다는 것이다. 내 인생 살아가기 위해 태어나 진화하는 이유도 덕으로 살아가야 하기 때문이다.

덕으로 살아가는 유일한 길만이 내가 살아가야 하는 이유로 성립되는 것도, 후천시대인 7천 년 전에 저버린 도와 덕을 되살리기 위한 사명을 부여받고, 오늘날 해 돋는 땅에서 아날로그 세대로 태어났기 때문이다. 아울러 대자연은 나를 위한 것이자 너를 위한 것이며 우리 모두를 위한 것이라고 했다. 빚어 놓은 방편들마저도 나를 위한 것이기에 너를 위해 써야 하는 것들이다. 내가 있어 네가 왔다. 내 도움이 필요해서 말이다. 내가 없다면 네가 올 리가 있겠는가. 받아내야 할 것이 있기에 나도 있고 너도 있는 것이다.

따지고 보면 실상의 모든 행위는 나를 위한 행위였지 너를 위한 행위가 아니었던 것이다. 그렇다고 해서 빚을 갚는다고 나 따로 놀고 너 따로 놀아도 된다는 소리가 아니다. 너와 내가 어우러져 살아가기 위한 방편으로 갚아야 할 빚이 주어졌기 때문이다.

어우러져 살아가기 위한 행위로써는 내가 할게. 너도 해야된다든지, 네가 해야 나도 한다든지, 너와 나 같이 잘해보자는 것조차도 힘의 논리에 불과할 뿐이라는 것이다. 그렇게 할 수조차도 없는 처지에 놓인 이들이 있다면 어떻게 하겠느냐는 소리다.

그 누구도 자신의 인생을 대신해 줄 수 없기 때문에, 제 인생을 살아가기 위해 인육을 쓰고 이 지상으로 보내진 것이다. 인간이 인생을 살아가는 건 업을 사하기 위한 것이며, 업을 사하는 길은 덕으로 살아가는 데 있다. 제 자신의 일을 먼저 바르게 처리하지 못하고서는 덕 되게 살 수 없는 법이다. 상대방이 무엇을 하건 나만 잘하면 그만이다. 그렇지 않다면 꼬시래기 제 살 뜯어먹는 형국이 일어날 수밖에 없지 않은가.

'대자연은 너에게 상대를 도우라고 말을 한 적이 없다'라는 가르침도 이런 연유에서 다 보니, '상대에게 이래라저래라 말할 권리를 대자연이 내게 주지 않았다'라고 했다. 이 때문에 나만 잘하면 그만이라고 가르치는 것이다. 이미 탁해진 상태가 인간이다 보니 상대를 도울 자격이 없다는 소리이기도 하다.

탁해진 기운으로서 탁한 기운을 맑힐 수 없는 법이라, 상대를 도우려

하기 이전에 탁해진 자신의 기운을 먼저 맑혀야 하기 때문이다. 탁해진 만큼 부족한 것이고, 부족한 만큼 떨어지는 것이 분별력이니, 상대방에 대한 간섭과 참견을 삼가하고 어설픈 동정 베풀지 말아야 한다. 게다가 갖추지 못한 만큼 입으로는 독기를 발산하는 이유도 있다. 제 인생도 살아가지 못하는 주제에 남의 인생에 주절이 댄다는 자체가 얼마나 우스꽝스러운 일인가.

● 도울 수 있는 자격을 갖춘 자는 자신을 갖춘 자이다

인연은 대화가 통해야 인연이지, 옷깃이 스쳤다고 해서 인연이 되는 것은 아니다. 상대방의 기운을 눈으로 먹고 귀로 먹고, 내 기운은 입을 통해 전달이 되기 때문이다. 대화는 통하기 위한 방편인 것이다. 통해 보자고 찾아온 기운을 먼저 받아 먹어야 그 뜻을 이해하고 대화가 통하는 법이다. 대화가 통하지 않으면 내가 네 뜻을 어찌 알 것이며, 네 또한 내 뜻을 어찌 알 수 있겠느냐는 것이다. 사실상 통해야 하는 우선순위가 부모 자식지간이며, 그다음이 부부지간의 순으로서 대화가 통하지 않으면, 그 어떠한 사이라도 인연이 아니라는 소리다. 이는 한편으로 빚쟁이 도표이기도 하다.

부모와 자식이 멀어지는 이유도, 부부 사이가 멀어지는 이유도 대화 단절에 있다. 눈으로 먹고 귀로 먹은 탁한 기운을 소화해 내지 못해, 입으로 탁기를 발산해버렸기 때문이다. 대화의 단절은 소통의 관계가 막힌 것이기에 어떠한 빚도 주고받지 못한다. 사실, 처음부터 막힌 건 없다. 만나면 통할 수 있기에 서로 잘해보려는 노력만 있을 뿐이다. 하지만 문제는 모두가 제 방식으로 이끌어가다가 막혔다는 사실에 있다. 대화에 있어서도 마찬가지다. 상대방의 의견을 내 중심에 두고 진행한다면 막힐 리가 있겠는가.

행하다가 막히면 남을 돕는 일이 쉬운 일이 아니라고 말한다. 그러나 진정으로 덕 된 행위라면 가당치 않은 소리다. 상대방을 위한다고는 하나 제 자신을 위한 행위에 불과했으니 막힐 수밖에 없어 하는 소리다. 먼저 갚고 후에 받는 것이 대자연의 원리다. 상대를 덕 되게 하는 것에는 별 관심을 두지 않고, 위정자 마냥 허울 좋은 명분만을 내세웠던 탓에, 도와주고 뺨 맞았다는 소리를 해대는 것이다. 도울 수 있는 자격을 갖춘 자는 자신을 갖춘 자이다. 진정 내 앞의 인연을 어떻게 도와야 하는지를 알고 행하기 때문이다.

여기에서 자칫 잘못 이해하기 쉬운 점은, 도움을 받기 위해 먼저 도와야 한다는 것으로 착각하는 일이다. 부득이하게 상호 간에 조건을 걸어야 할 처지라면 그것마저도 상대를 위한 지적조건이 되어야 한다는 것이다. 조건도 너를 위한 방편으로 내게 주어졌기 때문이다. 허나 1안의 물질적인 방편을 가지고서는 덕 되게 할 수 없다는 사실에 입각하여, 덕이 되는 절대 분별의 행위가 무엇인가를 먼저 깨달아야 한다.

무엇을 어떻게 갚아야 하느냐가 중요하다는 소리다. 치우쳐 살아오는 동안 분별이 모자라 해대는 행위가 고작, 착하고 선한 것에 국한되어있으니 바른 것을 어찌 알 수나 있었겠는가. 덕 되게 먼저 갚고 살아가야 하는 것이 인생이기에, 인간에게는 절대 분별이 필요한 것이다. 덕 된 삶을 위해서는 냉정해져야 하는 것이 아니라 냉철함이 필요하다는 소리다. 덕 되지 않고서는 덕 된 삶이 될 수 없음으로, 내가 먼저 상생을 밝혀내야 하는 것이다.

따라서 상대야 무엇을 해도 개의치 않고 나만 잘하면 된다는 사실을 깨우치지 못한다면 사는 게 고통일 수밖에 더 있겠는가. 덕 행을 하기 위한 행위 자체를 가지고 먼저 생색을 낸다면 막힐 수밖에 없는 노릇이다. 냉철함이 따르는 절대 분별의 행위 앞에서는 생색은 있을 수도 없다. 자신을 먼저 부각시키고자 하는 행위에서만 생색이 돌출되기 때문이다.

내게 부는 바람은 내 바람이다. 잘 됐다고 하는 바람도 잘못됐다고 하는 바람도, 행의 결과이므로 내가 맞아야 하는 바람인 것이다. 더욱이 이러한 바람을 통해, 통해 보자는 인연이 찾아오기 마련이니, 이를 통해 배우고 가르치기도 해야 하는 것이다. 사랑하며 살아가야 하기에, 각기 다른 상황에서 무수한 조건을 내걸고 찾아오는 것이 인연이다. 사랑을 위해서 말이다. 어떻게 주느냐에 따라 되레 받아가면서 평생을 같이할 수 있는 인연이, 빚 받으러 오는 인연 중에 있다는 사실이다.

준다는 의미도 받아야 할 것이 있기 때문이다. 덕으로 살아가기 위한 방편과 더불어 직접적인 업 소멸을 위한 행의공답을 말한다. 줄 것이 없다면 받으러 오지도 않을 것이다. 받을 것이 없다면 찾아가지도 않을 것이다. 때문에 어려워졌다는 것은 아무것도 줄 것이 없다는 의미이기도 한 것이다. 아무것도 줄 것이 없다는 것은, 동물처럼 살아온 결과라 누굴 탓하고 원망할 일도 없는 것이다.

보이는 방편에는 욕심은 나고, 자신의 갖춤은 부족해 방편에 다가서지 못하고 있다면 제 꼬락서니를 되돌아봐야 할 일이다. 빌려올 때도 상대 것이었으니 줄 때도 상대 것이다. 주어진 방편을 동물처럼 제 자신을 위해서만 써버렸으니, 동물처럼 먹고 살 만큼만 남겨두고 거두어가는 것이 당연한 일이지 않은가.

덕 된 삶을 살아가는 시기는 상대방의 자율성을 보장해 줘야 한다는 사실을 깨우치는 순간부터다. 상대를 존중하게 된다면 이해의 차원은 필요치가 않다. 상대방을 존중하기 위해 이해의 차원이 필요했던 것이다. 그럴 수밖에 없었던 그를 존중하기 시작했다면, 이해의 차원은 존중하기 위한 몫이라 그 몫을 다한 것이다.

사실, 내 앞에 온 인연을 덕 되게 하는 일은 상대방을 존중함에서 비롯되는 일이다. 진정으로 존중해 줄때 존경으로 되돌아오는 존중의 가치를 찾아내지 못한다는 것은, '나는 누구이며', '무슨 이유로 인간으로 태어났으며', '왜 여기서 살아가야 하는지'를 깨우치지 못했기 때문이다.

사자 짓 해대는 인연들까지도 존중해야 할 이유를 깨우치지 못하면 인생의 좌표를 구하기 어렵다. 하기야 그들까지 존중하기는 힘들다 하더라도, 덕 된 삶을 살아가기 위한 가장 큰 방편이 존중이라는 사실만 깨우치면 된다. 이 정도의 품성만이라도 갖추어 놓았다면 인생의 좌표를 스스로 펼칠 수 있을 것이기 때문이다.

4. 욕

분별치 못해 욕을 먹는 것이다.

분별이 필요치 않은 동물에게 무슨 욕이 필요하겠는가.

똥 묻은 개가 겨 묻은 개를 나무라듯,

자신도 바르게 행하지 못하면서 상대방을 탓하고,

자신도 말을 안 들으면서 상대방에 말 안 듣는다고

핀잔을 준다면 탈이 날 수밖에 없다.

1안의 방편이 주어진 것은 2안으로 가기 위한 밑거름이라, 이는 1안의 물질을 바탕으로 2안의 삶의 주체를 정립시켜야 하는 시기가 도래했기에 해본 소리다. 오늘날 1안의 물질은 2안의 덕 된 삶을 살아가기 위한 방편이었던 만큼, 인간에게 욕이 빚어진 시기도 인류 문명의 시원과 때를 같이했으리라는 것이다. 한편으로 1안의 물질 방편이 있음으로 해서 인간욕화도 자리했던 건 사실이다. 하지만 물질 재원 부족으로 일어나는 인간사의 시름만을 꼬집어내기 위한 것 또한 아니었다.

• 1안에서 2안으로

뛰기 위해 움츠린다는 소리는 있지만 사실, 욕은 1안에서 2안으로 도약을 위한 채찍으로써, 인간이 제 구실을 못 할 때마다 들어먹어야 하는 소리다. 만백성의 피와 땀이 섞인 권력과 물질의 방편에 빠져 동물처럼 살아가고 있으니 2안의 대안을 알 리가 있나. 이 때문에 너나 할 것 없이 욕지거리까지도 함께 처먹으며 생활해야 했던 모양이다. 특히, 언어 구사 능력이 다양한 우리 민족은 더할 수밖에 없는 노릇이다.

지도자민족이라고 일컫는 것은 받아온 기운뿐만 아니라 의사 표현 능력이 뛰어나기 때문이기도 하다. 한마디로 말해, 삶의 지혜를 말로 표현하여 저마다의 인생을 덕 되게 이끌어 갈 수 있기 때문이다. 그렇기도 하지만, 해 돋는 땅 뿌리 민족으로서의 우수한 기운을 머금은 만큼 제 구실을 바로 하지 못한다면, 욕도 언어표현이 구사되는 만큼 다양하게 먹고 살아가야 한다는 사실이다.

인간 생활에 있어서 1안의 의식주의 해결만을 위해서 살아간다면, 등 따시고 배부르면 그만이라 욕이라는 자체가 빚어질 리가 만무다. 그러나 1안의 과정에서부터 인간이 제구실을 바로 하지 못하자, 인간이 인간을 위해 급기야 욕을 빚어낸 것이다. 인간 구실이라도 하며 살아가도록 말이다. 그러니 2안의 의식주가 무엇을 의미하는지 알기나 하겠는가.

1안의 의식주(衣食住)는 고작해야 입고, 먹고, 비바람 막아주는 안식처 마련에 일생을 허비한다면 인간으로 태어나야 할 이유가 없다. 하지만 다들 여기에 빠져 동물처럼 살아가고 있기에 욕을 먹는 것이다. 1안의 육생(肉生) 기초 수급 위에 2안의 인생(人生)을 위한 의식주를 갖추어야만 덕 된 삶을 살아갈 수 있는 것이다.

인생(人生)을 위한 2안에서 의(衣)란, 1안의 육생(肉生)을 위해 필요한 옷이 아니라, 인생을 위해 필요한 인성을 갖춰서 인품의 옷을 입어야 한다는 소리다. 식(食)이란, 인육(人肉)을 지탱시키기 위해 입으로 먹어야 하는 1안의 음식물이 아니다. 삶의 주체가 되는 정기(正氣)를 찾아내어 눈과 귀로 먹고, 자신의 정신(正神)을 배양해나가야 하는 것을 말한다. 주(住)란, 1안의 육생을 위한 인육의 안식처를 가리키지만, 2안에 인생에 있어서 덕으로 살아가기 위한 법당이기도 한 것이다. 정의 기운올 받아 자신을 갖추어 찾아오는 이들을 덕 되게 행하는 곳이, 1안으로써는 주택이자 2안으로써는 법당인 되는 것이다. 이를테면, 육생을 살아가는 이들의 주택이야 육이 쉬는 곳 밖에 안 되지만, 자신을 갖추어 인생을 살아가는 이들에게는 주택이 법당이라는 소리다. 정(正)의 기운을 맑히고 설하여 찾아오는 인연을 덕 되게 하기 때문이다.

욕이란, 육생에 빠져 살아가는 이들을 깨우쳐 주기 위한 상스러운 말이다. 덕 되게 살아가는 이들에게는 아무런 의미가 없다. 분명, 인간들이 인간보다 못하다고 욕을 빚었기에, 욕은 인간들에 의해 인간들만이 들어 처먹어야 하는 치욕의 소리인 것만은 분명하다. 어찌 됐든 사람이 되기 위해서는 인간 구실부터 해야 한다는 가르침의 소리라는 것에는 이의가 없다.

● 동물의 육생을 살아간다면

돌이켜보면 스스로가 자신을 욕되게 하든, 존경하는 분을 욕되게 하든, 부끄럽고 치욕스러운 그 자체가 자기 욕심으로부터 기인 되었다는 사실이다. 자기 뜻대로 상대방을 어떻게 해보려는 욕심만큼 더 큰 욕심은 없다. 하지만 먹이게 되면 상처를 입히게 마련이고, 그 상처는 욕과 더불어 자신에게 되돌아오는 것이다. 서로의 사이가 소원해지고 생경해질 즈음부터 말이다.

자기분에 못 이겨 내뱉어버리는 육두문자도 제 욕심에 대한 화풀이다. 따라서 동물처럼 살아가고자 할 때마다 들어먹어야 하는 욕은 결코 유쾌할 수 없는 통용어다. 인간 구실을 하지 못할 때마다 들어먹어야 하는 상소리이기 때문이다.

인간들이 자연스레 욕을 빚어내야 했던 가장 큰 이유는 저마다 살아가야 하는 2안의 인생이 있기 때문이다. 1안의 육생(肉生)을 위해 살아가는 동물은 배고프면 먹고 피곤하면 자면 되는 단순한 일상뿐인지라 언어도 딱히 필요치 않다. 살아가는 질량만큼 통하기 위한 방편만 주어졌기에 욕이 빚어질 리 있기나 하겠는가.

육생을 위해 살아가야 하는 동물과 인생을 위해 절대 분별의 삶을 살아가야 하는 인간의 차원과는 그 근본부터가 다르다. 말 그대로 동물은 1안의 육생을 위해서만 살아가면 그만이니 종족 번식을 위해 먹고 살아가기 위한 본능에 충실한다. 인간은 1안을 발판으로 원죄를 사해나가기 위한 2안의 대안을 창출해 내야 하기 때문에 절대 분별로 살아가도록 조물 된 것이다.

이를테면, 육생을 위한 힘의 논리는 치우치고 모순된 1안의 세계일 수밖에 없다. 치우친 사(邪)세계에서 정(正)의 세상을 열어가기 위한 대안을 찾아내야 하는 고로, 인간은 냉철한 분별로 살아가야 하는 것이다. 인간(人間)이란, 성인의 사람도 아니고 그렇다고 동물도 아닌, 그 중간의 삶을 살아가기에 중생(中生)이라 불리는 것이다. 절대 분별로써 끊임없이 자기개발을 위해 노력해야 하는 것도 사람으로 성장하기 위한 것에 있다.

본래 인간은 대우주 운행 주체의 핵심원소였으나 수 억겁의 세월동안 미세한 역행으로 인해 탁해지자, 티 없이 맑고 공한한 차원의 대우주에는 머물 수 없게 되자 분리되었다. 본래 티 없이 맑은 차원의 인(人)의 기운(氣運) 70%는 대우주에 그대로 남아있고, 탁해져 무거워진 30%의 기운은 밑으로 떨어지다가 교화소라고도 할 수 있는 이 지상 3차원을 빚어 낸 것이다.

때문에 티 없이 맑은 70%의 인기들이 남아있는 대우주를 가리켜 본향(천상)이라 일컫는다. 대우주에 남아있는 티 없이 맑은 70%의 인기는, 탁해진 30%의 인기가 정화되면 본향으로 끌어올리기 위해 대기 중에 있음으로, 대우주는 운행이 멈춰진 지는 이미 오래다. 탁해진 기운을 맑히기 위해 운행중에 있는 이 지상 3차원은, 탁해진 기운을 맑혀내기 위해 비상운행중이라 비정상일 수밖에 없다. 본래 인기는 대우주에서는 운행 주체의 핵심원소로써 신(神)이었기에 고귀한 인의 존자(人之尊者)다. 하지만 제 역할을 다하지 못한 인기들이, 인육을 쓰고 교화를 위해 살아가고 있으니 인간으로 불리고 있는 것이다.

인기들의 교화소인 이 지상 3차원에서의 인간은, 본래의 근본 원소로 되돌아가기 위해서는 성인(成人)으로 성장해야만 한다. 이 지상에서 완전한 인격체라고 말할 수 있는 성인(사람)으로 성장해야만 절대 분별로써 탁해진 기운을 스스로 맑혀 나갈 수 있기 때문이다. 탁해진 기운을 맑히려고 인기가 인육을 써야 했던 것이며, 개체이자 주체로써 인육을 쓴 인기는 원죄를 사하기 위해 2안의 인생을 살아가야 하는 것이다. 저마다의 인생을 살아가는 시기부터가 원죄를 씻어내는 시기이기 때문이기도 하다.

● 욕을 해대는 짓이나, 욕을 먹는 짓이나

인간이 동물의 육생(肉生)을 살아간다면 인생(人生)이 무엇인지 알기나 알겠는가. 하물며 사람으로 성장하지는 못할망정 동물처럼 살아간다면 말이나 되겠느냐는 소리다. 그러나 하나같이 인육을 쓰고 인간으로 살아가야 하는 이유는 알려고 하지 않고, 동물처럼 살아가는 꼴을 보고는 그것도 사육되어 잡아먹히는 짐승에 비유해 욕지거리를 해댄다. 똥 묻은 놈이 겨 묻은 놈 나무라듯이 말이다.

사실상, 육체적인 폭력보다 데미지가 오래가는 상스러운 욕과 언어폭력은, 대부분이 동물의 새끼이거나 아니면 동물보다 못하다는 것이고, 종교나 성(性)에 관한 것들이 주를 이룬다. 게다가 욕을 생식기에 비유하여 육두문자(肉頭文字)라고 지칭하는 것도 사실, 육두(肉頭)란 한자 그대로 머리처럼 쑥 튀어나온 살덩어리의 의미를 지니고 있어서다. 그렇다면 인간이 가장 치욕스러울 때 숨기고 싶어 하는 부분을 들추어내는 것보다 더한 모욕은 없기에 쓰는 것이 아닌가.

이러한 욕을 들어먹을 때를 보자면, 제 욕심대로 이끌어가고자 했을 때이다. 더러는 성에 차지 않고 기분이 상할 때마다 화풀이로 정신적인 폭력을 습관적으로 가하기도 한다. 내 앞에 온 인연을 존중했고, 그럴 수밖에 없는 상대방의 처지를 이해해보려 했다면 있을 수도 없는 일이다.

욕을 퍼부어대는 것도 자기 분에 못 이겨서 하는 것임에도 불구하고, 앞으로는 다시는 그러지 말라는 뜻으로 했다고 뉘앙스를 다들 풍기는데, 이는 악의에 찬 말 한마디가 상호 간에 얼마나 큰 악영향을 끼치는지 모르고 하는 소리다. 욕을 해대는 짓이나, 욕을 먹는 짓이나 별반 다를 바가 없는 것은, 나를 우선하고자 해서 벌어지는 일이기 때문이다.

• 세상사 쓰는 자가 주인이다

　인간을 위해 빚어낸 오만상의 방편은, 이 지상 3차원과 마찬가지로 본래 없는 것에서 빚어낸 것이라 '머물러 집착하지 마라'고 했다. 없는 것에서 빚어낸 것이 방편이라, 종례에는 모두 다 없어질 것이라는 소리다. 유상의 방편이든 무상의 방편이든 집착하게 되면, 내 것이라는 생각에 내가 우선해야 하기에 오만상에 끄달리고 만다. 이때부터 제 욕심이 빚어낸 자존심으로 기 싸움이 시작되는 것이다.

　육신도 쓸 때 필요한 것이고, 물질도 쓸 때 필요한 것이지 쓰고 나면 제자리로 돌아가는 것이 대자연의 원리인 것이다. 시공(時空) 속에 함께 빚어진 이 지상 3차원에는 오만상의 방편과 더불어 인간에게 특별히 분별력까지 빚어 넣어둔 것도, 사람 사는 세상을 만들어가기 위한 것에 있으니 갖추어 쓰는 자가 주인이다.

　나를 위해 쓴다면 무슨 분별이 필요하겠는가. 너를 위해 써야 하기에 '인간은 절대 분별의 동물이다'라고 말한 것이다. 너를 위해 사는 것이 인생이다. 절대 분별로써 덕 된 삶을 살아가야 하는 것이 인간이라는 소리다. 동물은 본능에 충실해 살아가도 그만이니 분별력이 필요치 않다는 것이다. 이렇듯 삶의 본질은 누굴 위해 사느냐에 따라 차이가 난다.

　때문에 마음에너지가 없는 동물은 '각'의 한 본능으로 살아가고, 인간은 절대 분별의 삶을 살아가야 한다는 자체에서 볼 때, 지혜는 구하여 취할 수 있는 그 무엇이 아니라는 사실이 중요하다. 누굴 위해 어떻게 하느냐에 따라 스스로 쓰여지는 것이 마음에너지이기 때문이다. 나를 위해 사적으로 쓰일 방편은 이 지상에는 존재치 않는다. 내 앞에 온 인연을 위해 티 없이 행하라고 빚어진 것이 오만상이기 때문이다.

• 동물은 육생을 위해 입으로 먹고, 인간은 인생을 위해 눈과 귀로 먹는다

인간이기에 모르는 것일까. 어떤 이는 중생이기에 어떻게 알 수 있겠느냐고 말하기도 한다. 맞는 말이다. 스스로가 미천한 중생임을 알고 있어서다. 그러나 대부분은 대자연의 근본원리를 설명해줘도 강력히 부인하고 자기 합리화를 시키는데, 어찌 동물은 자신만을 위해 살아가야 하는 것이며, 인간은 내 앞에 온 인연을 위해 덕 된 삶을 살아가야 하는 원리를 모를 수밖에 없지 않은가.

그러다 보니 하는 짓은 자연은 이러저러한 것이라고 자기 논리를 갖다 붙이기 일쑤다. 게다가 자연을 닮아가기 위해 노력한다면서 하는 행위는 고작 동물의 행위를 닮아가려는 행위만 하고 있다. 그러니 어찌 동물보다 못한 삶을 살아가는 인간을 빗대어 욕이 만들어지지 않을 수 있겠는가. 때문에 무수한 욕을 먹으면서 살아가는 이들은 성장이 멈춰버릴 수밖에는 없는 노릇이다.

성인(成人)이란, 지적인 성품을 갖춘 사람을 가리키는 소리다. 지혜(智慧)는 대자연과 같은 기운이 머금고 있는 분별의 묘약이기도해, 자신을 갖추기도 전에 제 잣대로 세상사를 평가해서는 이로울 것이 없다는 말이 만들어진 것이다. 오만상의 방편도 지적성장을 위한 촉진제이기 때문에 사사로운 개인의 잣대를 놓지 못하면 지적성장을 이룰 수 없는 것이다.

욕먹으며 살아오는 동안에 인간에서 그만 지적성장이 멈춰버렸는데, 대자연의 가르침을 어찌 받아들이기나 하겠는가. 인간의 잣대로 대자연의 이치를 정립하려 드는 이상 분별이 바를 수 없다. 사람으로 거듭나야 가능한 일이다. 인간에 머물러 있어서는 고작해야 사사로운 개인의 삶을 위한 기틀을 세울 뿐이기 때문이다.

이렇다 보니 인간에서 사람으로 거듭나기 위한 논리 논술하나를 지금까지 어느 누구도 바르게 써내려가지 못하고 있다. 설령 있다고 한들 어느 한 부분에 국한되어진 힘의 논리일 뿐이며, 인간의 눈높이에서 빚어낸 자기 논리들일 뿐이라, 진리가 될 수 없음을 모를 수밖에 없다. 생각의 차원에서 자기가 아는 만큼 풀어낸 것을 가지고 대자연의 진리인 것마냥 외쳤는데, 어이 들려오는 소리를 바르게 분별이나 할 수 있겠느냐는 것이다.

세상에 '말(언어)'이 만들어지는 것도 나를 각성시키기 위한 것에 있다. 이는 한편으로 자신에게 들려오는 말만 잘 받아들여도 어떠한 대안이든 내 놓을 수가 있다는 소리다. 시대가 대세인 만큼, 이를 깨우쳐주기 위해 시대에 따라 근기만큼 정확히 들려오는 것이 '말'이라서 해보는 소리다.

동물은 육생을 위해 입으로 먹고, 인간은 인생을 위해 눈과 귀로 먹는다. 내게 주어진 오만상을 어떻게 활용하느냐에 따라서 티 없이 맑은 존경의 기운을 받느냐, 탁 하디 탁한 욕을 먹느냐로 나타난다. 인생을 살아야 하는 인간이 육생을 위해 살아간다면 어김없이 먹는 것은 욕이다. 육생을 살아가야 하는 동물은 그 이하는 존재치 않아, 먹어야 할 욕이 없기 때문에 해야 할 욕도 없는 것이다. 인간으로 보내진 이유는 사람답게 살아가기 위해서다. 만약에 동물처럼 살아가도 된다면 욕이 빚어질 리 있기나 하겠는가.

'육을 가진 모든 생명은 물 번식 한다'라고 말한 것도, 물은 천기(天氣)의 운송수단이자 지상에서 육(肉)을 가진 모든 생명체는 물 번식하기 때문이다. '이 지상의 주인은 육질이며, 육질 중에서도 인육이 으뜸이라'말한 것도 완전 조물 된 인육 속에 내 주체인 인기와 마음에너지를 완전히 안착시켜 놓았기에 불러지는 소리다. 이 지상은 인육을 쓰고 살아가는 인간이 주인공이다. 인간이 존재하지 않으면 이 지상 3차원은 존재하지 않는다는 소리와 같다.

● **우연과 필연의 차이는**

인생사의 방편으로 주어진 희로애락(喜怒哀樂)과 생로병사(生老病死)의 비밀을, 육생에서 원인을 찾으려 하니 중요한 사실을 놓치고 말았다. 병고는 건강을 위해 노력하게 만들고, 슬픔은 기쁨을 위해 노력하게 만든다는 사실에 대해서 말이다. 인생사 잘못 살아온 지난날을 되돌아보지 않는다면 더 나아질 방법은 없다. 희로애락과 생로병사 속에 지난날의 모습을 고스란히 담겨둔 것도, 대자연은 인간을 일깨워주기 위한 손발이 없었기 때문이다.

희로애락과 생로병사 속에서 살아야 하는 것도, 덕으로 살아가려 하기보다는 동물처럼 살아가려 했던 결과이기도 하다. 말하자면, 마음에너지를 쓰기보다는 내 이익을 우선하는 본능적 '각'에 의해서만 움직여 왔기 때문이다. 사실, 이러한 표적을 방편을 인간에게 쓰지 않았다면, 실상의 자연이 무엇인지도 모르면서 동물습성에 빠져 자연을 닮아가는 삶이라고 떠들어 댔을지도 모른다.

그리고 1안에 빠지면 2안의 대안을 전혀 생각지 못하는 것을 볼 때, 자연을 닮으려고 동물처럼 살아가려고 발버둥 치는 모습이 측은해 보인다. 자연을 닮으려는 삶은 동물처럼 살아가야 하는 것이 아니라, 너와 내가 어우러져 덕으로 살아가는 삶을 말한다. 존재의 가치도 모르고 다들 제 편하고 자 위한 행위들만 해대는 데서, 인간으로 살아가야 하는 이유를 깨닫지 못하고 동물처럼 살아가는 데서 받아야 하는 아픔인 것이다.

게다가 사람으로까지는 성장하지는 못할망정 인간 구실이라도 한번 해보며 살아가라고 빚어낸 것이 욕이다. 또 이 방편과 더불어 희로애락과 생로병사를 표적으로 주고 있으나, 우연으로만 치부해버리니 삶의 진통이 가실리가 있겠는가. 우리 민족에게 만큼은 우연이란 없다는 사실을 알아야 한다. 설령 있다고 한들, 제 자신을 일깨우기 위한 일들이기에 필연인 것이다. 욕보여서 욕을 먹든, 내게 욕보이든 말이다.

쓰라고 주고 활용하라고 보여주고 있는데도 활용치 못하고 있으니 오히려 방편에 활용당하는 것이다. 우연과 필연의 차이는 주어진 방편을 거침없이 쓸 수 있을 때 나타난다. 아마도 이때가 인간에서 사람으로 승화되어 사람답게 살아가는 삶의 지표가 정립되는 시기라고도 말한다.

사람으로 성장하여 살아가야 하는 이유를 일깨워주기 위한 표적, 이러한 대자연의 가르침이 없다면 깨우치지 못한다. 저마다 각성의 차원이 다른 것도 업의 질량이 각기 다르기 때문이며, 업의 질량이 다른 만큼 근기마다 표적이 다르게 들어가는 것이다. 이렇듯 방편으로 표적을 받는 이유는 단 한가지다. 내 앞의 인연과 소통을 위한 것에 있기 때문이다.

하지만 욕을 먹는다면 그 이유도, 너와의 관계가 막혀가고 있기 때문이다. 상대방의 것을 수용하려 들지 않는 독선은 합의점을 이끌어 내지 못해 단절을 가져올 뿐이다. 내 것이란 나에게만 맞을 뿐, 그 무엇 하나 너에게는 옳은 것이 없다. 그러나 세상사 모든 일에 맞을 것이라고 적용하려 드니, 어찌 너의 기운과 통할 수 있느냐는 소리다.

통하기 위한 가장 큰 방편의 하나가 음양이다. 상생을 밝혀내기 위해서는 육을 가진 모든 생명체는 우선 화합을 이루어내야 한다. 음양을 이루어 내야만이 통할 수 있다. 그렇다고 남녀의 화합만을 말하는 것이 아니다. 음끼리건, 양끼리건 내가 먼저 부족한 것을 채워주는 것이 음양 화합이라는 소리다. 흡수하기 위해서는 내가 먼저 흡수되어야 하듯이, 통하기 위해서는 내가 먼저 통해야 한다. 제 것이 아무리 옳은 것이라 해도, 상대의 것을 흡수하기 위해서는 하찮다고 생각하는 것마저도 받아들여야 하는 것이다.

하나에서 둘로 음양이 나뉘자 육의 시대와 더불어 상생이 시작됐다. 본능에 충실해야 하는 동물은 살아가는 자체가 상생이다. 하지만 절대 분별의 삶을 살아야 하는 인간은 존중이 상생의 발판이 되므로, 존중 없는 덕 된 삶은 있을 수도 없다. 배고프면 먹고, 피곤하면 쉬고, 어떠한 시기가 되면 종족 번식을 위해 짝짓기하며, 본능으로 살아가는 동물은 인간을 위해 빚어둔 방편일 뿐이다. 게다가 약육강식과 힘의 논리가 이렇다는 것까지 보여주고 있으니, 인간에게 꼭 필요한 분별의 처방전이라 할 수 있다.

분별치 못해 욕을 먹는 것이다. 분별이 필요치 않은 동물에게 무슨 욕이 필요하겠는가. 똥 묻은 개가 겨 묻은 개를 나무라듯, 자신도 바르게 행하지 못하면서 그러한 상대방을 탓하고, 자신도 말을 안 들으면서, 상대방에게 말 안 듣는다고 핀잔을 준다면 탈이 날 수밖에 없다.

• 눈총이라는 밉살맞은 시선

자존심이란 때로는 부족함을 숨기기 위한 제스처로도 쓰인다. 모자람을 숨기기 위해서다. 이럴수록 삶의 질서는 쉬이 무너지기 십상이다. 질서가 무너진다고 해서 무질서하다고 말하지 않는다. 단지, 해야 일과 해서는 안 된 일을 분별치 못해 무질서하게 보일 뿐이기 때문이다.

질서는 제 할 일을 찾아 할 때 유지된다. 삶이 불안하고 초조한 것도 제 일을 바로하지 못해서다. 어쩌면 제 할일을 찾아라고 눈총이라는 밉살맞은 시선과 욕도 함께 묻혀 나오는 모양이다. 너는 너에 일을 해야 하듯이, 나는 나에 일을 해야 하기 때문이다. 남자는 남자의 일을 하고, 여자는 여자의 일을 하며, 어른이면 어른의 도리를 해야 하고, 선생은 선생의 역할에만 충실하면 그만이다. 부모가 부모의 도리를 다하지 못해 부모대접을 받지 못하는 것처럼, 노인도 노인의 역할에 다하지 못했기에 대접받지 못하는 것이다. 자신의 처지에 따라 언제든지 주어지는 것이 일이다. 그러나 자신의 부족함을 찾아내지 못해 제 할일을 바로 행하지 못하는 것은 모르고, 그러한 상대를 탓 하려드니 불안한 생활이야 오죽이야 하겠는가.

알고도 처리하지 못하니 상대방의 허물을 보는 사람이 갑갑해서 욕하는 것이고, 똑똑한 사람이 답답해하기만 한다면 욕먹을 도리 밖에 없다. 보여서 말할 수 있어 좋았고, 알릴 수 있어 좋았다고는 하나, 들떠 있다는 자체는 아마도 아둔함의 유식함을 언제부터인가 내보이고 싶었던 것이다.

무식의 소치로 빚어낸 행위에 대한 결과는 곱지 않은 눈초리다. 행위는 내가 하고 받아들이는 것은 상대의 몫이다. 행하고도 눈치를 본다는 것은 상대를 위한 행위가 아니라, 내 잘 보이기 위한 행위에 불과했던 것이다. 사실이 그렇다. 이해는 상대가 하는 것이다. 내 부족하다 보니 이해시키려는 것이 아니라 설득시키려는 행위였던 것이다. 어려웠을 때의 행위를 번복한다면 어려움을 면할 길이 없는데 말이다.

지구상의 인구수 만큼이나 살아가는 모양새가 다르다 보니, 주어진 삶을 바르게 살지 못했기에 지상낙원이라 일컫는 에덴동산에서조차, 저마다의 삶을 찾으려고 안달이었던 모양이다. 이로써 사실, 이 지상에서 살아가야 하는 이유와 목적이 하나로 드러난 것이 분명하다. 하지만, 제 존재의 가치를 찾지 못해 아직까지 행복이 무엇인지 모르고 있다. 더군다나 무엇인지도 모르는 행복을 위해, 행복해 보겠다고 무릎 꿇고 기도까지 해댄다.

하나같이 동물처럼 살아가고 있다는 사실을 모르는 모양이다. 바르게 살지 못한 행위에 대해서는 관심이 없으니 말이다. 행복해 보겠다고 기도행위에만 빠져있어서, 덕행(德行)을 위해 에덴동산을 떠나야 했던 이유를 언제나 깨달을 수 있을까. 그래서 인간인가. 어찌 보면 인간으로 불린다는 자체가 욕먹기 위함인지도 모른다. 수도 없이 욕을 먹으니 말이다. 언어의 최고 극치라 일컫는 욕, 욕심이 빚은 치욕이라는 자체를 알아야만 한다.

사실상 욕을 해대는 이들은 빚 받으러 온 내 앞에 인연들이다. 이들에게 빚을 갚지 못하면 이들에게 들어먹어야만 하는 것이 욕이다. 그리고 이들은 처지에 따른 행위를 해댈 뿐이라, 이들을 탓 해야 할 일은 눈곱만큼도 없다. 줘야 하는 이와 받아야 하는 이도 행복을 위해서 인연 지어졌다. 행(行)하면 복(福)을 받는 행복(幸福) 이것이 바로 행의 공답이자 기도의 공답이다.

따지고 보면 행하려 하지 않은 이들은 없다. 다들 자기 계산법으로 행하려다 문제가 된 것이다. 바뀌지 않는 '각'으로 행을 하고나면 서운하고 섭섭할 따름이다. 내게 맞춰지기를 은근히 기대하고 행하기 때문이다.

행복과는 거리가 먼 나만의 만족, 이마저도 쾌감과 혼동하기 일쑤다. 그나마 쾌감이라는 쾌락에 빠져 버리면 분별도 쾌락을 위해 춤을 출 뿐이다. 행복을 맛보지 못했는데 어찌 불행이 이러저러하다고 말이나 할 수 있을까. 행복하지 못하면 불행한 것이다. 그렇다고 불행하지 않다는 것이 행복하다는 의미가 아니다. 진정 덕 된 행위가 존경으로 되돌아오는 행복을 맛보기를 기원하기에 하는 소리다.

5. 어설픈 행위

상대를 위한다고는 하나 내 계산이 먼저 깔리다 보니

상대의 방식이 아닌 내 방식으로 돕기 마련이라,

각기 행하는 모양만큼 자기 기대치가 서려있어서 그런 모양이다.

어줍잖은 행위 자체도 이익을 얻고자 하는 만큼의 자기표현방식이라,

그러한 이를 뭐라고 할 자격을 대자연이 내게 주지 않았다는 사실이다.

　

살아가고자 하는 행위는 지상의 인구수만큼이나 다양하게 나타나지만, 살아가야 하는 이유는 업 소멸을 하기 위한 단 하나의 이유에 있다. 행의 공덕에 비례하여 사해지는 것이 업이니만큼, 오로지 덕 된 삶을 위해 살아가야 하는 것이다. 그리고 업 소멸을 하기 위한 행위에 있어서 제 우월성과 목적성만을 비추려 든다면, 오히려 그럴 수밖에 없는 상대를 이용하기 위한 제스처에 불과해 일상이 무거워질 뿐이다.

어려워진 자나, 어려워질 자도 매 마찬가지다. 살아남기 위한 추임새에 있어서 분별이 명확한 행위라야 한다. 자기 계산법에 의한 행위만을 하니 어설플 수밖에 없다는 해석에서 나온 소리다. 받아들여야 하는 이들의 처지에 따라서 다양한 해석이 나온다는 것을 간과했다면 더더욱 그렇다.

• 어려워지는 건 착하고 바른 분별이 서지 않기 때문이다

어려워지고 힘들어졌다는 것은 바르지 못한 행위의 결과물이다. 더욱이 안쓰러운 것은 착한(善) 것과 바른(正) 것에 대한 분별이 바로 서 있지 않았기 때문이라는 사실에 있어서다. 이는 아마도 어려서부터 착한 행위를 바른생활이라고 가르침으로써, 착한 짓이 바른 행위로 고착되어 정(正)에 대한 분별이 바로 서지 않았기 때문이리라. 하지만 이러한 사실을 누구 한 사람의 책임으로 치부할 수도 없는 노릇이다. 스스로가 분별치 못해 고통의 나락에 빠져있으니 잠자고 있는 의식을 먼저 깨워야 하는 것이다. 정(正)과 사(邪)에 대한 분별을 정립시켜야 할 시기도 도래했기 때문이다.

행위에 대한 진정한 의미는 단, 한가지라는 소리다. 내 앞에 온 인연을 덕 되게 하는 일이다. 오만상의 방편도 상대를 위해 주어진 것이라, 어떻게 쓰느냐에 따라 방편의 값어치는 차이나기 마련이다. 너를 위해 써야 나를 위해서도 쓰이는 법이니, 선(先) 갚고 후(後)에 받는 이 순환법이야말로 음양이며 상생이다. 나를 위해서만 쓰려 했기에 난감하고, 난처해지고, 어설픈 행위는 곧 상극으로 드러나 스스로가 곤경에 처하게 되는 것이다.

상대방과의 관계 개선이 막히는 것도, 제 자신을 우선하고자 하는 어설픈 행위로 돋보이고자 할 때 나타나는 법이다. 때로는 살아남기 위한 제스처를 취하고, 살아가기 위한 제스처로서의 방편을 취해보기도 하지만, 착한 짓을 바른 짓이라 행하니 결과는 뻔 한 노릇이라. 못마땅한 심기를 드러낼 수밖에 없는 일이다.

이는 즐겁게 살아가지 못하는 이유 중에 하나다. 어줍잖은 알음알이로 참견과 간섭을 일삼다가 받은 상처도 한몫 거든다. 내 잣대는 나를 위한 행위이니만큼 내게만 적용된다는 자체를 잃어버리기도 한다. 이는 아마도 알아야 할 것은 모르고, 몰라도 될 것을 너무 많이 알고 있어서 그렇기 때문이다.

어쨌든 이득 없는 엉뚱한 제스처는, 이러지도 저러지도 못하는 상황만을 연출시킬 뿐이다. 애초부터 상대방을 덕 되게 하려는 행위가 아니었음으로, 여타의 부탁도 거절조차 쉽지 않게 다가오는 법이다. 착하게만 살아왔기에 거절의 덕목에 대한 분별을 어렵게 생각하는 것도, 자신의 잘못이 어디서부터 잘못되었는지 몰라서 그렇기 때문이기도 하다.

자신의 잘못이 무엇인지 모르는 이가 남을 이롭게 할 수 없는 법이다. 설령 동정을 베풀기 위해 다가섰다 해도 잘돼봐야 제 꼴을 면치 못한다는 것을 모를 리가 없을 텐데, 제 분수를 모르는 만큼 저지레를 떨어야 하는 모양이다.

• 상처의 크기는 어설프게 동정을 베푼 이가 더하다

탁해진 자신의 기운부터 맑혀내지 않으면 덕 된 행위 자체가 있을 리가 만무다. 게다가 탁해져 있는 만큼 치우쳐 생활하게 되는 것이라, 분별이 바로 설 수 있기나 하겠는가. 이러한 사실을 깨우쳤다면 기운이 탁해질 리 없다. 때로는 도와달라고 해서 도와준 것뿐이라고 말하기도 한다. 하지만 무엇을 도와주었냐고 되물어보면, 배고픈 이에게 빵을 건네준 것과 헐벗은 자에게 옷을 입혀준 것이 고작인 것이다.

병들어 고통받는 자도, 생활이 어려워져 괴로워하는 자도 이유가 있다. 핑계 없는 무덤 없듯이, 그들의 실상을 바로 알지 못하고 제 생각을 앞세운 행위로 미움의 불씨만 지펴놨다면, 그에 대한 책임도 응당 져야 하는 법이다. 탁해진 자신의 기운과 그들의 어려워진 실상을 모르고서는 바르게 도울 수 없는 사실을 깨우치는 것이 중요하다. 더욱이 그가 처한 현실만 보고 사랑하다가 젖어오는 큰 슬픔을 뜻하는 애견대비(愛見大悲)라는 단어가 만들어진 이유도, 어려워진 실상은 제 스스로가 바르게 살지 못한 것에서 기인 됐다는 사실을 깨닫게 해주기 위함에 있는 것이다.

● 바르게 살지 않으면 대자연의 표적이 들어간다

어설픈 행위에 대한 결과는 따가운 시선을 주고받을 뿐이다. 상대를 위한다고는 하나 내 계산이 먼저 깔리다 보니 상대의 방식이 아닌 내 방식으로 돕기 마련이라, 각기 행하는 모양만큼 자기 기대치가 서려 있어서 그런 모양이다. 어줍잖은 행위 자체도 이익을 얻고자 하는 만큼의 자기 표현방식이라, 그러한 이를 뭐라고 할 자격을 대자연이 내게 주지 않았다는 사실이다. 다만, 바르게 살아가지 않으면 대자연의 표적이 들어간다는 사실은 알아야 한다. 바르게 살아가게끔 하기 위해서 말이다.

결과야 어쨌든 간에, 어설픈 행위는 자신의 이익을 우선하는 행위일 수밖에 없어 종례에는 쌍방의 상처만 남길 뿐이다. 그러나 상처의 크기는 어설프게 동정을 베푼 이가 더하다는 것이 문제다. 그들의 간절한 도움은 빵 한 조각과 옷 한 벌에 있었던 것이 아니었던 것이다. 진정한 사랑의 행위라면 삶의 희망이 심어져 있어야 했던 것이다. 삶의 희망이란 우선의 고통에서 벗어나는 길이기 때문이다. 게다가 그 고통에서부터 우선 벗어나야 만이, 고통과 어려움이 찾아든 이유에 대해 깨우칠 수 있는 것이다. 그러나 행하려는 이들조차 치우쳐 살아가고 있으니, 바르게 하고 싶어도 하지 못하는 것이 덕 된 행위인 것이다.

물질적인 도움만으로 쉽사리 해결될 어려움이라면 주지도 않았으리라. 잘못 살아온 지난날을 깨우쳐주기 위한 대자연의 가르침이 이러하니, 행하려는 자 먼저 자신의 부족함을 짚어보고 바른 게 무엇인지를 배워야 한다. 정(正)과 사(邪)의 분별, 바른 행위와 착한 행위에 대한 분별이 서있지 못하면 너나 할 것 없이 어려워진다는 사실을 간과해서는 안 된다는 소리다.

바르지 못한 사(私)적인 행위는 착한 마인드라. 살아가는 자체부터가 어설프기 그지없다. 살아가는 자체가 어설프다 보니 행위 자체가 어설플 수밖에 없고, 그 뒤에는 바르게 살아가게 하기 위한 표적이 뒤따를 수밖에 없다. 사실, 생활 속에서 그리 배워서 그리 가르치고 있는 삶의 모양새는, 도와주고 매를 맞는 형국이니 상호 간에 막혀 씩씩거리는 일들뿐이다.

대자연은 오만상을 인간을 위해 빚어냈고, 빚어진 방편으로 정과 사의 분별을 심어주기 위해 상호 대립적이자 적대적인 관계로 형성시켜놓았다. 서로 통할 수 있을 때까지 말이다. 말하자면 정(正)의 행보가 상생이니만큼, 이를 밝혀내기 위해 인기가 인간으로서 이 지상에서 살아가고 있는 동안에는 선악(善惡)은 존재하지 않는다는 것이다. 이는 인간 상대성 원리로 덕 된 행위의 분별을 일깨워주기 위해서라고 말한다. 처한 상황에 따라 누구나 교과서가 될 수 있기 때문이다. 게다가 바르게 살지 못한 행위를 일깨우기 위한 상대역이 스스로 만들어진다는 소리이기도 하다.

사(邪)는 정(正)을 일깨워주기 위한 행보로써 상극행위를 일으킨다고 할 수 있다. 사가 없다면 정의 분별이 세워질 수 없다. 따라서 적대적이며 대립적인 관계가 유지되는 것은 진화하기 위한 것에 있다. 1안의 상극의 행위를 흡수하고 나면 2안의 이타 행위에 안착하게 되고, 이때가 되면 적대적이거나 대립적인 일은 발생하지 않고 상호보완적인 관계로 살아가게끔 되는 것이다.

● 논리이기 때문에 시대에 따라 변화를 줘야 하는 것이다

기운은 끼리끼리 노는 법이라고 유유상종이라는 말이 빚어진 모양이다. 인의 기운을 맑히면 맑히는 만큼, 맑은 기운과 더불어 살아가는 것이 인생이라서 그렇다. 제 자신의 기운을 스스로 맑히지 못하는 한, 내 앞의 인연들도 나와 같이 이미 탁해진 상태이거나, 탁해져 가고 있는 중이라고 보면 된다. 실상이 이러니 내 앞의 인연이 내 모습이라고 말하고 있는 것이다.

한마디로 말해, 선악(善惡)은 인간의 질서체제를 유지 시키기 위해 도파(道派)나 종파(宗派)마다 십계의 계율을 정해놓으면서 구분된 것이다. 이를테면 나뭇가지는 나뭇가지의 따른 법도가 필요한 것이고, 나무 몸통은 나무 몸통에 따른 신토불이 윤리 덕목이 필요했던 것이다. 이렇게 빚어진 윤리 강령은 신앙(信仰)과 인간과 약속이 되어 버린 것도, 집단 체제의 이익과 편리성을 추구하기 위한 사고에서 비롯된 것이었다. 일부분을 지켜나가기 위한 계율에 불과한 것이지, 한 그루의 나무를 살려내기 위한 종교(宗教)의 가르침이 아니라는 사실이다. 대자연의 가르침이 아니라는 소리다.

• 모순은 나를 위해 빚어진다

변하지 않는 것이 진리다. 논리이기 때문에 시대에 따라 변화를 줘야 하는 것이다. 진리를 표방한 무수한 사고는 인류를 위한다는 명분을 세웠지만, 지금까지도 그들 집단에서만 맞는 논리에 지나지 않았다. 물론, 논리의 출현도 모든 중생을 위한다는 명분이 있었기는 하나, 문제는 모두가 아닌 일부분밖에 커버하지 못하고 있다는 사실이 중요하다. 게다가 누구한테는 맞고 누구한테는 맞지 않는 논리일 수밖에 없으니, 상생을 빙자한 힘의 논리일 수밖에는 없다는 것이다.

더욱이 시대를 대변하는 무수한 논리들은, 논리이기에 진화를 위한 과도기의 기운체로서 시대마다 모순을 드러내야만 했던 것이다. 사실, 모순은 진화를 위한 변화의 과정이었으며, 시기에 맞는 인간 논리가 성립해야만 했던 이유도, 사(邪)를 통해 정(正)을 빚어내기 위한 과정이 필요했기 때문이다.

인간복지를 위한 지역마다 특색 있는 논리는, 그 특성에 맞춰 국가의 윤리 강령으로 자리매김이 되나, 살아가는 모양새에 맞춰지는 법이다 보니 달리 나타날 수밖에 없다. 시대마다 그리고 처해진 환경에 따라 사고를 달리해 오다 보니, 아마도 오늘날에 이르러 66억에 달하는 인구수만큼이나 논리가 자리매김 한 것도, 인간 하나하나가 개체이자 주체의 삶을 살아가야 하는 진리 창출을 위해 필요했기 때문인 것이다.

하지만 지금까지는 진리가 창출되기 이전이라, 저마다의 내면의 세계는 자신의 논리로 건설한 왕국이 있기 마련이다. 삶의 가치나 근기에 따라 왕자도 되어보고, 영웅도 되어보지만, 인간사 모순을 바르게 받아들이지 못한 독선으로 독재자가 되어보기도 한다. 그러다가 깨어나면 복

종이라 할 수 없는 복종을 하며 살아가야 하는 탓에, 자율의 한계에 부딪히게 되고 모순투성이인 세상사에 모순밖에 없다고 탓하며 살아갈 수밖에 없는 노릇이다.

모순된 사고를 가지고, 모순된 세상을 바라본다면 이보다 더한 모순은 없을 것이다. 모순을 모순으로 밖에 볼 수 없었던 치우친 사고는 보고 들리는 것마다 세상 탓으로 돌리게 되고, 상대 탓으로 돌리게 되니, 이러한 근성으로 길들어짐으로써 대자연의 가르침을 저버릴 수밖에 더 있겠는가.

너와 나 사이에서 빚어지는 모순은 나를 위함이요, 사회와 나 사이에서 빚어지는 모순도 나를 위함이고, 사회단체와 국가 사이에서 빚어지는 모순도 나를 위한 것이다. 따라서 국가 간에 빚어지는 모순 또한 나를 위한 일이다.

예를 들어, 옷 이란 자신을 숨기기 위함보다는 나타내기 위한 것이기 때문에, 자신이 갖추어진 만큼 맞춰 입어야만 하는 것이다. 틀이란 진보한 만큼 주어지니 어느 틀이나 묶이지 말고 그 틀을 깨버려야 한다. 옷이란 품격에 따라 입는 것이고, 틀이란 깨트리라고 주어지는 것이다. 그 옷에 집착하고, 그 틀에 갇혀있다면 늘 그 모양일 수밖에 없다. 내 잣대를 네게 대는 만큼, 네 자율을 존중하지 못하는 바와 같기 때문이다.

● 어설픈 동정을 베풀지 말라

동정을 베푸는 것도 제 주제도 모르고 하는 행위가 허다하니만큼 하고 나서 후회하는 경우가 태반이다. 어설프게 주판알 튕기는 행위 또한 사랑을 주기보다는, 오히려 받아보기 위한 역설적 행위 일 때도 있다.

'그러할 수밖에 없는' 상대의 입장을 등한시하고, 제 계산대로 이끌어가려는 어설픈 행위에 대한 대가는 따가운 눈초리뿐일 것이다. 게다가 동정이란, 이런 짓거리 밖에 될 수 없다는 사실을 깨닫지 못하면 일상은 늘 괴로울 것이며, 세상사 '탓' 할 일이라곤 없는데 '탓' 할 일 밖에는 일어나지 않는다.

'탓'하는 생활뿐이라면 살아가야 하는 이유조차 모르고 사는 것이 당연하다. 제 자신의 소중함은 물론이요, 상대방 존재의 가치까지도 말이다. 일상생활에서 저지레 치는 것도 자신의 흔적이라도 남겨보려는 행위다. 어설픈 행위와 저지레의 분별 누구의 몫이겠는가. 지금까지 해온 흔하디 흔한 이야기가 내가 갖춰져 있어야 너를 위할 수 있다는 것이다. 그럴 수밖에 없었던 상대방의 처지를 이해하지 못하는 한, 덕 되게 살아갈 수 없다는 소리인 것이다.

내게 부는 바람은 내 바람이다. 상대방의 자율을 존중하지 못하는 그만큼 '그럴 수밖에 없는' 상대를 이해할 때까지 유사한 상황이 연출되기 마련이다. 그러한 이들을 이해하고 올바로 받아들이지 못하는 내가 문제지 네가 문제가 아니다. 그래서 대자연은 '네게 상대를 나무랄 자격을 주지 않았다'고 했다. 그리고 '네 부족함으로 인해 그를 바로보지 못한 것이다'했다. 상대방은 제 살아가기 위한 행위를 그저 해댈 뿐이라는 것이다.

6. 핑계

자기 자책 또한 핑계의 구실일 뿐이다.

오만상은 나를 돕기 위한 것들인데 어찌 이러한 방편들이

아무런 이유 없이 자신을 해 할 수 있다고 생각하는가.

만약에 해하고 있거나, 해하려 든다면

바르지 못한 행위가 무엇이었던가를 찾아내야만 한다.

찾아내지 못하면 무엇이 있건, 무엇을 하건 구실은 만들어지기 마련이다.

이것은 '있어야만' 하는 것이고, '내가' 해야만 하는 것이라는 구실은 하여튼 지간에 제 이익을 보기 위한 행위일 뿐이다. 때로는 '없어도' 되는 것이며 '하지 않아도' 된다는 명분을 세우는 것 또한 제 편하자고 하는 행위인 반 면에, 한편으로는 너와 통해 보겠다는 방편이 깔린 것이기도 하다. 덕 된 삶을 살아가기 위한 분별은 냉철함이 따라야 하기 때문에 핑계는 나를 지키고자 할 때마다 쓰이는 구차한 변명일 뿐이다.

어떠한 방편이든 쓸 줄 아는 자가 그 방편의 주인인 것이다. 쓸 줄 모르고 가지고 있는 자는 그냥 가지고 있는 자에 불과하다. 방편을 누가 가지고 있든 지간에 오로지 덕 되게 쓰이기 위해 주어지는 것이라, 덕

되게 쓸 자를 위해 기다리고 있는 것이 방편인 것이다. 너와의 소통을 위해 갖추어 쓰는 자가 주인이라는 소리다.

● 챙겨도 쓸 줄 모르는 건 바르게 쓰지 못하는 데 있다

가지고 있는 자는 거두어 드릴 줄만 아는 자인만큼, 갖추어 쓸 줄 아는 자의 책임이 더 크다고 말한다. 가지고 있다는 것은 쓸 줄 모르기 때문에 가지고만 있는 것이다. 쓸 줄 알면 덕 되게 활용할 터인데 쓸 줄 몰라 가지고만 있으니, 쓸 줄 아는 자를 만날 때까지가 가지고 있는 자의 책임이다. 그리고 바르게 쓸 줄 아는 자를 만났다면 그 후로부터는 바르게 쓸 줄 아는 자의 몫이다. 소통을 위해 덕 되게 써야 하는 게 오만상이기 때문이다.

필요한 곳에 써야 하는 것이 방편이기 때문에 갖춘 자의 몫인 것이다. 내 몫은 본래 없다고 말하는 이유도 너를 위해 써야하기 때문이다. 가지고 있다는 것은 덕 되게 써야 할 몫은 챙긴 것이다. 하지만 챙기기만 했지 덕 되게 쓰는 법을 몰라 사단이 난다는 사실을 알아야 한다. 덕이 된다는 것은 바르게 행한다는 것으로서, 상대를 위하려 한다면 상대방의 방법대로 우선 응해줘야 하는 것을 말한다. 너를 위한다면서 제 방법대로 이끌다가 문제를 일으키고 나서는, 너를 위한 일이라고 자존심 부리다가 관계마저 소원해지고 마는 것이다.

내 할 일을 주고, 네 할 일을 준 것은 상생을 밝혀내기 위함에 있다. 네 할 일과 내 할 일이 부합되어 진화발전 한다는 것은 상생하기 때문이다. 내가 네 근기도 모르고 네 할 일을 한다거나, 네가 내 근기도 모르고 내 할 일을 하려 든다면 치우친 문제에 당면하기 마련이다. 제 하고 싶은 일을 하기보다는, 우선해야 할 일을 해나가는 것이 덕 된 생활이 되는 것처럼, 가고 싶은 곳을 가기보다는 우선 가야 할 곳을 가야 하는 것이 인생인 것처럼 말이다.

● 내게 잠시 있다고 해서 내 것인 양 마구 써버림으로써

대자연은 내게 '이래라저래라' 말할 자격을 주지 않았다는 원리에 입각에서 볼 때, 고집이 줏대로 자리 잡고 있다면 문제는 다르다는 말조차도 제 계산법에 불과한 것이다. 초지일관은 그에 준한 사상을 가지고 있어야 가능한 법이다. 줏대라고 말할만한 사고조차 세우지 못했다면 그것은 제 자존심에서 나온 행위에 불과하기 때문이다. 이미 그러한 행위로 막히고 정체된 삶을 살아가고 있을 테니 말이다.

말 그대로 실패한 이들에게서 나오는 자존심에서는 어려움 그 자체만 묻어나올 뿐이다. 그러한 어려움이 묻어 나오는 입장에서, 제 처지를 우선 부각시키려 드는 행위는 고통만 가중시킬 뿐이다. 고집 부려봤자 역시 손해라는 소리다. 인성을 갖추기도 전에 자리부터 탐내기보다는 품성을 먼저 갖추어야 한다는 것이다. 제 자신을 갖추기도 전에 올라 설려고만 들고, 설령 올라섰다 치더라도 갖추지 않았다면 떨어지는 것은 시간문제다.

사실이 그렇다. 덕이 되고자 한 행위였다면 어떠한 이유도 정당화되었을 것이다. 하지만 나만을 위한 행위였으니 정당화시키려고, 합리화시키려고 더 열을 올려야만 하는 것이다. 다른 한편으로는 어떠한 처지에 놓여서 한 행위냐 바로 이것이 문제인데, 동물처럼 나 살기 위한 행위에서 벌어진 일이라면 이도 마찬가지다. 줏대가 아닌 고집은, 자기 위안 삼으려는 도피적 행위라 결코 이로울 수 없다.

이 지상 3차원과 더불어 빚어낸 오만상은 인간 삶을 위해 빚어낸 방편이라 나쁜 것은 눈곱만큼도 없다. 주어진 방편을 바르게 쓰지 못한 이들에게만 나쁘게 적용될 뿐이다. 필요한 자를 위해 스스로의 자리에 있는 것이 오만상의 방편이기 때문에 바르게 쓰는 자의 몫이라는 것이다. 내게 잠시 있다고 해서 내 것인 양 마구 써 버림으로써 자신을 해하는 흉기로 변해버린 사실을 알아야 한다.

이것이 문제였던 것이다. 나를 위해 내 근기만큼 주어졌던 방편이 왜 흉기로 변해버렸냐는 것이다. 자신을 갖추어 쓰는 자가 오만상의 주인이므로 덕 되게 쓰는 자를 가리키는 말이었다. 누굴 위해 어떻게 쓰느냐가 갖춤의 척도다. 제 인생을 위해 갖춘 자만이 앞에 온 인연을 덕 되게 할 수 있음으로 덕 되게 쓰는 자가 갖춘 자인 것이다.

너와 막힌 주된 원인은 너를 위해 덕 되게 쓸 줄 모르는데 있다. 동물처럼 제 자신을 위해서만 쓰려 하는데 막힐 수밖에 더 있겠는가. 진정 자신을 위한 삶은 덕으로 살아가는 것이다. 덕으로 산다는 것은 덕 된 삶을 살아가는 것으로써, 빚 받으러 내 앞에 오는 인연들에게 빚을 갚는데 있다. 허나, 하나같이 빚 갚는 원리를 모르다 보니, 방편을 움켜쥐고 있으면서도 쓰지 못해 답답해하는 것이다. 쓰기 위해 벌고, 벌기 위해 써야 하는 것이 방편인데 벌기만 하고 쓸 줄을 모르니, 상생(相生)이 반생(半生)이라 인생이 답답하지 않을 리 있나.

제 자신 만을 위해 써야 하는 법을 배워야 했던 것이 아니라, 먼저 자신을 위해 써야 하는 법을 배워야 했던 것이다. 너를 사랑함이 나를 사랑함이라고 말하지 않았던가. 누굴 위해 어떻게 쓰느냐에 따라 덕 됨이

다르게 작용 되는 만큼, 작용 된 만큼의 덕으로 행한 기운은 내게 다시 돌아오게 되어있다는 사실이다.

● 내 앞에서 벌어지는 모든 행위는 소통을 위해 벌어지는 상황

내가 우선이 되려 했던 만큼 핑계를 앞세운 우격다짐이 일어나지 않을 수 없는 노릇이다. 이도 사실은 내가 살아야 너와 어우러질 수 있다는 생각이 앞선 행위에서 나오는 만큼 틀리지는 않을 법하다. 그러나 내가 어떻게 살아야 하는지 모른다면 계속해서 힘의 논리만 빚어질 뿐이다.

힘의 논리는 육생(肉生)을 위한 1안의 기본 바탕위에 있다. 2안의 인생(人生)을 살아가기 위한 밑바탕이기 때문에, 2안의 상생구도를 밝혀내기 전까지는 1안의 육생은 싸우고, 부딪치고, 충돌하는 일들이 비일비재할 수밖에는 없다는 것이다. 육생을 위해 빚어진 1안의 힘의 논리가 이러하다는 사실을 깨우치지 못하는 한, 2안의 대안 창출은 어렵다. 그렇지만 1안의 육생을 살아가는 동안에 덕 된 삶이 무엇인가를 깨우치기라도 한다면, 2안의 인생을 살아가기 위한 대안 창출은 그다지 어려운 일만은 아니다.

● 3차원은 대자연의 교화소이다

인간은 대우주에서 지은 원죄를 씻어내기 위해 보내졌다는 사실에 입각하여 볼 때, 이 지상 3차원은 대우주에서 지어온 원죄를 씻기 위한 교화소인 것이다. 아울러 이곳에서 벌어지고 있는 일체의 사항들은 원죄를 씻어내기 위해 상대성으로 벌어져야만 하는 일들이다. 대자연을 인간을 일깨워주기 위한 손과 발이 없다는 소리는 한편으로, 인간의 죄는 오로지 천상에서 지어온 원죄밖에 없다는 소리와도 같은 의미다. 인간 생활에 있어서 죄는 인간 논리로써 성립시킨 것들이기 때문이다. 한마디로 말해 대자연 법에 있어서 죄의 성립이 안 된다는 것이다.

이를테면, 대우주에서 역행으로 탁해진 기운을 이 지상 3차원에서는 상생으로 맑혀내야만 하는 것이다. 대자연은 인간에게 상생을 일깨워줘야 하므로, 인간 상대성 원리로서 상호 보완적이자 적대적인 관계로 행위가 벌어지고 있을 뿐이라는 소리다.

그렇다면 내 앞에서 벌어지는 일체의 행위는 소통을 위해 벌어지는 상황이다. 저마다 근기에 따라 벌어지는 일의 농도는 다소 다르지만, 통할 때까지 벌어지다가 통하지 못하면 상충을 치고 멀어져야 한다는 소리다. 통하면 상생이요 막히면 상극이라, 여타의 상황에 있어서 매 마찬가지다. 내 앞에서 벌어지는 행위들은 나를 위해 벌어지는 일인 만큼 내 책임인 것이다.

악연이라고 말하는, 사기꾼이라 말하는, 상종 못 할 인간이라고 말하는 이들도 스스로가 덕 되게 생활하지 못한 데에서 기인 된 이들이다. 바르게 생활하지 못한 만큼 분별이 치우쳐 있는 관계로, 자연발생적으로 내가 배출시키고 있다는 소리다.

한편으로, 이러한 이들이 내 앞에 있다는 것은 나를 해하기 위해서가 아니라 바르게 살아가게끔 하기 위한 것에 있다는 사실이다. 그러므로 바르게 살아가지 못하는 한 삶은 고통스러울 뿐인 것이다. 따라서 너를 사랑함이 나를 사랑하는 것이라는 소리는 깨우쳐야 한다. 이는 내 앞에 온 너를 나무라기 이전에 나부터 바르게 살아가야 한다는 것에 대한 사항이기 때문이다.

무엇으로 내 앞에 온 이들을 덕 되게 하느냐에 대한 사항은, 자신을 갖추어 나가는 만큼 행위에 배어있기 마련이다. 자신을 갖추지 않고서는 제자리에 오른다 해도, 바르게 행할 수 없기 때문에 오래가지 못하는 것이다. 원을 세운 만큼 자신을 갖추어 놓지 못하면 하는 일마다 부딪칠 수밖에 없는 노릇이고, 부딪칠 때마다 합리화시킨 일들로 인해 또 부닥쳐야 하기 때문이다. 이렇게 되어감에 따라 누굴 위해 무엇을 어떻게 할 것인가에 대한 뜻을 세울 수도 없거니와 자기 자신을 위해 살아갈 수조차 없는 노릇이다.

● 상대를 탓했다면 탓한 만큼 화가 끓기 마련

대부분이 실수와 부닥침을 통해 자아발전을 해나가고 있다. 제 부족함이 무엇인지 모르고서는 부닥치고 나서, 부닥침에 대한 원인 규명이 어려워 관계가 소원해지는 것이다. 때문에 '그럴 수밖에 없었다'라는 핑계와 '그로 인해 그랬다'라는 구실을 대기 마련인데, 이는 사실 인간경영을 바르게 하지 못해서 하는 소리다.

자기 자책 또한 핑계의 구실일 뿐이다. 오만상은 나를 돕기 위한 것들인데, 어찌 이러한 방편들이 아무런 이유 없이 자신을 해할 수 있다고 생각을 하는가. 만약에 해하고 있거나, 해하려 든다면 바르지 못한 행위가 무엇이었던가를 찾아내야만 한다. 찾아내지 못하면 무엇이 있건, 무엇을 하건 구실은 만들어지기 마련이다.

상대를 '탓'하는 것도, 행위를 합리화시키려 드는 것도 일종의 진화를 위한 발버둥이기는 하나, 그 짓거리에만 빠져있다면 문제는 심각하다.

진화하지 못할수록 핑계뿐인 일상이고, 치우칠수록 제 구실을 못하는 것은 뻔하니 어디 인간 구실이라도 한번 제대로 해보기나 하려나.

어떠한 처지에 있던지 간에 변명이나 핑계는 있기 마련이다. 합리화든 투사든 말이다. 그건 그렇다 치고 중요한 것은 누구를 위한 행위냐는 것인데, 한결같이 자기변명 일색이라 분별능력이 떨어지는 것은 당연하다. 게다가 상대를 탓했다면 탓한 만큼 화가 끓기 마련인 것은, 내가 옳았다는 생각과 너 때문이었다는 핑계가 앞서 있었던 만큼에서다.

하지만 내 것이 옳고 너 때문이었다는 핑계는, 내 근기만큼 내게만 옳다는 사실을 모르기 때문이기도 하다. 게다가 화를 내는 만큼 분별력이 떨어진 것이고, 떨어진 분별력만큼이나 생활이 어려워졌음도 알아야 하는 바이다. 이처럼 속물근성에 비유할 수 있는 자존심은 화를 끌어안고 살아가야 하는 내 안의 욕심으로 인해 자리하니, 절대로 자신을 보호할 수 없는 법이다. 화는 자존심과 불과 분의 관계인만큼 이로 인해 지적장애가 발생하게 되면 동물적 본능에 의지해버리고 마는 것도 이러한 연유에서다.

대자연이 내게 '준 것도 없지만 그렇다고 안 준 것도 없다'고 가르치고 있는 것도 제 욕심만큼 쓸 수 있는 것이 방편이고, 제 아는 만큼밖에 쓸 수 없는 것이 방편이기 때문이다. 바르게 쓰지 못한다면 스스로 있는 것에 불과한 것이다. 자신이 부족한 만큼 쓰지 못하고 활용치 못하는 것인데, 내 뜻대로 안된다고 해서 내는 화라면 늘 화 끓이며 살아가는 도리밖에 없다.

주어진 길을 찾아가야 하는 것도, 찾아 써야 하는 것도 내 앞에 온 인연을 덕 되게 하기 위한 것에 있다. 때문에 내게는 바르게 행할 자격만 주어진 것이다. 성과가 미약한 것도 상대방 때문이 아니라 내 부족함 때문이며, 유명인이기에 행의 결과가 큰 것이 아니라, 상대를 위한 덕 된 행위가 크기에 유명인이 된 것이다.

● 얼굴 붉히고 살아가는 이유 중에 하나가 손해 본다는 생각이 앞서 있어서다

누굴 위해 어떻게 살아가고 있느냐를 보기 위해, 일이란 늘 예고 없이 일어나고, 인연도 예고 없이 한순간에 찾아든다고 말할 수 있다. 이미 대자연은 그 일이 일어나기 이전부터 표적을 주고 있었다는 사실이다. 내 아는 만큼의 방편들과 내 아는 만큼의 인연들과 내 아는 만큼 행위에 있어서도 마찬가지다. 누굴 위해 하고 있느냐다. 욕심이 갈등이라, 선택 앞에서는 갈등을 빚는다. 그렇다고 선택이 분열을 일으킨다는 소리가 아니다. 욕심이 앞선다면 손해 볼 수밖에 없기에 하는 소리다.

여기서 손해의 의미를 다시 한번 짚어봐야 할 것이다. 손해 볼 짓을 절대 하지 않는 것이 인간이다. 상호 간에 이익이 따라야만 계약이 성사되는 것처럼, 덕이 되지 않고서는 덕을 볼 수 없다는 사실에 있어서도 마찬가지다. 제 편키 위한 행위를 가지고 상대를 위한 행위였다고 말하는 것이나, 제 이득을 보기 위해 계약을 체결한 것을 가지고 상대방을 위한 계약이었다고 말하는 것이나, 여하튼 조건과 조건이 오가는 행위에 있어서는 냉철한 분별이 이슈다. 덕 되지 못하면 오히려 손해 보지 않은 것을 다행으로 여겨야 하는 것이다.

일방적인 조건제시나 편중된 합의는 없다. 더욱이 치우친 계약은 있을 수도 없는 일이다. 만약에 있다면 갖추지 못한 만큼 벌어진 상황이 있을 뿐이다. 제 갖춤은 생각지 못하고 상대방만 탓하고 있다면 제 부족함이 뭔지 알기나 하겠는가.

대부분이 얼굴 붉히고 살아가는 이유 중에 하나가 손해 본다는 생각이 앞서 있어서다. 손해에 대한 분별을 바르게 세우지 못하는 한, 너와의 얼굴 붉히지 않은 날이 어디 있기나 하겠는가. 그만큼 손익에만 매달리다 보니 관계는 소원해지고, 왜 사는지 모르겠다고, 사는 게 전쟁이라고 말하는 횟수도 빈번해지는 것이다. 때로는 자신의 입장에 빗대어 말하곤 하지만, 이러한 행위 자체도 제 자존심을 지키기 위한 행위에 불과하다.

'네가 안하는데 내가 왜해'라는 부분이 '네가 하면 나도 할게'와 같은 의미로써, 너와 나 같이 잘해보자는 조건의 계약이라서 같이하거나, 안하거나 둘 중에 하나다. 양보는 그렇다 치더라도 배려도 자기 계산이 선 만큼에서 행한다. 그렇다면 양보와 배려를 위해서라도 상대방에게 덕을 줘야 하나, 다들 자기 계산법에 빠져 살다가 그만 이익을 줄 수 없는 형편에 놓이게 되니 힘겨루기 형국밖에 더 일어나는가.

약속도 이와 마찬가지로 잘해보자는 상호 간의 합의에 의해 이루어진다. 우리가 살아가야 하는 인생을 위해 약속된 질서도 필요한 것이기에, 상호 간의 이익을 추구하기 위해 약속을 이행하며 살아가는 것이다. 계약을 체결하기 위한 전 단계가 약속이니 만큼, 불이익이 따른다면 불법도 자행하기 마련이다.

나만 잘하면 그만큼의 이익이 따른다는 사실을 모르기 때문에 불법을 자행한다. 더러는 이러한 사실을 안다고 말들은 하나, 말로서만 알고 있으니 문제다. 인간사회에서 필요한 질서는 상생을 밝혀내기 위해 주어진 약속에 있다고 할 수 있다. 하지만 보이지 않는 상생은 보이지 않는 질서를 지켜나가는 것에서부터 시작된다는 사실을 알아야 한다. 그렇다고 질서를 도덕심에 국한 시켜 말하는 것이 아니다. 주어진 제 할 일을 바로 하고 있느냐는 것을 말하고 있는 것이다.

하지 않는다고, 지키지 않는다고 나무랄 수도 없는 일이다. 내 이익을 얻기 위해 나무라는 것이지 진정으로 상대를 위한다면 나무랄 일도 없기 때문이다. 그를 위한 덕 된 행위는 '그럴 수밖에 없었던' 그의 입장을 먼저 이해하는데 있기 때문에 이해득실을 따라 나무라지 않는다는 소리다.

존중 없는 이해와 배려는 자기 계산에 따라 움직이는 행위일 뿐이다. 진정 제 자신을 위한다면 나만 잘하면 되는 것이다. 나만 잘하면 된다는 것은 얼마나 상대방을 존중하느냐에 있다. 상대방을 존중하지 못해 찾아드는 어려움이 생활고다. 이는 한편으로 잠자고 있는 정신을 깨어나게 하기 위한 대자연의 표적이기도 한 것이다.

7. 있어야 할 자리

세상사의 일은 이유가 있어 벌어지고,

이유가 있어 막히는 일이기 때문에

일어나는 일에 대한 원인을 얼마든지 찾아낼 수 있다는 소리다.

잘못은 작은 부분에서부터 시작되듯이

어려움도 한 번에 크게 밀려오지 않는다.

분별이 바르지 못해 벌어지는 일들이라 작은 표적이 들어올 때부터

자신이 무엇을 잘못했는지를 되돌아보기만 하면 된다.

자연은 예고 없이 어려움을 주지 않는다.

쓰기 위해 빚어낸 오만상도 갖춘 자에 따라, 쓰임의 질과 양은 현저한 차이를 보인다. 어떻게 쓰느냐에 따라 자신을 해하는 흉기가 될 수도 있고 훌륭한 방편이 되기도 한다. 필요하기에 있고 써야 하기에 가지고 온 것인 만큼, 어떻게 쓸 것인가. 쓰는 자의 몫으로 남겨뒀다. 어떻게 할 것인가를 보기 위해서다.

오만상의 방편은 갖춘 자의 것이자, 덕으로 사는 자의 것이다. 제 할 일을 바로 하지 않고 동물처럼 쓰기만 한다면 오히려 자신을 해하려 드

는 게 방편인 것처럼, 자연이 아름다운 것은 있어야 할 자리에서 제 할 일을 하고 있기 때문이다. 인생이 즐거운 것도, 육신이 건강한 것도 제 할 일을 하고 있을 때나 맛볼 수 있는 기쁨이다. 인간에게 있어서의 기쁨이야말로 있어야 할 자리에서 제 할 일을 하고 있을 때 대자연이 주는 선물이기도 한 것이다.

● 저마다 알맞게 주어지는 게 방편이다

사실, 자연이 아름다운 건 상생을 일깨워주기 위한 방편이다. 하지만 그보다도 인간의 회귀본능을 깨우쳐주기 위함에 있다. 대우주로의 회귀를 위한 이 지상 3차원의 운행도 보이지 않는 질서를 지켜가며, 저마다의 일들을 하고 있기 때문에 아름답게 비춰지고 있는 것이다.

더욱이 이 지상 3차원을 운행 시키기 위해 아주 작은 미립자인 쿼크까지도 끊임없이 운동하는 이유도 회귀본능에 기인하고 있어서이다. 때문에 생성되어 소멸하기 전까지가 회귀본능에 기인한 운동행위 그 자체이며, 소멸 그 의미는 회귀인바 본래의 있어야 할 자리도 돌아간 것이다.

이 지상 3차원에서 인기가 육신을 받아 인간으로 살아가고 있기 때문에 대자연이 자연스레 운행되는 것이다. 하지만 이 지상에서 인기가 인육을 쓰고 인간으로 살아가다 죽었다고 해서 완전소멸을 뜻하는 것이 아니다. 대우주에서 지어온 업을 사할 때까지 되풀이되어야 하기 때문이다. 따라서 없어진다는 의미도, 살아진다는 의미도, 있어야 할 자리로 돌아갔다는 것을 뜻하나, 저마다의 죄를 스스로 사하기 전까지는 업그레이드되어 만나야만 하는 방편의 것 들이다.

방편마다 성분도 소임을 다해 회귀하기 위함에 있으니, 저마다의 근기에 따라 알맞게 주어지는 것이 방편인 것이다. 때문에 바르게 쓰지 못해 흉기가 되었다고 해서 버릴 수 있는 성질의 그 무엇도 아니다. 버린다고 해서 버릴 수 있는 것이라면, 애당초 주지도 않았다. 그렇다고 해서 영원히 가질 수 있는 그 무엇도 아니라는 사실이다. 방편의 소임은 상대를 위해 덕 되게 써 줘야 하는 성분이므로, 나 하기에 달린 것이다.

주어진 방편을 바르게 쓰지 못해 방치해둔 상태로, 다른 방편을 빌어서라도 써보겠다면 이 또한 바르게 쓸 수 있겠느냐는 것이다. 바르게 쓰는 법을 몰라 방치해둔 방편을 활용치 못한다면 어려움을 해소할 방도가 없다는 소리다. 흉기로 변했다고 해서 버릴 수도 없는 것이 방편이다. 하지만 덕 되게 쓰지 못하면 거두어가는 것 또한 방편이기 때문에, 누구나 이쯤 되면 인연이 떠나고 재물도 떠나버린 후라 남는 것이라곤 생활고 뿐일 것이다.

이는 사실, 대자연이 내가 미워서 벌하려 거두어간 것이 아니라 앞으로의 삶이 남아있어서다. 때문에 지금 여기에서 겪고 있는 어려움은 제 할 일을 바로 처리하지 못한 지난날의 티끌들이 모여 폭발한 것이다. 게다가 인간욕화로 분별이 흐트러져 어려워져봐야, 고통스러워져 봐야 자신을 되돌아보는 습성으로 인해 당하는 고통이다. 오늘날까지도 변하지 않는 인간 습성 중에 한 가지는, 동물처럼 제 먹고 살기 바쁘다는 이유로 소 잃고 외양간을 고쳐대는 것이다.

● 이렇게 살면 이렇게 된다는 교과서 인생은 가장 가치 없이 살다가는 것이라

남은 생을 위해 대자연의 회초리를 맞았다면 흐트러진 분별력을 어떻게 바로 세우느냐는 문제만 남았다. 분별이 어리석어 인생을 저지레 친

만큼, 나머지 인생에 대한 책임도 스스로 해결해 나가야 하는 법이다. 업을 씻기 위해 인생을 살아가는 것이니 삶의 이유는 내 앞에 온 너를 위해 살아가는 것에 있다.

음양은 둘이지만 하나에서 분리되어 둘이 넷으로, 넷이 여덟으로 배가되어 오만상으로 나뉘었다. 인간에게 주어진 방편이 오만상이듯, 방편을 쓰고 살아가는 모양새에 따라 능력을 달리 해놓은 것은 둘이 하나되는 길을 찾아가게 하기 위해서이다. 지구촌은 한 형제이므로 공동체의 운명을 같이해야 하기에 혼자서는 절대로 살아갈 수 없다는 사실이다. 때문에 인간으로 태어나 사람으로 승화되어 사람들과 살아가기 위한 곳이 바로 이 지상이다. 동물처럼 살아가도 된다면 아마도 오만상의 방편도 주지 않았을 것이다.

내가 너를 위해 살아가려 하기에, 너도 나를 위해 살아가려 하는 것이다. 내가 나를 위해 살아가고 있다면 너 또한 나를 위해 살아가려 하겠는가. 먼저 갚고 후에 받는 것이 대자연의 원리이기 때문에, 그 누구 하나라도 제 소임을 등한시하게 되면 제 인생은 물론이요, 공동체까지도 혼란스러워지는 것이다.

서로에게 맞물려 돌고 돌아가는 것이 인생이다. 하지만 이러한 인생을 살아가는 이가 없으니 문제다. 내가 상생의 순환 관계로 들어섰을 때는 일방적인 단절은 없다. 상호공조체제를 이루지 못할 시에는 대자연은 어쩔 수 없이 교과서 인생으로 드러내 보인다. 이렇게 살면 이렇게 된다는 교과서 인생은 가장 가치 없이 살다 가는 것이라. 그 존재의 가치는 따져볼 필요가 없다.

● 사람답게 사는 게 무엇일까?

'존재의 이유'를 알고 싶다면 '나는 누구인가'를 깨우쳐야만 한다. 이를 깨우치지 못하면 삶의 가치는 물론이요, 인간으로 태어나 사람으로 성장해 사람답게 살아가야 하는 이유를 몰라, 사람답게 살아갈 수 없기 때문이다.

사실, 모든 이들이 처음부터 자기 존재가치를 찾기 위해 노력하지 않은 것은 아니다. 신에 대한 믿음을 가지고 공부하던 중에 자기 자신을 행복과 불과분의 관계로 인식하여, 나를 먼저 찾으려 하기보다는 행복을 먼저 추구하고자 신앙에 다가섰던 것이 문제였다. 행복이 무엇인지 모른 체 막연하게 행복을 그려가며 형상에 머리를 조아리게 되자, 무릎까지 꿇게 되면서부터 살아가야 하는 이유를 신앙심으로 고취시켜 버리고 만 것이다.

물론, 한 시대를 바르게 이끌어 가기 위해 나투신 선지식들이 신앙적 사상의 주체를 정립시켜 놔야만 했었다. 하지만 뿌리 민족의 기득권층에서조차 종교(宗敎)와 신앙(信仰)의 주체를 오인하여, 일상의 문제까지도 신앙을 신격화시키는 사고를 도출해 냈으니, 오늘날 살아가는 모습이 요 모양 요 꼴이되어 버린 것이다.

말 그대로 종교(宗敎)란, 대자연의 진리만을 가르치는 곳이 되어야 한다. 나는 누구인가는 고사하더라도, 자신의 존재 의미도 그렇다 치더라도, 살아가는 이유에 대한 의식만이라도 일깨워줬어야 했다. 그렇게만 했더라도 오늘날의 국면으로까지 치닫지는 않았을 것이다. 설령, 처했다 한들 이유와 원인을 알고 있기 때문에 같은 상황이 되풀이 되지는 않았을 것이다.

종교와 신앙과 기복이 교묘히 부합되어 지면서 신만이 도탄에 빠진 인간을 구원할 수 있다는 신뢰도가 쌓여가자, 유일신에 대한 믿음과 사랑을 도파마다 궁극의 진리로 내세워 信仰(신앙)이 아닌 神仰(신앙)을 구축했고, 죽고 사는 것은 물론이요, 원죄까지도 신에게 기도하면 사할 수 있다는 믿음까지 심어놓은 것이다.

사실이 그렇다고 한다면, 인간의 자유의지에 대한 깊이를 새롭게 고찰해봐야 할 것이다. 이미 신에 의해 결정된 사항만 국한되어진 것인지, 아니면 그 밖에 사항인 인간의 자유의지까지도 포함 시키고 있는 것인지에 대해서 말이다.

모든 건 신에 의해 이미 결정된 부분이라면 사랑이라는 진정한 의미를 다시 한번 되새겨 봐야 할 것이다. 자명한 사실은 인간의 원죄는 제 자신 이외는 그 누구도 사해줄 수 없다는 것에 있다. 대우주에서부터 스스로 역행하여 탁해진 기운, 스스로 맑혀내야 하기에 이 지상 3차원을 빚어낸 것이다.

● 천지기운은 인(人)이 동하지 않으면 스스로 있는 기운에 불과하다

이 지상 3차원은 공한한(○) 차원의 대우주에서부터 탁해진 기운 30%를 정화를 위해 분리되었다. 때문에 70%의 기운이 남아 있는 대우주를 가리켜 7차원의 천상(天上), 천기(天氣)라 부르고, 탁해진 30%의 기운을 맑히기 위해 운행되는 이곳을 3차원의 지기(地氣), 3차원의 지상으로 부르고 있다.

따라서 대우주의 기운 70%는 천기(天氣)이자 운용 주체로써, 활동의 주체가 되는 30%의 지기(地氣)를 운행시켜야 하기에, 공한한 차원의 대우주는 정지된 상태다. 인기(人氣)는 대우주운행 주체의 핵심원소였다. 그러나 수 억겁 년 동안 대우주를 운행 시키다 앞에 있는 기운과 기운끼리 미세한 마찰을 일으킨 것이다. 그 결과 30%까지 기운이 탁해지자 더 이상 대우주를 운행할 수 없게 되었고, 탁해진 30%의 기운을 맑혀내기 위해서는 이 지상 3차원을 빚어내야 했던 것이다.

이 지상 3차원이 운행 시키는 것은, 탁해진 인의 기운을 맑히기 위해서다. 때문에 음(陰)의 기운인 천기(天氣)는, 양(陽)의 기운인 지기(地氣)의 운용의 주체가 되고, 지기(地氣)는 활동의 주체자로서 인기(人氣)를 동(動)하게 하는 원동력이 되는 것이다. 이렇듯 이 지상 3차원은 천기, 지기, 인기, 삼기(三氣)로 운행되고 있지만, 천지(天地)는 스스로 있는 기운 그 자체라, 인(人)이 동(動)함으로 인해 이 지상 3차원이 운영되는 것이다.

공한한 ○ 차원에서 3:7로 분리된 대우주는, 3+7= ○이 되는 천지(天地)의 기운이 바로 인(人)의 부모다. 때문에 인(人)의 부모가 되는 천지(天地)가 바로 어버이이자 유일신이기도 한 것이다. 따라서 신(神)은 이 지상 3차원을 감싸고 있는 스스로 있는 기운 그 자체 임으로 어떠한 형상도 띠고 있지 않다는 사실이다. 이를 가리켜 대자연이라 부르고, 종파마다 천지신명, 한울림, 하나님, 알라 등으로 불리고 있다.

이 지상 3차원에 스스로 있는 천지 기운이야말로 인의 어버이시자 고향이기도 한 반면에, 이 지상 3차원을 이끌어가는 유일신이기도 한 것이다. 그러나 천지기운 이외에, 이 지상 3차원에서의 신(神)이란, 인기들이 천지기운의 역할을 대역(代役)하는 대신(代神)들만 있을 뿐이다. 대신이라 해서 大(큰 대)자를 쓰는 큰 신을 말하는 것이 아니다. 보이지 않는 이 지상의 질서를 위해 인육을 벗은 영·혼신들이 대자연의 역할을 대신하고 있다고 해서, 대역대신(代役代神)이라는 소리다.

'천지기운 가만히 계시사 인(人)이 동(動)한다'라는 대자연의 가르침이 있다. 이는 한마디로 천지기운은 인이 동하지 않으면 스스로 있는 기운에 불과하다는 소리다. 인기들이 동하여 이 지상 3차원이 움직이는 것이고, 스스로 있는 기운인 천지는 이 지상을 그저 지켜볼 뿐이라는 것이다.

대우주에서부터 역행하여 탁해진 기운을 지상 3차원의 지구라는 교화소에서 스스로 맑혀내야 하는 소임을 가져왔기 때문에, 이 지상의 주인공은 인기이며 인이 운영해 나가도록 되어있다. 오늘날까지는 대신(代神)들이 주도해나가던 1안의 시대였다. 하지만 앞으로는 1안의 초석을 발판으로 인이 운용해나가는 2안의 시대를 열어가야만 한다는 것이다.

인이 운용해나가야 하는 2안의 시대는 도와 덕으로 살아가는 시대를 말하는 것으로서, 이 대안은 지상의 조종국이자 뿌리국인 해동땅에서 태어난 오늘날에 아날로그 세대의 몫으로 주어졌다는 사실을 주목해야 한다.

● 인(人)의 운용시대

탁해진 기운은 인육을 쓰고 지상에서 살아가는 동안, 덕 된 삶을 살아가는 만큼 덕 된 공답에 비례하여 기운이 맑혀지게끔 되어있다. 이를테면 업을 사하기 위한 1안의 기도의 공답은 오늘날에는 2안의 행의 공답으로 진화한 것이다. 아울러 대우주에서부터 지어온 원죄를 인이 스스로 사해나가는 동안에 이 지상도 더불어 동(動)해야 한다는 사실이다.

지금까지 인간이 믿고 의지한 신의 존재는 스스로 있는 대자연의기운이 아니라, 대자연의 역할을 대신하는 대역대신(代役代神)이라는 사실을 앞서 언급했다. 이 지상 3차원에는 동시에 3·4차원이 존재한다. 물질이 존재하는 3차원은 유(有)의 세상이고, 기운만이 존재하는 4차원은 무(無)의 세상이다. 때문에 3차원의 인기가 육을 떠나 4차원의 영·혼신이 되는 순간, 마음에너지는 자동 소멸되어 극 단순해짐에 따라 어떠한 분별도 할 수 없다는 것이다.

그러므로 마음에너지가 자동 소멸됨과 동시에 분별력과 3차원에서의 모든 행위가 그대로 멈춰버림에 따라, 4차원의 영·혼신은 3차원의 인간의 도움 없이는 어떠한 일도 바르게 처리할 수 없게 된 것이다. 한마디로 말해, 절대 분별로서 덕 된 행위는 인육을 쓴 인간만이 할 수 있다는 소리다.

말하자면, 4차원의 대역대신(代役代神)들까지도 3차원의 인간과 공조 관계를 이루어나가지 못하면 아무런 일을 할 수 없다는 이야기다. 1 안의 시대에서처럼 대신들이나 영·혼들의 주도하에 살아가야 하는 것이 아니라, 인간의 운용에 맞춰 대신들이 움직여야 하는 2안의 시대가 도래했기 때문이다. 앞으로 사람이 사는 세상을 만들어가야 하는 3차원의 인간에게 주어진 삶은, 인간 뒤에 대신이 있을 뿐이지 인간 앞에 대신이 있을 수 없다는 것이다.

저마다의 힘의 논리로 운영된 1안의 시대는 대신들이 인간을 깨우쳐주기 위해 주도해왔다. 하지만 오늘날은 2안의 대안을 창출해내야 하는 과도기이다 보니, 4차원의 영·혼신들의 운영체제도 바뀌고 있다. 때문에 인의 운용시대란, 개체이자 주체로서 삶을 살아가는 것을 말한다. 따라서 인생을 살아가기 위한 정도정법(正道正法)이 해동 땅 아날로그 세대에 의해 창출되어야 만이, 대신들이 그 뒤를 받쳐주는 시대가 열리게 되는 것이다.

　뿌리민족에서 부터 인의 운용시대가 펼쳐지기 시작하면, 민족지간에 벌어지고 있는 신앙에 대한 사상의 차이와 신에 대한 주체의 사고를 좁히지 못해 피를 부르는 이유를 알 수 있으리라.

　게다가 종파나 도파들은 민족마다 전해오는 고유 신앙을 인정한다. 하면서도 신에 대해서만큼은 한 치의 양보도 없이 꼬시래기 제 살을 깎아 먹어야 하는 이유와 민족주권을 운운하며 대신들의 노예가 되어버린 채, 소속된 종파의 우월성만을 내세워야 하는 이유도 밝혀지리라.

● 우매하기에 끄달리며 살아가는 것이다

　사실상, 민족마다 전해져오는 고유 신앙을 인정해주고, 유기적 체제로 상호 보완해나가지 않는 이상, 힘의 논리로밖에 맞서나갈 수밖에 없는 노릇이다. 한편으로는 신을 안다고는 하나, 진정 신에 대해서는 아는 것이 없기에 이러한 일이 벌어지고 있는 것이다. 때문에 지금까지는 신으로 인해 피로 얼룩진 인간 대립의 역사가 있었을 뿐이다. 이를 가지고 누군가가 진리를 출현시키기 위한 논리들의 몸부림이라고 표현한다 하더라도, 뿌리 없는 개념은 힘의 논리만 돌출시킬 뿐이다.

　그렇다면 힘의 논리는 신의 진정한 바람을 이해하지 못한 치우친 사고로 빚어낸 논리인 것이다. 일부분만을 덮어야 할 것을 가지고 모두를 덮으려 했다. 그러다 보니 덮이지 않은 이들이 조금이라도 더 덮으려고 치열한 몸싸움을 벌여야 하는 형국이 벌어질 수밖에 없었으니 마찰은 불가피했다. 누군가가 신의 진정한 바람을 이해했다면 모두가 덮고도 남은 진리의 꽃을 피우지 않았겠는가.

한쪽이 남으면 다른 쪽의 부족함이 드러나기 마련이다. 생활이 어려워졌거나 고통스러워졌을 때는 자신의 행위를 먼저 뒤돌아봐야 한다. 어려움도 고통스러움도 치우친 생활의 결과물이므로, 이를 기도해서 용서받았다고 할지언정 자신의 부족함을 찾아내지 못한다면 되풀이되는 것이 당연하다. 어려워진 이유와 고통스럽게 살아갈 수밖에 없는 원리를 깨우치지 못하는 이상, 기복의 방편에 끄달리고 살아가야만 하는 이유도 이런 연유에서다.

게다가 사후세계에 대한 두려움까지 같이하고 있으니, 우매한 중생은 오로지 신을 믿고 의지하여 따라야 할 수밖에 없었다. 이때 신토불이를 가지고 최고의 종교적인 가르침이라고 말하는 것이든, 저마다의 논리를 가지고 최고의 사상이라고 말하는 것이든, 맞는 이들에게는 분명 어느 것 하나는 맞게 되어있다는 사실이다. 그러나 과도기 때마다 빚어진 사상이 그 시대의 모순을 대변해 주는 것처럼, 진화발전 해야 하는 인간 또한 그 시대에 맞게 조물 된다는 점을 깨달아야 할 것이다. 내게 맞는 것이라고 해서 네게도 맞을 것이라는 생각을 바꾸지 못해서 힘의 논리로 지금까지 끌려 왔기 때문이다.

● 어려움의 시발은 삶의 불안함을 해소하지 못하는데서 온다

사는 동안에 죽음, 병, 이별, 슬픔, 어려움, 자위, 유희, 쾌락 등의 까지도 치우쳐 살아가고 있음을 깨우쳐주기 위한 표적이다. 이는 내 앞의 인연과 바르게 소통시키기 위한 대자연의 대표적인 방편들이다. 고이면 썩는 것처럼 곪아 갈수록 환부는 더 크게 드러나게 마련이라, 소통을 위해 막힌 부분을 터트려야 하는 것이다.

대자연이 내가 미워서 주는 고통이 아니다. 바르게 살아가지 못해 받아야 하는 고통이며, 앞으로 덕 되게 살아가야 할 삶이 남아 있어 받아야 하는 고통이기도 하다. 열 손가락 깨물어 안 아픈 손가락 없듯, 대자연의 가르침은 치우치지 않았기 때문이다.

세상사의 일은 이유가 있어 벌어지고, 이유가 있어 막히는 일이기 때문에, 일어나는 일에 대한 원인을 얼마든지 찾아낼 수 있다는 소리다. 잘못은 작은 부분에서부터 증세가 나타나듯이 어려움도 한꺼번에 밀려오지 않는다. 분별이 바르지 못해 벌어지는 일들이라, 작은 표적이 들어올 때부터 자신이 무엇을 잘못했는지를 되돌아보기만 하면 된다. 대자연은 예고 없이 어려움을 주지 않는다.

아울러 표적이 작다고 해서 이를 무시한다면, 표적은 배가로 다시 돌아온다, 대자연은 손과 발이 없기때문에 오로지 방편으로서 표적을 줄 뿐이다.

비단, 방편은 개인에게뿐만 아니라 사회나 국가에 있어서도 마찬가지다. 나로 비롯되는 일은 너를 위한 일이기 때문이다. 따라서

나를 위하고 우리를 위하는 일이며, 인류를 위하는 일이니만큼 표적이다 싶을 때마다 그 이유를 한 번쯤은 되돌아봐야 할 것이다.

자연스레 일어나는 대자연의 원리를 가지고 과학으로 규명되지 않는다고 미신으로 치부해버린다면 자기발전에 덕되지 못한다. 사실, 미신이란 제 자신의 바르지 못한 행위를 두고 하는 말이 아닐까. 해도 해도 좀처럼 어려움은 풀리지 않고 고통만 가중되고 있으니 말이다.

정(正)과 사(邪)에 대한 바른 가르침은 국가에서 가르쳐야 할 몫이 아니라 치더라도, 바르지 못한 행위에 대한 분별력을 키워나가기 위한 지원은 해야 하지 않을까. 정부에서조차 치우친 행위에 대한 분별할 수 없는 시점까지 다다른다면, 아마도 온 백성은 비나리 인생이 되어가고 있을 것이다. 게다가 이쯤까지 됐다면 정서적 불안으로 인한 허무주의가 기승부리면서 저마다 논리의 판이 될 것이다.

만물의 영장인 인간이 형상 앞에 무릎 꿇을 시기부터 정체성을 띠기 시작해서 오늘날까지 이르렀다는 것을 알았다 해도, 지금으로써는 이 문제를 해결할 대안이 없다는 것이 더 큰 문제다. 사실상 어려움의 시발은 삶의 불안함을 해소하지 못하는 데서 온다. 자신의 일을 바르게 처리하지 못할 때와 자신이 무엇을 해야 할지 모를 때 불안감을 드러내기 때문에, 내게 주어진 일이 무엇인가부터를 우선 찾아내야 한다. 그렇다고 이를 찾기 위해 기복에 매달리기라도 한다면, 대자연의 가르침에서 더 멀어질 뿐이라 고통만 가중될 뿐이다.

● 인간은 누구나 제 쓰임이 있다

자동차는 수만 개의 부품으로 조립되어 완성된다. 하나하나가 서로에게 맞물려 한 치의 오차도 없이 상생으로 공조하기에, 운송수단으로써의 주어진 책임을 다할 수 있는 것이다. 이 중에 작은 나사 하나라도 잘못된다면 자동차는 이내 고장 난다. 이 지상에서의 인간 생활도 이와 마찬가지다. 지구촌이 한 형제이자, 국가는 한 식구로 구성되어 있다는 사실에서 말이다. 따라서 누구 하나라도 주어진 책임을 소홀히 하기에 정체성을 보이는 것이다.

소질은 제 소임을 다 하기 위해 주어진 방편이라 그 무엇도 내 뜻대로 써서는 아니 되는 것이다. 이도 통하기 위한 방편이라, 제 자신을 위해서만 쓴다면 그 또한 쓸모없게 된다. 상대를 덕 되게 하기 위한 방편이기 때문에, 네게 쓸모없는 것이라면 내게도 필요치 않은 것이라, 새로운 공조를 위해 대자연이 거두어가기 때문이다. 방편을 덕 되게 활용치 못한 만큼 정체된 것이라 불안해한다. 내 할 일을 할 수 있기에 인생이 즐거운 것이다. 즐거워하지 못하는 단 하나의 이유는 내 할 일을 찾지 못했기 때문이다.

8. 할 일을 찾아

진화한 시대에 발맞추어 살아가는 것이 인간이다.

그 시대의 법이 오늘날에도 맞겠거니 생각하는 정신적인 지도자나

선지식이 있다면 문제다. 수천수백 대를 살아온 이들의 모습이

오늘날의 요 모습인데 이를 어찌 설명할 것인가.

그들부터가 제 일을 바르게 하지 못한 것이니,

만백성이야 바르게 일할 도리가 없지 않은가.

무슨 일을 해야 할지 몰라 바동거리며 살아가는 모습이나, 제 짓거리 못하고 마지못해 살아가야 하는 자나, 제 가치를 모르면 고통스럽게 살아가는 모습은 어디를 가나 매 마찬가지다. 제 할 일을 하고 있다는 건 제 가치를 알아야만 가능한 일이다. 하나같이 제 가치를 모르기에 마지못해 살아가는 모양새를 보이고 있다.

내가 할 일이 있어 대자연은 이 지상과 더불어 오만상을 빚어낸 것이다. 때문에 그 누구보다도 이 지상에서 소중한 존재는 '나'라는 사실이다. 덕 된 삶을 살아가기 위해 방편으로 주어진 것이 일 이라, 내가 너와 함께 하는 이유다. 내게 주어진 일인 만큼 네게 덕 되지 못하면 방편과

더불어 너는 떠나기 마련이다. 이쯤 되면 육신마저 병이 드니 마지못해 살아가는 형국인 것이다.

● 누군가를 덕되기 하기 전에 자신의 가치부터 알아야한다

인간은 태어나서 죽을 때까지 행의 공덕을 쌓기 위해 살아가는 것이라, 삶의 질량은 제 존재가치를 아느냐 모르냐 에서부터 차이나기 시작한다. 한마디로 말해, 덕 된 일을 하고자 할 때는 자기 존재의 가치부터 찾아내야 한다는 소리다.

어려워진 이유는 제 가치를 찾지 못했기 때문이다. 분수도 모르고 살아가다 어렵게 된 자들일수록 자조 섞인 목소리로 '이게 어디 사람이 할 짓이야', '이리 사는 건 사는 게 아니야'라고, 제 부족함을 뱉어버리면서도 타성에 젖어 살아온 탓에 그것이 제 답인지 모른다.

사실이 그렇다. 제 잘난 멋에 저지레를 치고, 제 할 일을 바로 하지 못하고 살아가기에 인간이라 불리는 것이다. 동물의 할 일이야 배고프면 먹고 피곤하면 자면 그만일 테니 네 탓, 내 탓을 할 일이야 있겠는가. 더욱이 인간이 제 할 일을 하고 살아가면서 사람으로 성장한 것인데 어찌 저지레를 치기나 하겠는가.

살아가야 한다는 자체가 힘든 것이 아니라, 내 할 일을 못하고 살아가고 있기에 사는 것이 고뇌이기에 하는 소리다. 즐겁지 못한 이유도 이런 연유에서다. 하지만 어디에선가는 신나게 살아가는 이들도 있을 법하다. 그러나 찾아보기 힘들다.

인생은 즐겁게 살아야 한다면서 사랑과 봉사를 논했고, 효를 바탕으로 착하게 살아가야 하는 바른생활도 논했다. 이는 사실이지 대자연의 원리를 바르게 깨우쳐 논 한 것이 아니다. 그리 가르치니, 그리 배워서 그리 가르치고 마지못해 그리 살아왔을 뿐이다.

누구나 태어났다는 것은 살아가기 위해서라는 사실은 기본으로 알고 있다. 그러나 지금까지도 어떻게 살아야 하는지를 바로 아는 이가 없어서, 이미 살아간 이들의 흔적을 따라서 살아갈 뿐이다. 가르치고 보여줬던 그들도 별반 다를 바 없이 살아가고 있으니 하는 소리다.

대자연이 들려주고 보여주며 가르쳐 왔는데도 앞앞이 갑갑하고 구석구석 눈물 날 일들뿐이라면, 덩달아 살아왔던 탓에 제 삶을 위해 노력해보지 않았던 것이다. 덩달아 살아온 이들이 꾸려가는 사회일수록 삶의 논리만 무수히 난무한다. 게다가 상대방의 근기는 무시하고 제 방법이 옳다고 주장하는 통에, 통하지 못해 아우성인 이유도 한 몫 거든다.

이는 음지만이 있다고 말하는 것이 아니라, 양지보다 음지가 많다 보니 집집마다 아우성 소리가 끊이질 않기에 하는 소리다. 민초들의 아우성에 귀 기울여보면 사람답게 살아보겠다는 것 하나다. 그렇다고 서민들을 위한 기득권층의 행위가 틀리다는 소리가 아니다. 이들도 대안이 없어 눈물 흘리는 것은 다를 바가 없다. 하나같이 음지와 양지가 맞물려 돌아가지 못해 들려오는 불협화음의 소리라는 것이다.

● 그 시대의 법이 오늘날에도 맞겠거니 생각하는 정신적인 지도자나 선지식이 있다면 문제다

이제는 인생의 비전을 제시해 줘야 할 때다. 1안의 물질적 생산의 일자리 창출을 말하는 것이 아니다. 저마다의 일을 바르게 해나가기 위한 백서가 나와 줘야 한다는 것이다. 오늘날까지도 1안의 일자리 때문에 불안하게 살아가는 것이 아니다. 자신이 일을 바르게 처리하지 못해 불안하게 살아가는 것이다.

그러고 보면 인간에게는 1안의 일거리가 없어 불안해한 것이 아니라, 저마다의 일을 하면서도 바르게 처리하지 못해 불안해 했던 것이다. 어떠한 자세로 임해야 바르게 처리해 나가는 것인가에 대한 2안의 백서가 나와야 한다. 이 대안이 나온다면 일자리는 덤으로 생산되기 마련이다.

● 진화된 세상에는 진화된 법(法)이 필요하다

대안 창출은 정부나 정치인의 몫이었을지도 모른다. 아니 대기업 경제인의 몫이었을 지도 모른다. 그리고 사회단체나 특권층의 몫이었는지도 모른다. 그러나 그들의 몫이 아니었을지도 모른다. 저마다 제 할 일들이 있었기 때문이다. 하지만 제 할 일들을 바로 알고 하지 못하는 것이 문제였다.

그렇다면 만백성이 고통스러울 때마다 찾아가는 곳이 어디였겠는가. 정신적인 지도자와 선지식인 있는 곳이다. 만백성의 피와 땀으로 살아가는 그들이기에, 삶의 보람을 느낄 수 있는 대안 하나는 창출했어야 했다. 이천년 전이나, 이천 오백년 전의 대안이 아니라, 지금 이 시대를 살아가는 이들을 위한 법(法)하나 정도는 창출되었어야 한다는 소리다.

진화한 시대에 발맞추어 살아가는 것이 인간이다. 그 시대의 법이 오늘날에도 맞겠거니 생각하는 정신적인 지도자나 선지식이 있다면 문제다. 수천 수백 대를 살아온 이들의 모습이 오늘날의 요 모습인데 이를 어찌 설명할 것인가. 그들부터가 제 일을 바르게 하지 못한 것이니, 만백성이야 바르게 일할 도리가 없지 않은가.

민초들은 가르치는 대로 살아왔다. 그래서 집집마다 요 모양 요 꼴인 모양이다. 기복 이외에 대안이 없다면 얼마나 손발을 더 비벼대야 하는가. 빌어서 될 일이라면 손발이 다 달도록 비벼 대기라도 하겠지만, 하기야 빌어서 될 일이라면 인간으로 태어나야 할 이유도 없는 것이다. 빌어서 되는데, 어떤 노력을 더 하려 들겠느냐는 소리다.

일이 없어 불안하게 사는 것이 아니다. 자신의 일을 바르게 해내지 못해 산다는 자체에 불안함을 느껴 매일 기도하는 것이다. 대안을 찾아내기 위해 하는 것이 아니라 불안함 해소를 위해서다. 기도 중에 때로는 불우한 이웃을 도우며 살아가겠다고 원을 세우기까지 한다. 하지만 불우한 이웃도 자신의 일을 바르게 처리할 때 도울 수 있는 것이지. 자신의 일을 바르게 처리하지도 못하는데 누가 누굴 도왔다고 말이나 할 수 있겠는가.

무엇보다도 중요한 사항은 살아가야 하는 이유에 대해 먼저 깨우쳐야만, 자신에게 주어진 일의 소중한 가치를 알게 된다는 사실이다. 이때서야 비로소 너와 만나서 살아가야 하는 의미와 우리라는 공동체 속에서 덕 되게 생활해야 하는 의의에 대해 공감대를 형성하게 되는 것이다.

제 일을 해나가는 동안, 그 꿈을 이루기 위해 신앙에 기대게 되는데 그때 듣는 소리가 있다. 사랑하며 살아가라는 것이다. 하지만 자신의 처지에 따라 달리하게 되는 것이 너를 위한 행위라, 제 처지를 바로 알고 사랑의 행위를 하는 이가 몇이냐 되느냐다. 제 처지를 바로 알지 못하고서는 내 앞에 인연을 덕 되게 할 수 없다. 인연도 나를 필요로 했기에 찾아왔듯이, 일도 내 앞에 네가 있기에 주어진 것이다.

• 어려워졌다는 사실은 인연들이 곁을 떠났다는 소리다

　내가 하겠다고 나서야 주어지는 것이 일이다. 먹고 살기 위해서가 아니라 소통을 위한 것이기 때문이다. 이때 상생의 교류가 원활하다면 그에 상응하는 수입은 덤으로 온다. 하지만 동물처럼 먹고살기 위한 조건에만 매달린다면, 자신의 모습이 불안해 보이는 것은 당연하다. 한마디로 그러한 행위는 오래 갈 수 없다는 소리다. 나 살기 위해 배워야 했던 것도, 너와 통하기 위한 방편임으로 배움도 너를 위한 것이라, 주어진 일도 너를 위해 해야 했던 것이다. 딱히 나를 위해 해야 할 일도 없지만, 굳이 도와 달라 말이 없는 너를 위해 할 일도 없는 것이다.

　동물처럼 나를 위해 살다 보니 어려워졌던 것이고, 마지못해 억지로 통하려다 보니 다시 어려워지는 것이다. 덕 된 삶을 살아가는 만큼 구하려 들지 않아도 그 댓 가는 덤으로 오는 법이다. 이를테면, 창고에 저장된 물품은 필요한 인연을 위해 보관해 둔 방편인 만큼, 내가 너를 위해 덕 되게 쓸 수 있는 것들이다. 창고에 비축된 방편이 없다면 덕 된 삶을 살아갈 수 없다. 때문에 비축된 방편을 얼마나 지적으로 활용하느냐에 따라 행의 공덕 만큼이나 기쁨의 질량이 다르다.

　게다가 얼마만큼 다양한 방편을 진열해 놓고 있느냐다. 질적인 방편을 갖추어 놓을수록 그에 해당하는 인연들이 찾아오기 마련이다. 유유상종(類類相從)이라, 품위와 품성은 지적으로 덕 된 삶을 살아가기 위해서 갖춰나가야 하는 덕목인 것이다. 삶이 지적으로 향상됐다면 덕행한 자의 방편은 배가로 주어지니, 그만큼 바르게 쓸 줄 아는 자가 되기 위해 공부하는 것이다.

　그리고 일이란 인연을 만나기 위한 방편일 뿐이지, 돈을 벌기 위해 일이 주어지는 수단물이 아니다. 일하러 가서 일이 주어졌다면 필요한 자를 위해 일을 하면 그만이다. 일하기로 했으면 돈은 덤으로 주어지니, 돈은 일보다 뒷전이라는 소리다. 일하기도 전에 돈이라는 조건만 쫓다 보면 인연은 자연히 멀어지게 되어 있다.

돈이 들어오고 인연이 오는 것이 아니다. 인연들에 의해 돈이 들어오는 것이기 때문에, 어려워졌다는 사실은 인연들이 곁을 떠났다는 소리다. 도움을 주기 위해 찾아오는 이는 없다. 선(先) 갚고 후(後)에 받는 것이 대자연의 원리라, 도움을 받기 위해 인연들은 찾아올 뿐이다. 때문에 외로움도 인연이 떠나버려 겪는 고통 중에 하나다.

소통은 사랑을 위한 행위라, 멀리 있는 인연을 위해 하는 것이 아니다. 내 앞의 인연과 주고받아야 하는 사랑인 것이다. 사랑받지 못하면 사랑받기 위해 떠나는 것이 인지상정이다. 막혀있다면 막힌 곳을 뚫기 위해서라도, 막힌 곳을 뚫어줄 인연을 찾아 떠버린 것이 우리네 삶이다.

보일 듯 보이지 않는 대자연의 질서가 인간 생활에 그대로 묻어있음에, 이를 일깨워주기 위해 대자연은 오만 방편으로 숱한 인연을 지어주고 있다. 이타(利他)도 엉킬 듯 엉키지 않는 대자연의 자율의 질서이므로, 인간은 도리(道理)로 살아가야 하는 것인지, 개인적인 정(情)에 얽매여서는 덕 된 삶을 살아갈 수 없는 것이다.

인간(人間)은 동물도 아니고 그렇다고 사람도 아닌 그 중간의 삶을 살아가고 있기 때문에, 베푸는 삶을 살아갈 수 없다는 것이다. 분별이 늘 치우친 인간에 머물러있음으로 해서, 어떠한 행위도 바를 수 없기 때문이라는 것이다. 잘 해봐야 인간의 짓만 해댈 뿐이라는 것이 그 이유다. 따라서 인간은 베풀며 살아가야 하는 것이 아니라, 우선 사람으로 성장하기 위한 시간이 필요하다는 것이다.

특히 우리 민족은 태어나면서부터 21세까지는 전적으로 부모책임이므로, 자식을 성인(사람)으로 성장시켜놔야 한다. 인간의 태어나서 21세까지가 흡수하는 시기다. 이시기까지 완전한 인격체인 성인(成人)으로 성장시켜놔야만 3~40대에 이타 행위를 바르게 할 수 있고, 5~60대에는 펼친 행위 결과를 수확하여 지적으로 덕 된 삶을 살아갈 수 있는 것이다. 이 시기에 행위에 대한 결과가 직접적으로 드러나므로, 50대에 들어서서 어려워지는 이들은 3~40대에 바르게 살아가지 못한 결과에 의해서다.

● 이타(利他)는 너와 나의 질서이기도 한 반면에 이광공익(利廣公益)을 위한 대자연의 질서이다

대자연의 순환법이 인생의 순환법이다. 밭에 씨 뿌리고 그 씨앗에 뿌리가 내리기 시작하면서 싹이 트고 나온다. 얼마만큼 뿌리가 바르게 자리해나가느냐에 따라 성장의 차이를 가져오듯이, 마찬가지로 사람으로 성장하기 이전의 인간은 오만상에 대한 분별을 바르게 해낼 수 없기때문에, 절대 분별에 의한 덕 된 삶을 살아가기 위해서는 사람으로 성장해야 하는 것이 우선이다.

순환을 위한 이타의 방편은 너를 위한 것이기 때문에, 그 자체가 생활속으로 완전히 스며 들어갈 때까지, 보이지 않는 대자연의 질서는 같이한다. 이광공익(利廣公益)을 위해서 말이다. 사실, 이타(利他)는 너와 나의 질서이기도 한 반면에 이광공익을 위한 대자연의 질서이다. 고로 이지상에 내려진 오만상은 관계 개선을 위한 것이므로, 이를 행하여 나가지 못한다면 인간의 병고나 너와의 마찰은 불가피한 것이다.

진보하지 못한 고루한 논리는 사장되어 버리듯, 막힘 현상이 지속 되면 사회든 인간이든 죽음에까지 이른다. 진화하지 못한다는 것은 사실, 성장을 위한 교체의 의미를 둔다. 따라서 1안의 신체 건강이나 2안의 정신건강에 있어서도 마찬가지다. 순환의 방편은 이 사회의 질서이자 자연계의 질서이기 때문에, 내 앞에서 벌어지고 있는 일들은 내 순환의 질서를 돕기 위해 벌어지는 것이다.

사소하다고 생각하는 일에서부터 바르지 행하지 못하면 막히고, 막힌 것을 뚫기 위해 대자연이 표적을 주는데 이를 예방주사라고도 말할 수 있다. 이때는 근기에 따라 다소 차이는 있지만, 미세한 신체적인 변화에 의해 불쾌감이 일어나기도 하고, 내 앞에 있는 인연과 부닥침이 일고, 물론 사회체제에 있어서도 그에 상응하는 징후가 나타나는 것도 마찬가지다.

잘못해서 대자연의 회초리로 맞은 종아리도 아프기는 하겠지만, 때리는 부모의 심정도 헤아릴 줄 알아야 한다. 대자연이 인간에게 잘못했다고 벌주는 것이 아니라, 바른 것이 아니었음을 일깨워주기 위한 표적인만큼, 미세한 표적이 들어갈 때 자신의 행위를 먼저 되돌아 봐야 한다. 이때 바르지 않은 행위를 찾아내지 못한다면 호미로 막을 것을 가래로도 막아내기 힘들다. 모순으로 빚어지는 마찰은 바로 잡아야 할 부분이기에 도출되는 것이다.

● 인간에서 사람이 되기 위해서는 무엇이 필요할까?

인간을 사회적 동물이라고 말한 것도, 인간에서 사람으로 성장하여 사람들과 사람답게 살아가야 하기에 하는 소리다. 그러나 아직까지 사람으로 성장하는 법을 바로 아는이가 없으니 나 먼저 살아보겠다고 아우성인 것이다. 어떻게 살아야 바르게 사는 것인지를 모르기 때문에 아니, 바른 것이 무엇인지조차도 모르기 때문, 바르게 살고 싶어도 바르게 살아가지 못해 해대는 짓이다.

동물처럼 살아가면서 살려달라는 아우성이 식을 줄 모르는 것은 삶의 대안을 찾아달라는 원성인 것이다. 자신의 존재가치를 찾아보려 하지도 않았기에, 어떻게 살아가야 하는 것인가를 알 도리가 있기나 하겠는가. 물론, 살아가야 하는 이유조차 모를 수밖에 없는 노릇이다. 이렇다 보니 미래에 대한 준비를 한다고 한들 고작, 제 잘 먹고, 잘 살기 위한 것에 있으니 어찌 행복을 알기나 하겠는가.

지각 있는 이들은 교육에 대한 투자를 논하기도 한다. 오늘날의 기성세대인 아날로그들이 바르게 살아가지 못하는 한, 교육에 투자를 한들 삶의 질량이 나아질 리 만무다. 국가가 백성들에게 뚜렷한 목적의식을 심어주지 못해서 이 나라는 난리가 난 것이다. 허나 정부는 그렇다 치더라도, 아날로그들마저 이렇다 할 대안 없이 살아가니, 미래를 위한 교육투자도 물질적인 1안에 머물 수밖에 없는 노릇이다. 대안 없이 살아가는 이 시대의 기성세대 모습 속에서의 교육이란, 잘되어봐야 작금의 현실 요 모양 요 꼴이다.

디지털 세대를 위한 교육투자도 중요하지만, 아날로그 세대의 공부가 우선이 되어야 하는 이유가 여기에 있다. 이는 말 그대로, 저마다의 일을 바르게 해나가기 위해서는 기성세대가 먼저 깨어나야 한다는 소리다. 주야장천 먹고살기에만 안간힘을 쓰다 보면, 미래에 대한 불확실성으로 삶의 의미가 퇴색해지기 마련이라 그만큼 두려움과 함께해온 것이다. 숨겨진 두려움은 무언가의 혁신적인 개혁을 소원하는 의미도 있지만, 주어진 질량만큼 살아가지 못하는 눈치일 수도 있다.

자연이 아름다움은 크건 적건 있어야 할 자리에 있다는 것이다. 인간의 잣대를 내려놓고 보면, 필요한 것도 필요치 않은 것도 없다. 그 자리에 있다는 자체만으로도 아름다운 것이었다. 본래 아름답지 않은 것도 없다. 약간의 질서의 체제가 흔들려 그렇게 보일 뿐이다. 무질서도 없는 것이다. 제 삶의 질량만큼 해나가지 못해 무질서하게 보일 뿐이다.

나에게는 내 방식이 있는 것처럼 너에게는 네 방식이 있어, 네 방식을 무시하고 내 방식으로는 이끌어가서는 결코 덕이 될 수 없는 일이다. 그럴 수밖에 없는 상대방을 존중하지 않고서는 상대방의 의사를 바르게 받아 드릴 수 없다는 사실이다. 사랑은 존중 속에 피어나는 한 송이 꽃과 같기 때문이다.

내 방식이 옳다고 주장하는 동안, 사회가 병들어간 것도 서로를 존중하지 못해 일어난 결과물이다. 내가 병든 것도 너와의 마찰로 인한 것이니, 병이 들었어도 이젠 지체할 시간이 없다. 너를 위해 살아가야할 시간이 그리 많이 주어지지 않았기 때문이다.

마찰은 상대를 존중하지 못해서 빚은 내 허물이다. 너를 존중하지 못하는 한, 유기적인 공조체제를 이루기 어렵다. 둘이 하나로 완전흡수되는 것을 말하는 것이 아니라, 각자의 운영체제로 순환되는 것을 말한다. 너는 네 방식대로, 나는 내 방식대로 객체이자 주체로서 존엄성을 가지고 있기 때문에, 존중만이 상호협력 체제를 유지해 나갈 수 있다는 것이다. 내 것이 옳은 것이라 하여 내 뜻대로 하려다 문제를 돌출시키니 하는 소리다.

병은 고치기 위해 발병한다. 그러나 너무 자주 병에 걸린다면 소임을 다했거나 소임을 저버렸거나 둘 중에 하나다. 이때 대자연이 고치거나 교체하려 들겠지만, 내게 필요했기에 내 앞에 있었다는 것과 저마다의 모양새가 다른 것도 해야 할 일이 다른 것일 뿐이지, 상호작용을 위한 목적성은 하나라는 사실이다.

사람의 품성 또한 자신의 모양새와 비례하여 삶의 값어치를 다르게 가져가고 있지만, 그 목적성도 하나다. 똥 풀 수밖에 없는 현실이라면 똥을 퍼야한다는 것이다. 잘못 살아 어려워진 지난날을 반성하며, 사람처럼 사는 법을 배우기 위한 시간으로 주어졌기 때문이다. 이때 한 뜸이라도 잘못 살아온 지난날을 되돌아보았다면, 자신의 일과 함께 바른 내일의 삶이 새롭게 주어지는 것이다.

9. 시련

모순은 고쳐야 할 부분이기에 상황에 따라 드러내 보일 뿐이다.

유사한 상황을 뛰어넘지 못해 오랜 기간 봉착되었다면

성장이 멈춘 것이다. 지금의 우리네 현실이 이렇다.

가정뿐만 아니라 사회적으로도 각자의 위치에서

한 뜸도 나가지 못하는 이유 중에 하나가,

시련이 물질에서부터 기인된 것으로만 알고

물질에만 초점을 맞추고 있어서 그런 것이다.

주어진 일을 바르게 행하지 못한 만큼, 크고 작은 시련은 피할 수 없다. 이로 인해 들이닥친 시련이라면 요행을 바래 요령 피운다 해도 피하지 못한다. 내 앞의 인연과 통하지 못한 기운을 뚫기 위한 대자연의 수술이 이미 시작됐기 때문이다. 수술대에 오르기 위한 시련은 멀리 있는 인연으로부터 비롯되지 않는다. 내 앞에 있는 너와 통하지 못해 받아야 하는 수술이기 때문이다.

이미 닥친 시련은 삶의 질량을 높이기 위한 표적이라, 극복해 낼 수 있는 질량만큼이다. 이를 달리 표현하자면 덕 된 삶을 위한 수술이 시작됐다고 말한다. 하지만 때는 이미 심각한 생활고가 들이닥친 후인만큼, 어려움에 대한 고통은 이루 말할 수 없을 것이나, 대자연이 절망으로까지 치닫게 할 만큼의 양을 절대 가져다주지 않는다는 것이다. 바르게 살아가지 못하는 자신을 깨닫게 해주기 위함이라, 절대로 좌절까지는 이르게 하지는 않는다는 소리다.

극복하기 위해 주어지는 것이 시련이기 때문에, 남 '탓'해서는 더 곤란해진다는 사실이다. '탓'하면 '탓'하는 만큼 더 탁해지는 것이 기운이라, 탁해진 만큼 건강도 해친다. 질병의 양도 탁해진 질량만큼이니 건강을 되찾을 요량이라면, 탁해진 원인과 남 '탓'하는 이유를 찾아내야 하는 게 우선이다. 이 지상에는 탁해진 기운을 정화시키기 위한 오만상의 방편만 주어졌을 뿐이다.

● 상대에게 참견하기 전에 내 인생부터 알아야 한다

인간이기에 등 따시고 배부르면 그만이라고 말한다. 이는 육생(肉生)의 방편에 치우쳐 있기에 하는 소리다. 인간으로서만 살아가는데 어찌 간섭과 참견이 오가는 것은 극히 당연하다고 안하겠는가. 게다가 육생을 사는 인간들이, 어찌 사람들이 살아가는 덕 된 삶을 알기나 하겠는가. 제 인생도 살아가지 못하는 주제에 남의 인생에 끼어드는 자체가 얼마나 우스꽝스러운 일인가를 알고나 하고 있느냐는 소리다. 제 주제를 일깨워주기 위한 시련의 너울 파도를 일으킨 것이다. 분수도 모르고 살아가면 이렇게 된다는 교과서로 말이다.

탁기 발산이라도 중단되어야 그나마 어울려 살아갈 수 있는 법이다. 이미 수술한 부분은 중단할 수 없기에 집도의 의미를 되살려 기도해야 하는 일만 남았다. 말 그대로 기도란 기도(氣道)로써 스스로 가야 하는 길을 위해 원을 세우는 행위인 것이다. 하던 일을 해나가면서 바르지 못한 행위를 찾아내고 바꾸어 살아가는 것이 기도이지, 무릎 꿇고 비는 행위가 기도가 아니라는 소리다.

자신의 환부를 곪아 터질 때까지 방치해 놓았던 만큼, 고통스럽고 인생을 방치해 놓았던 만큼, 그 누구에게도 '탓' 할 일은 없는 것이다. 환부가 크게 전이 되기 전에 집도함에 있어 감사해야 할 따름이다. 대자연은 타고난 근기에 따라 누구에게나 기회를 주었고, 바르게 쓰지 못할 때마다 예고 없는 시련 또한 주지 않았기 때문이다.

때로는 주위 만류에도 불구하고 너무 똑똑해 받아들이지 못한 결과가 있을 때마다 주위의 따가운 시선보다 더 큰 보약은 없었으리라. 하지만 욕심의 편중으로 빚어낸 소산물이 시련인 만큼 나에게 공평함의 잣대를 들이밀면 시련의 파도를 잠재워 수평을 유지 시켜 나갈 수 있다.

● 조건을 대하지 말고 인연을 대하라

내 앞에서 벌어지는 모든 일들은 인생의 수평을 유지 시키기 위해 벌어지는 일들이기 때문에, 내게 필요한 조건이라면 인연들을 통해 묻혀 들어오고, 참고할 사항이라면 오만상을 통해 들어오게 되어있다. 내게 보이고 들리는 사항은 내게 일어날 수 있는 일임을 예시해 주는 표적인 만큼, 그 이유와 원인을 밝혀내야 하는 몫도 내 몫인 것이다.

게다가 내게 필요로 하는 방편을 가지고 상대가 조건을 붙여 가지고 왔다면, 상대방의 조건에 맞춰야 하는 일도 내 몫이며, 내 조건에 맞추려다가 난관에 부닥쳐 어려워진 것도 내 몫인 것이다. 내 조건으로부터 내가 구속된다면 방편은 오히려 고통의 소산물이니, 방편을 가지고 인연이 찾아왔다면 방편의 소임은 거기까지가 전부라, 이때부터는 조건을 대하지 말고 내 앞에 인연부터 바르게 대해야 하는 것이다.

통하기 위해 주어진 것이 방편이기 때문에, 방편의 조건에만 빠져있다 보면 자신의 이득에 우선하는 처사라 오히려 막힐 뿐이다. 통하기 위한 조건 또한 방편이기는 하나, 통하는 만큼 조건은 덤으로 취해지기 마련이다.

일이 들어오고 나가는 것도 자신이 처리할 수 있는 한도 내에서 벌어진다. 사소하다 싶은 일거리들이 먼저 주어지는 것도, 어떻게 일 처리해 나가느냐를 보기 위한 것에 있다. 다들, 사업이든 장사든 바빠지는 시기에서부터 바쁘다는 핑계로 인연을 대하지 않고 조건을 대하기 시작하는데, 조건을 대하기 시작하는 그 시기부터가 시련이 시작된다는 사실을 아는 이가 많지 않다.

내게 주어진 방편에는 손해 본다는 것에 대한 의미는 없었다. 단지, 분별이 바르지 못해 바르게 행하지 못한 관계로 손해 본 것을 가지고, 그 방편으로 인해 손해 봤다는 소리를 해대는 것이다. 더욱이 손해 보지 않겠다는 생각으로 조건이나 방편만을 붙들고 있을 요량이라면, 인연들과의 돈독한 관계는 생각지도 말아야 한다.

사업에서의 경쟁은 어떠한 조건이 우선이냐가 아니라, 누가 먼저 인연을 바르게 대하느냐에 있다는 사실을 모르는 이는 없다. 허나, 잘 나간다 싶을 때부터 다들 망각하는 모양이다. 처음부터 상대로 인해 내가 힘들어지는 법은 없는데 말이다.

분별이 모자라 힘들어지면서부터 상대방으로 인해 그랬다라고 이때부터 착각들을 하게 되는 것이다. 조건과 방편에만 매달리다보면 자기 해야 할 바를 저버리게 되고, 자신을 합리화시키기 위한 핑계와 구실만 찾게 마련이다. 행위에 대한 결과를 정당화시키려고 안간힘 쓴다는 소리다.

순환은 물질과 조건에 매달리는 것에 있지 않다. 말 그대로 조건은 순환을 위한 방편이라, 내 앞의 인연을 위해 어떻게 쓰느냐에 따라 다르게 나타난다. 하늘은 스스로 돕는 자를 돕는 이치가 바로 이런 것이다. 멀리 있는 인연에게서가 아니라 내 앞에 인연과 통하기만 한다면 못해 낼 것이 없다는 소리다.

내가 어려워가지고는 통하기가 어렵다고 말하는 것은, 덕 되게 할 방편이 꼭 필요하다는 것이다. 말하자면, 덕행의 근본은 나를 위해 너를 덕 되게 해야 한다는 것이다. 그렇다면 이미 내 앞에 온 너를 덕 되게 해야 하는 몫이 주어진 것이고, 내 몫을 구하기 위해서라도 행위 자체가 바르게 뒤따라야 한다는 사실에서 볼 때, 덕행은 하늘에서부터 받아온 내 몫이라, 그 누구도 대신할 수 없는 행위인 것이다.

● 육신의 뼈가 아닌, 마음의 뼈를 갈아 자식을 키워라

그 무엇이라도 나 자신을 위해 먼저 바라서도 안 되는 법이다. 오만상 속에는 덕 된 생활을 바르게 이끌어 가기 위한 대자연의 거룩한 자식 사랑이 배어져 있다. 위대한 대자연의 자식 사랑 앞에서는 인간의 자식 사랑은 한낱 육생을 위한 물질 사랑이 고작일 수밖에 없으니, 거룩한 대자연의 자식 사랑의 의미를 가슴으로 받아들여야 할 것이다.

인간의 자식 사랑 행태는 부모가 뼛골이 빠지도록 뒷바라지 해줘야 하는 것으로 알고 있다. 하지만 뼛골이 빠져가면서까지 가르쳐야 하는 인간의 교육방식이 바른 것이었다면, 자식들이 바르게 성장했어야 하나 그렇지 못하니 큰 문제가 아닐 수 없다. 이러한 자식 사랑의 행태가 최고점에 오른다 해도 고작 인간 육생을 위한 것들이니, 이는 자식을 위한 교육이기보다는 못다 이룬 꿈을 자식에게 거는 행위밖에 될 수 없다는 소리다. 때문에 자식 사랑의 모순이 되풀이 되고있는 것이다.

각루심골(刻鏤心骨)이라, 육신의 뼈가 아닌 마음의 뼈를 가는 아픔을 감수하면서 자식을 바르게 키워내야 하는 몫이 부모에게 주어졌다. 피눈물을 씹어 삼켜서라도 자식을 바르게 키워내야만 한다는 소리다. 부모 자식 간의 빚 고리는 먼저 갚고 후에 받는 원리에 있으니만큼, 육신의 뼈가 으스러지도록 자식을 키우라는 소리가 아니라, 심뼈(心骨), 즉 마음의 뼈를 갈아내서라도 자식을 바르게 키워야 한다는 소리다.

자식이 21세까지 인간에서 사람으로 바르게 성장했을 때야 비로소, 36년 동안 진 빚을 갚게 되는데 이것이 바로 효도라는 것이다. 효도는 하라고 해서 할 수 있는 것이 아니다. 자기 인생을 사는 것이 효도임으로, 제 인생을 사는 것을 말한다. 이는 성인으로 성장해야만 가능하기에 효도는 먼저 빚을 바르게 갚은 후에서나 받을 수 있는 것이다.

모든 이들과 거침없이 통하며 살아갈 수 있는 성인(成人)으로 성장을 했다면 자식을 위해 아낌없이 주는 것도 부모. 인기(人氣)의 부모이신 천지(天地) 대자연의 가르침을 통해서, 인육(人肉)의 부모가 되는 인간은 자식이 바르게 성장해 나갈 수 있도록 자신을 먼저 갖춰야 한다.

성인만이 오만상을 가지고 덕 되게 살아갈 수 있기 때문에, 인생은 성인이 되어서야만 살아갈 수 있다고 말하는 것이다. 자신을 갖추지 못한 이들일수록 오히려 주어진 방편을 자신을 해하는 흉기로 만들어가기에,

스스로 바르게 쓸 수 있을 때까지 거두어 드려야 하는 입장이 부모인 것이다.

덕 된 삶을 아는 자가 성인이다. 자식이 성인으로 성장했는데 어느 부모가 무엇인들 밀어주지 못하겠는가. 이는 미운 자식에게 떡 하나 더 줘서도 안 된다는 소리와도 같다. 떡 하나 더 줘야 한다는 분별력으로 인해 지금까지 삶을 바닥을 치게 만들어 놓고, 또 주려 한다면 대자연은 말리지 않는다. 자신들이 좋아서 하는 일이니까 말이다. 허나, 기껏 해봐야 인간의 잣대는 호구책도 안 되는데, 떡 하나 더 줘야한다는 무지한 잣대로 인해, 호랑이 보고도 창구멍 조차 막아내지 못하는 지경에까지 이르렀는데, 어찌 호미로도 막지 못하는데 가래라고 막아낼 재간이 생겨날 수나 있을까.

● 모순은 고쳐야 할 부분이기에 상황에 따라 드러내 보인다

똑똑함이 들이미는 어설픈 잣대로, 네 것을 막는 어리석음을 범하고서도 너를 위하는 행위였다고 우겨댄다. 식이 고착되지 않은 상태에서 자신의 견해를 밝혀야 함에도 불구하고, 습관적으로 우위를 점하려 듯제 논리를 가지고 매사 고개를 쳐드니 그때마다 빚 고리 관계를 잊어버린 모양이다.

이때마다 진화를 위한 모순이나 진보를 위한 부딪침은 근기에 따라 다소의 차이는 나지만, 일어나는 주된 원인은 소임을 다할 수 있도록 대자연이 상황 대처능력을 보고 있는 중이기 때문이다. 어떠한 일에 종사하든 주어지는 공부과제는 신분 상승을 위한 것에 있으니, 내 앞에서 벌어지는 일들만큼은 스스로 처리할 수 있도록 자신을 갖추어야 한다.

이때 주어진 공부를 뛰어넘지 못해 막혔다면 제자리에 멈춰선 것이다. 대자연은 삶의 지적향상을 위하여 뛰어넘을 때까지 유사한 상황을 지속적으로 연출시킨다는 사실이다. 고로, 바르게 처리하지 못해 찾아든 어려움은 발전을 위한 시련일 뿐이지, 자신을 해하기 위해 벌어지는 상황은 결코 아니라는 사실을 알아야 한다.

모순은 고쳐야 할 부분이기에 상황에 따라 드러내 보인다. 유사한 상황을 뛰어넘지 못해 오랜 기간 봉착되었다면 성장이 멈춘 것이다. 지금의 우리네 현실이 이렇다. 가정뿐만 아니라 사회적으로도 각자의 위치에서 한 뜸도 나가지 못하는 이유 중에 하나가, 시련이 물질에서부터 기인 된 것으로만 알고 물질에만 초점을 맞추고 있어서 그런 것이다.

물질사회의 순환구조는, 고이면 썩고, 들어오면 나가고, 채워 준만큼 거둬들일 수 있다는 것이다. 순환과정 중에 있어서 빠지고 치우치기 쉬운 것이 물질에 있는 만큼, 삶의 주체가 정립되지 않는 이상 물질 앞에 정체성을 띨 수밖에 없다.

오늘날까지 복지국가라 일컫는 사회 단면을 보더라도 물질로 인한 정체성이 대부분이기 때문에, 백성들에게 물질적인 혜택을 충분히 준다고 해도 정체성을 풀 수 없다는 사실을 알아야 한다. 1안인 물질의 방편에만 빠져있어 정체성을 띤 것인데, 물질로 정체성을 풀어야 한다는 생각에서 벗어나지 못하는 한, 내게 닥쳐 온 시련을 상대 '탓'으로 돌리는 경향이 뚜렷이 나타날 수밖에 없다.

시련은 누가 준 것이 아니다. 내 할 바를 바르게 처리하지 못해 그 여파가 상대에게 전해지고, 다시금 나에게 전해져 오는 것이다. 그러니 누가 뭐래도 나만 잘하면 되는 것이다. 하지만 문제는 무엇을 어떻게 해야 내가 잘하는 것인지 모른다는데 있다. 그렇다고 형상에 빌고 허공에 빌어서 될 문제도 더더욱 아니니, 이는 바르게 사는 법을 배워야 한다 이 소리다.

● 정체성을 찾아라

때로는 하고 싶어도 몰라서 못 하는 괴로움을 떨쳐버리기 위해서, 한 번쯤은 일탈을 꿈꿔보지만 이도 결코 쉬운 일은 아니다. 일탈해본 이들이 자유라 표현하고, 기력충전을 위한 에너지원이었다고도 말들을 하나 어쨌든, 어떠한 핑계를 대든, 분명한 사실은 정체성에서 벗어나기 위한 행위였다는 사실에 있어서만큼은 분명하다.

자유와 방종과 방관, 그리고 도피와 일탈의 분별을 바로 세우지 못하면, 나만의 왕국 안에서 도피성 쾌락에 전이 되어 자위를 위한 여행을 떠나려고만 하는, 또 다른 유형의 정체성 속으로 빠져버리게 된다. 시련의 정체성을 벗어나기 위한 또 다른 행위에 치우치고 빠져버리는 자체가, 삶에 정체성을 드리우는 행위인지 모르는 모양이다.

정체성을 벗어나고자 하는 행위는 또 다른 정체성을 띠고, 일탈을 빙자한 방종의 시간 속에서 풀릴 것 같지 않은 정체성을 탓해가는 동안에, 모험과 취미를 자기 사고(思考)영역으로 몰아넣어 그렇게 살다가 죽으려는 이들의 태세도 만만치 않다. 삶의 의미를 이런 식으로 찾아보려는 치우친 이들의 인생 열정으로 인해 돌연변이 사고는 도출되고 있다.

인연들의 얼굴만큼이나 살아가는 모양새가 다른 것을 보면, 주어진 방편만큼이나 살아가는 모양새도 오만상이다. 아마도 어떻게 살아가야 하는지 모르는 데에서 오는 불안감을 해소키 위한 제각각의 행위 때문이기도 하겠지만, 쾌락과 모험이라는 취미로 대신하려는 것을 보면, 살고자 안달하는 것인지 죽는 날만 기다리고 있는 것인지 저마다 아우성이다.

　모르기에 변형된 사회구조에서 살아가고 있다. 바로 알 수 있는 이들조차 치우친 자기방식이다 보니, 순환의 구조가 지금의 이 모양일 수밖에 없는 노릇이다. 모르면 모르는 대로 놔두기나 했으면 이보다는 더 어렵지는 않았을 것이다.

　사회가 혼탁해질수록 자기 논리의 주장을 세우는 이들이 많이 나타나고, 분별이 어려운 민초들의 시름만 더해갈 뿐이다. 불확실한 미래를 대비해서 재테크에 많은 관심을 보이고는 있지만, 이 역시 물질에 국한되어있어 불확실성 할 수밖에 없는 노릇이다.

　재테크란 사실, 삶의 마인드를 키워나가야 하는 것을 말한다. 1안의 물질로써 2안의 정신적 삶의 추구를 이루어내야 한다는 소리다. 그러나 이 시대의 재테크란 역시 1안의 물질 자산증식에 있으니, 여유로운 생활을 하더라도 쾌락을 위한 취미 생활 정도가 전부일 수밖에 없다. 때문에 종래에는 고작 1안의 물질적인 사회 환원이 전부일 수밖에 없는 일이다.

　삶의 활력을 불어넣기 위한 여가선용의 시간도 때로는 필요하다. 그러나 자신의 특권을 누리기 위한 시간으로만 생각한다면 문제는 틀리다. 여유롭지 못하기에 여유로워지고자 하는 시간이기 때문이다. 인간의 육생(肉生)은 백 년 안팎을 사는 동안, 여가와 취미는 즐겨야 하는 시간이 아니라, 앞으로 해야 할 일을 위해 주어진 시간이라는 사실을 간과해서는 안 된다.

10. 나 하기 나름

열 손가락 깨물어 안 아픈 손가락 없듯이 대자연의 사랑은 치우침이 없다.

기도한다고 해서 용서해 주고, 안 한다고 해서 벌주지 않는다.

대자연의 가르침 자체가 기도해서 구원받아야 하는 차원하고

확연히 다른 것은 치우치지 않는 대자연의 이치를

얼마만큼 바르게 이해하고, 생활에 나가느냐에 따라

삶의 질의 차이를 보이기 때문이다.

길을 걷다가 내가 돌부리에 부딪히고 차인 것처럼 투덜거리기 일쑤다. 박혀있는 돌부리에 차일 뿐, 찰 수 없다는 것을 그 순간의 기분에 따라 잠시 잊기도 하는 모양이다. 이때는 사실 차이고 찬 것이 문제가 되지 않는다. 나를 각성시키기 위한 대자연의 가르침이라, 왜 이러한 일이 일어났느냐를 짚어봐야 하는 게 우선이다. 오늘의 재수에 옴이 붙어 그런 것이 아니라, 인간사에는 한 치의 오차도 없이 부메랑의 원리가 적용된 일이 일어나고 있기 때문이다. 바르지 못한 행위는 어떠한 경로를 통해서라도 되돌아오는 표적을 받게 되어있기 때문이다.

• 처지를 바로 이해해야 논쟁이 없다. 세상사는 나 하기 나름이다

내 행위가 변하지 않으면 상대의 행위도 변하지 않는다. 내 잘못이 없다면 해하는 일도 너를 통해서 일어나지도 않는다. 생각의 차원은 입장과 처지에 따라 태도를 달리하는 만큼, 상대방의 행위를 올바로 인식하기 위해 받는 표적이 태반이기 때문이다. 왜 차이고, 차였느냐의 깊이를 바르게 짚어봤다면 세상사 나 하기 나름이라는 걸 바로 알았을 텐데, 처한 입장이 어떠한가에 따라 긍정과 부정을 달리하고 있으니, 역시 상대의 처지를 바르게 이해하지 못한다면 논쟁이 불거질 수밖에 없다.

분별이 차이가 삶의 질량의 차이로 나타나니, 무덤에는 핑계가 있을 수 없다. 간혹 핑계 없는 무덤이 없다고 말하는 이들도 있을 수 있으나, 자기 자신의 처지를 바르게 이해하지 못해서 하는 소리다. 더군다나 자기 생각으로만 앞세워 가다 보면 수박 겉핥기일 수밖에 없으니, 화의 때가 조금씩이라도 쌓이기 마련이다. 내 뜻대로 될 수 없는 계산을 먼저 세웠다면 분별이 바로 설 리가 있나. 마음으로 진정 상대를 덕 되게 하는 일은 거룩한 행위라, 모순의 티끌과 화의 때가 쌓이지 않아 표적이 들어올 리 만무다.

절대 분별은 지혜이지 추측이 아니다. 상대방을 덕 되게 하고자 할 때 자기 자신도 모르게 스스로 쓰여진 것이 마음에너지이기 때문이다. 지혜의 차원이라는 소리다. 마음에너지가 지혜의 원천이니 만큼, 비워지고, 소멸되는 그 무엇도 아니다. 내 앞에 온 인연을 위해 티 없이 행할 때 스스로 움직여 지적으로 덕 되게 하는 사랑의 샘터인 것이다. 게다가 지혜는 공적으로 살아갈 때만이 쓰이는 것이며, 생각은 사적으로 살아갈 때 쓰이는 계산된 행위라 빗나갈 수밖에 없다.

자신의 이익을 먼저 얻고자 할 때 쓰이는 생각의 차원은 사적인 행위이기 때문에 마찰을 빚기 쉽고, 마찰을 빚었다면 표적이 들어가는 것은 당연하다. 표적을 받았을 때 속상하고 마음 아프지 않은 자가 어디 있겠는가. 공적(公的)으로 살아가지 못하고 사적(邪的)으로 살아가다 보면 마음 아픈 일이 일어나기 마련이다. 마음을 아파하는 만큼, 마음 아픈 이가 환자인 것이기 때문에, 마음 아파하는 이부터 먼저 치료해야 한다.

● 마음 아픈 자가 환자다

자식이 잘못되면 가장 마음아파 하는 이가 누구인가. 부모다. 때문에 부모가 환자인 것이다. 사실, 잘못된 자식은 잘못되어 괴로운 것뿐이지 부모만큼은 마음 아프지 않기 때문에, 잘못된 자식을 먼저 치료하기보다는 바르게 키우지 못한 부모의 마음부터 고쳐나가야 한다는 소리다. 자식을 공적으로 키웠어야하는데, 부모의 욕심대로 사적으로 키워버렸으니 사적이 마음에 표적이 들어가는 것은 당연하다. 공적인 지혜의 샘을 일깨우기 위해서다.

사업을 하든 장사하든 어떤 일에 있어서도 마찬가지다. 마음 아픈 자가 환자다 보니 어렵거나 고통스러울 때마다 바르지 못한 행위가 무엇이었던가를 찾아내야 한다. 따지고 보면 자살은 마음 아픈 것을 견디지 못해 택하는 것이라, 자살에 이르게 하는 가장 큰 병이 마음 아픈 병이다. 중요한 것은 무지하게 마음 아픈 이유를 모르고 있다는 것이다.

내가 나를 사랑하지 못해 아파해야 하는 이유도, 내가 나를 위한 내조를 바르게 하지 못했기 때문이다. 부부지간의 내조가 최고의 덕이기는 하지만, 내 앞에 온 인연을 위해 지적으로 덕 된 행위를 하는 것 또한 내조다. 이를 위해서는 내가 나 자신을 위해 내조할 수 있어야 한다는 소리다. 진정한 삶의 의미는 나를 위해 사는 것에 있는 것이 아니라, 너를 위해 살아가는 것에 있으니 내가 나를 먼저 내조할 수 있어야 한다.

게다가 인생을 나를 위해 사는 것에서 의미를 찾으려 하니 아파할 수밖에 없는 노릇이다. 삶의 의미는 너를 위해 살아갈 때 나타난다. 내 사랑의 행위는 오로지 내 앞에 있는 너를 위한 내조에 있다. 하지만 내 위주로 너를 내조하려 든다면 참견과 간섭만이 오갈 뿐이다. 필요 이상의 관심과 배려도 과잉소통의 주범이라, 원활한 소통을 위해서는 치우치지 않는 대화를 위해 자신을 갖춰야 하는 것이다.

건강할 때 예방주사를 맞아야 하는 것처럼, 가르쳐주지 않고 어려움 먼저 주는 법은 없다. 예방의 차원에서 근기에 따라 주어지는 표적은 다소 다르게도 나타나지만, 편애한 사고가 빚은 아상으로 인해 대다수가 수술대 위에 오른다. 자기 잘못으로 인해 수술대에 오르는 것을 보고, '남 탓 하지마라', '나 하기 나름이다'고 말한 것이었다.

이미 엎질러진 물 주워 담을 수 없다. 그럴 수밖에 없었던 상대방을 탓 한들 생채기만 더 크게 남기고, 자신의 기운만 더 탁하게 만들뿐이다. 손해 봤다는 생각이 드는 것도 통하지 않았던 탓에 나 하기 나름이라는 덕행의 근본을 까맣게 잊어버렸기 때문이다. 게다가 오만상의 욕구불만이 튀어나오도록 만드는 것도, 너보다는 내가 우선이 되고자 했기 때문이다.

본래 인기(人氣)였던 인간이 인생(人生)을 위해, 육천육혈의 모공을 통해 인육(人肉)속에 들어가 인간으로 살아가는 것이다. 반면에 동물은 인간의 업 소멸을 위하여 필요한 방편으로 주어졌기 때문에, 육생(肉生)

을 살다 가면 그만이다. 동물의 육생이야 제 살아가기 위한 본능적 힘의 논리가 전부라, 약하거나 부족하면 도태되기 마련이다.

하지만 인간의 삶은 상생을 밝혀내기 위한 것이므로, 자신의 부족함부터 먼저 알아야 내 앞의 인연과 더불어 살아갈 수 있는 법이다. 만물의 영장이라고 해서 신에게 비는 특권이 인간에게만 주어진 것이 아니다. 4차원의 영·혼신까지도 하나로 된 구성원이기에, 이들의 몫까지 인육을 쓴 인간이 책임져야 하기 때문이다.

● 지금까지도 빌고 있는 무지한 인간에게도 대자연은 빌어대기 이전에 이미 모든 것을 다 주었다

4차원은 물질과 시공이 존재치 않는 차원이다. 더군다나 마음에너지까지도 소멸되어 버리는 차원이라, 영·혼신은 어떠한 분별도 스스로 하지 못하는 극 단순해진 상태다. 마음에너지와 더불어 3차원에서 인육을 쓰고 살아야 하는 인간만이 절대 분별로서 업의 질량을 소멸하게 되어있다. 인간의 도움 없이는 업의 질량을 한 뜸도 사해 나갈 수 없는 영·혼신들과 유기적인 공조체제를 이뤄 나가야 하기에 만물의 영장인 인간은 형상에 빌고 허공에 빌어서는 안 된다는 소리가 나온 것이다.

인육을 벗으면 무상(無想)의 세계 4차원이요, 인육을 쓰면 유상(有想)의 세계 3차원이라. 업 소멸을 위해 주어진 3차원의 오만상 앞에서 인간으로 살아가기가 그리 쉬운 일만은 아니다. 그러기에는 다들 물욕(物慾)의 노예로 살아가다가 분별력을 잊어버려, 그만 인간이 인간에게까지 빌어대는 형편이다.

지금까지도 빌고 있는 무지한 인간에게도 대자연은 빌어대기 이전에 이미 모든 것을 다 주었다. 어려워지기 이전에 바르게 살아가는 방편을 일러주었는데도, 비는 행위에 빠져있어 아무것도 받아들이지 못했던 것이다.

사실이 그렇다. 인간이 태어나면서 인생을 살아가는데 필요한 모든 방편을 받아왔으나 바르게 쓰지 못해 잃어버린 것이다. 아니, 신에게 도로 빼앗겨버린 것이다. 비는 것을 배우기 이전에 바르게 쓰는 법을 먼저 배웠더라면, 인간사 빌어서 될 일이 없음을 이미 깨우쳤을 것인데 말이다.

● 누군가 돕는 다는 것도 뭔가 얻기 위한 욕심이다

모두가 바뀌기 위해 노력해야 하는 것인지, 아니면 바꾸어달라고 빌고 있어야 하는 것인지. 이에 대한 분별을 바로 세워야 하는 시기가 도래했다. 신념과 믿음은 자신의 행위가 바를수록 곧추선다. 이는 상대를 위해 덕 되게 살아가고자 할 때 생겨나는 원(願)이기도 한바, 믿음과 신념은 빌고 기도한다고 해서 바르게 구할 수 있는 성질의 것이 아닌 것이다.

따지고 보면, 형상 앞에 무릎 꿇고 머리 조아려 불우한 이웃을 위해 살아가겠다고 읊조리는 것도 집착한 것을 얻기 위한 행위에 불과하다. 집착하는 것을 얻기 위한 기도는 잘못했으니 용서해달라고 구걸하는 것과 다를 바가 없다. 게다가 집착하는 걸 얻어서 무엇에 쓸 것인가를 물어본다면, 쓸 것을 쓰고 난 후에 불우한 이웃을 도울 것이라고 말한다.

누구든지 이와 같은 입장이라면 불우한 이를 돕지 않겠다고 말하는 이는 없다. 하지만 그러는 너는 왜 얻은 것을 가지고 꼭 불우한 이웃을 돕는 자가 되겠느냐 하는 것이며, 불우한 자는 왜 불우한 자가 되어 꼭 도움을 받아야만 하느냐에 대한 이유를 바로 알고 있느냐를 되물어봐야 할 것이다.

불우한 이도 불우한 이웃을 도울 수 있는 것이며, 불우한 이웃을 돕는 이도 불우한 이웃이 될 수 있다는 데서 너와 나의 기도는 있기 때문이다. 비는 것은 구걸을 위해 매달리는 것이고, 기도는 덕 되게 사는 인생에 있다는 사실을 깨우쳤다면, 기도와 비나리의 분별은 이미 한 것이다.

받아야 하는 이가 있어 주는 것도, 주는 이가 있어 받아야 하는 것도 너와 소통을 위한 방편이다. 때문에 돕는다는 것이 중요한 것이 아니라 어떻게 도와야 하느냐가 더 중요한 것이다. 인간의 모양새가 다른 것은 해야 하는 일이 다르기 때문이다. 모양새에 따라서 상대방의 불행이 곧 나의 행복이라 말하는 이도, 또 그렇게 말하는 상대방을 보고 슬퍼하는 이도, 둘 다 가엽게 보는 이도 서로의 모양새는 다르지만, 다 같은 인간 세상 안에서 살아가고 있다는 사실이다. 왜일까!

● 행복(行福) 하기 위해 기업에 입사한다

원대한 꿈을 먹고 살아가는 것이 인간이라, 살아가야 하는 이유에는 꿈이 있기에 사는 이유가 성립되는 것이라 말하는 이들도 대다수 있다. 맞다. 꿈을 이루기 위해 인욕을 쓰고 살아간다. 사람이 되기 위한 꿈을 이루기 위해 인간으로 살아가고 있는 것이다. 경제인이 든, 정치인이 든, 박사 든, 의사 든 제 뜻을 이루어 가고자 행하는 취지는, 사람답게 살아가고자 하는 것에 있기 때문이다.

그러나 어떻게 꿈을 이루어 나가야 하는 것인가를 바르게 아는 이가 없다. 그래서 그러나, 1안의 꿈이라도 이루어보려는 극소수를 제외하고, 그러한 이들을 위해 살아가겠다고 꿈꾸며 살아가는 이들이 대부분이다. 하지만 분명한 사실은, 지금까지도 그 꿈을 이루어 낸 이가 없다는 것이다. 다만, 그 꿈을 이루기 위해 저마다의 일을 하고있는 이들만 있을 뿐이다.

희망의 모태는 사랑과 행복에 있다. 그러나 사랑과 행복의 실체를 1안의 물질 바탕에 두고 있어 꿈을 이루어내지 못하고 있다. 물질은 인연과의 소통을 위한 방편에 불과하긴 하지만, 허기진 자에게는 물질이 우선이므로 육생을 위한 중요한 요소다. 게다가 육생의 허기를 면한 이들에게는 인생을 살아가기 위한 메시지도 담겨 있다. 때문에 오너의 소임은 일꾼들과 땀 흘려 일하는 것에 있는 것이 아니라, 행복하게 살아가기 위한 대안을 창출하는 데 있다.

행복(行福)하기 위해 기업에 입사 한다. 1안의 물질이 해소되면 2안의 대안을 갈망하는 것이 사원이다. 덕 된 삶을 살아가기 위해 기업에 입사한 것이니만큼, 기업은 2안의 대안을 찾아내야 하는 것이다. 따라서 회장은, 회장의 일을 바르게 해나가기 위해 노력해야 하며, 사장은 사장의 일을 바로 해나가기 위해 노력해야 한다. 그러나 현실은 회장이 사장의 일을 붙들고 있으니, 사장이 자신의 일을 빼앗기자 부장의 일을 할 수밖에 없는 처지다. 이러니 1안의 물질 성장도 한계에 부딪혀 제자리걸음하고 있는 것이다.

사원의 복지향상은 1안의 방편에 있는 것이 아니라, 2안의 대안창출에 있다는 사실을 망각한 것인지, 아니면 몰라서 못 하는 것인지 사원들의 원성은 기업의 담벼락을 허물어 놓고 있다. 2안의 대안을 갈망하는 사원들을 계속 1안의 물질로써만 충족시키려 드니 분규의 시작은 있어도 끝이 보이지 않는 이유가 여기에 있다.

1안을 이루지 못하면 2안은 생각조차 할 수 없다. 1안의 물질생산을 위해 노력하는 사원이 있다면, 2안의 대안인 삶이 주체를 찾기 위해 노력하는 오너도 있어야 한다는 소리다. 정부도 매 마찬가지다. 복지사회 구현을 물질에만 국한 시켜 많은 오류를 도출시켜 냈으면서도, 바로 그 대안을 찾지 못해 그 이상을 넘어서지 못하고 있는 현실이다.

앞으로는 배고파 굶주리는 물질의 빈곤은 없으나, 사상의 주체가 서 있지 않아 부닥쳐 나가야 할 난관만이 자리하고 있다. 그나저나 민초들은 행복을 위해 굳건히 매진하고 있는데, 지도층에서 살아가야 하는 이유와 존재의 가치를 찾아내지 못한다면, 자원 빈곤을 빙자한 시름만 더해질 뿐이다.

행복이 무엇인지 모르는데 불행이 이러저러한 것이라고 설명이나 할 수 있을까. 그러나 행복하지 못하면 불행한 것이라고 할 수 있다. 그렇다고 불행하지 않은 것이라고 해서 행복하다는 소리가 아니다. 행(行)하는 자만이 복(福)을 받는 것이 행복이라. 행복을 함께한다면 불행하지 않다는 원리가 삶에 배여있다는 소리다.

사실, 상고시대의 어머니, 그 어머니에서 어머니의 시대로부터 빌어서 구하던 시절도 있었으나, 이미 빌어서 구하던 시절이 지난 지가 오래다. 그 시절부터 빌어지기 시작한 사고가 신앙이 되고, 종교가 되었던 것도 인간의 삶과 비례하여 진화를 거듭해왔기 때문이다. 살아가는 모양새만큼 진보하는 논리로 인해 이데올로기 때마다 인간의 희생이 뒤따라야 했던 것도, 누구에게는 맞고 누구에게는 맞지 않는 논리들 때문이었다.

● 바른 분별의 가르침이 구원이자 축복의 선물

불편함을 느낄 때마다 행동도 어색해지는 것처럼, 바르지 못한 생활일수록 어려워지는 것은 당연하다. 이를테면, 불편함과 불만을 바르게 해석하지 못해 어려움을 조금도 해소하지 못했다는 소리다. 대자연은 인간을 바르게 이끌어가기 위해 오만상의 방편을 동원하고 있으나, 이를 바르게 이해하는 이가 없으니 얼굴은 굳고 행동은 어색하기가 그지없다.

상호 간에 보고 보여주는 역할을 맡기는 것도, 상호 간의 모순을 보여주기 위해서다. 하지만 어느 시각에서 보느냐에 따라서 삶의 질량이 차이나기 마련이다. 처한 입장과 상황에 따라 받아들이는 것에서의 차이라면 모순이란 없다. 단지, 누구에게는 맞고 누구에게는 맞지 않을 뿐, 필요하기에 일어나는 일이라 이를 어떻게 받아들이느냐의 차이다.

열 손가락 깨물어 안 아픈 손가락 없듯이 대자연의 사랑은 치우침이 없다. 기도한다고 해서 용서해 주고 안 한다고 해서 벌주지 않는다. 대자연의 가르침 자체가 기도해서 구원받아야 하는 차원하고 확연히 차이나는 건 치우치지 않는 대자연의 이치를 얼마만큼 바르게 이해하고, 생활에 나가느냐에 따라 삶의 질의 차이를 보이기 때문이다.

정(正)과 사(邪), 바른 분별의 가르침이 구원이자 축복의 선물인 것이지, 자신이 무엇을 잘못해서 어려워졌는지를 모르는 이들에게 기도만 한다고 해서 구원의 축복을 내려주지 않는다는 사실이다. 그러한 이들에게는 단지 바르게 살아가게 하기 위한 표적만이 들어갈 뿐이다.

불변의 진리 하나가 있다. 자기 자신의 잘못이 없다면 어려워지지 않았다는 것이다. 깨어나지 못해 비는 방법밖에는 몰랐다고 치더라도, 진화의 어느 시점에서는 깨어나야 했던 사고다. 깨어나지 못한 사고를 깨우침을 주기 위해 고통을 수반시키는 걸 가지고, 빌어서 풀려고 했으니 고통은 또 다른 고통을 불러들인 것이다. 한마디로 말해 비는 것에서부터 사랑을 배워 비는 행위로 사랑을 베푸는 것이라, 오늘날 살아가는 모습들이 이 모양일 수밖에 없다. 게다가 두 손 비비며 도와달라고 입으로만 부르짖었으니, 할 수 있는 짓이라고는 입으로 읊조리는 사랑 타령이 고작일 수밖에 없는 노릇 아니겠는가.

어려워진 이유를 깨우쳐주기 위해 같은 유형의 어려움이 표적으로 들어가기도 하는 만큼, 비나리들은 행의 공답이 곧 기도의 공답이라는 사실 하나를 깨우치기만 한다면, 자신의 부족함을 채워나갈 수 있다. 허나, 부족함을 채우기 위해서는 자신의 처지를 바르게 이해해야 하며, 제 처지를 이해하지 못하면 그 무엇도 받아들이지 못한다.

통찰력은 그만한 이해력이 뒤따라야 하는 만큼, 제 자신을 먼저 온전히 통찰하고 있지 못하다면, 그럴 수밖에 없었던 상대방의 처지를 바르게 받아들이기가 힘들어진다. 따라서 상대방의 처지를 이해하기 위해서는 우선 존중이 뒤따르지 않으면 안 된다는 것이다. 그러한 처지에 놓일 수밖에 없었던 그러한 그를 존중하지 못하는 한, 덕 된 행위는 있을 수조차 없는 일이기 때문이다.

그럴 수밖에 없었던 너를 이해하려는 것에서부터 상생의 소통은 시작된다. 이 때문에 비로소 너와의 사이에 존중은 그만큼 아름다운 미덕으로 자리한 것이다. 자신밖에 모르는 이들이 절대 깨달을 수 없는 하나의 이유가 있다. 그것은 상대방을 존중하고 이해하려 들지 않기 때문이라는 것이다.

• 1안의 유상(有相)은 물질의 만족이요, 2안의 무상(無相)은 정신의 행복에 있다

인간의 욕망은 행복을 위해 빚어진다. 그러나 지금까지도 행복이 무엇인지, 행복하기 위한 조건이 무엇인지조차 모른다. 그래서 그런지 어떤 이는 인간은 욕망의 동물이라고 까지 표현하고 있는데, 이는 틀리지 않는 소리이기는 하나 맞는 소리 또한 아니다. 물질이나 권력의 꿈을 이룬 뒤에 무엇을 해야 하는지를 몰라서 하는 소리다. 욕망이 있어야 1안의 삶을 살기위해 노력하는 것이다. 2안의 삶으로 가기 위해서 말이다. 이는 2안을 모르고 하는 소리였다. 1안인 인간 욕구 충족을 해야 2안인 사람답게 사는 법을 찾게 되어있다는 사실을 말이다.

1안의 유상(有相)은 물질의 만족에 있음이요. 2안의 무상(無相)은 정신의 행복에 있다고 했다. 1안의 유상의 방편은 물질이라, 채우려 해도 채워지지 않고 소비시키고 나면 남는 게 없다. 때문에 유상의 방편은 육생(肉生)을 위해 주어진 오만상이라, 3차원에서 육신을 가지고 살아가는 동안에서만 필요한 1안의 것들이다. 따라서 3차원에서는 유상이나 4차원으로 돌아가면 무상이 되어 버린다.

무상의 방편을 정신(精神)이라고 한 것은, 정(正)의 기운(氣運)을 가리키고 있는 말이다. 너와의 소통을 위해 필요한 티 없이 맑은 기운이라는 소리다. 다시 말해서 2안의 대안이 펼쳐진 정도정법(正道正法)의 세상을 말한다. 1안으로 살아가는 사(邪)의 인간 세상에서, 사람으로 승화되어 사람답게 살아가는 2안의 정(正)의 세상이다. 이는 영혼이 되어서까지도 영원히 가지고 가는 덕으로 사는 세상을 말한다.

인간은 이렇듯 2안으로 가기 위한 1안의 욕망의 촉진제를 가지고 있기에 노력하며 살아가는 것이다. 그러나 이에 따른 문제는 나 혼자만 잘 살아 보기 위해 육생의 방편인 물질 욕에 빠져 살아가다 행복의 분별력을 잊어버리는 것에 있다. 육생을 위한 만족의 기준치를 깨부수지 못해 오늘날 집집마다 요 모양 요 꼴인 것은 '탓'해가면서 동물처럼 힘의 논리로 살아온 결과다.

1안의 오만상 앞에서는 자기만족을 위해 한결같이 고집을 부린다는 사실을 모를 리 없다. 게다가 이를 깨부수지 못해, 행복과 만족의 분별이 바르지 못하다는 사실 또한 모르지 않는다. 그래서 인간이기에 하는 소리가 있다. "지나가면 후회하게 되는 것이라고…."

● 행복의 근원은 무엇일까?

여기서 行福(행복)이라고 말할 때 쓰이는 行 행할 행자와 幸福(행복)할 때의 幸 행복할 행자와는 글 한자 차이지만 그 뜻의 깊이는 천양지간 차이다. 인간은 행복하기 위해 살아간다. 하지만 행복이 무엇인지 아는 이가 없으니 행복은 기다리면 온다거나, 찾으면 오는 것으로만 알고 있으니 문제가 아닐 수 없다. 행복을 위해 살아가는데 있어서 행복은 행(行)할 때 찾아드는 것이지, 나만 행복하기위해 주어지는 것이 아니라는 사실이다.

이쯤에서 진정한 의미의 행복을 간략하게 설명하자면, 기분 좋은 것을 가지고 행복한 것이라고 착각하여 말들을 하는데 이는 잘못된 생각이다. 행복은 한 번 이루어지면 영원히 간다. 어떠한 조건에서도 소멸되지 않는 기운이기 때문에 영혼이 되어서까지도 행복하다는 것이다.

그러나 기분이 좋다는 것은 입장과 처지에 따라 언제든지 바뀔 수 있는 것이라, 기분지수와 행복지수는 엄연히 구분되어 진다. 상황과 척도에 따라 바뀌는 기분보다는 기쁨이 좀 더 오래가지만, 행복지수는 영원히 지속되기 때문이다. 기분 좋은 건 물질교류로 인해 좋아지는 것을 말하며, 기쁨은 물질을 방편으로 서로의 마음을 주고받으면서 쏟아져 나오는 기운을 가리킨다. 하지만 행복은 내게 준 일을 바르게 처리한 기쁨의 기운들이 모여서 완성될 때의 기운이다. 이를테면 기분 좋은 일과 기쁨의 교류로 인해 생성되는 것이 행복인 만큼, 자신의 할 일이 아무것도 없다면 행복은 있을 수도 없는 일이다.

인육을 쓰고 지상 3차원에서 인간으로 살아가는 동안에 소임이 주어지는데 그것이 바로 일이다. 내게 주어진 일을 바르게 처리했을 때의 기쁨이 최고의 기쁨이라, 이때 완성되어 나오는 에너지가 바로 행복의 기운이다. 내 앞에 온 인연을 지적으로 덕 되게 했을 때, 고마워하는 상대의 모습에서 내가 나를 기쁘게 하고, 내 기쁨이 다시 전해짐으로써 존경과 감사함의 기쁨을 받게 되는데, 이 기쁨이 쌓여서 행복지수가 나오는 것이다. 지적으로 덕 되게 행 한자 아니면 절대 행복은 있을 수 없는 에너지다. 그러므로 행복의 척도는 내 업을 소멸하는 척도라, 내 업이 소멸되는 만큼 느끼는 것도 행복이니, 행복지수가 바로 업 소멸지수이기도 하다.

제3장

공인의 삶을
살아가지
못해서

1. 공인(公人, 空人)

공인이란 자리나 자격이 주어져서 성립되는 것이 아니라
누굴 위해 어떻게 사느냐에 따라 성립된다.
사실상 공적으로 일한다는 직업이 있다고는 하지만
하나같이 자기를 위해서 일하니 사의 직업이라고 밖에 할 수 없다.

인기인(人氣人)이란 사회, 문화, 예술, 스포츠 등의 다양한 직업에 종사하여 인기를 얻은 이들을 일컫는 말이기도 하지만, 나라에 공헌한 이들을 가리키는 말이기도 하다. 그러나 인기를 얻고, 나라에 공헌했다고 해서 공인(空, 公人)이라는 소리가 아니다. 직업과 지위고하를 막론하고 덕 된 삶을 살아가는 자가 공인이라는 소리다. 자신의 이름을 빛내기 위한 행위에서가 아니라, 더 나아가 진정 자신의 마지막 삶까지도 실망을 가져다주지 않는, 자신의 주체와 사상이 분명하게 서 있는 자를 가리키는 말이다.

• 인기를 얻으면 공인이 되고 공인이 된다는 건 인성을 갖춰야한다

티 없이 행한 덕 됨에 감사하게 받아들이는 인연들의 기쁨이 하나, 둘씩 쌓일 때, 탁해진 기운도 맑아져 위로 오르면서 높아지는 것이 인(人)의 기운(氣運), 인기(人氣)다. 따라서 인기란, 인연들의 기쁨과 소망의 기운이 보태진 염원체로서 언제 어디에서든지 인연들의 성원을 많이 머금은 자를 가리켜 인기인이라고 부른다. 인기를 준 인연들을 덕 되게 할 때가 비로소 공인(公人)으로서의 행(行)을 한 것이므로, 인기만 먹고 덕 되게 생활하지 못했다면 그냥 인기인 일 뿐이다.

지금까지 사회 전반적인 분야에서 제 타고난 재능으로 이름만 낸 이들을 공인이라고 칭할 것인가에 대해서 다시 생각해봐야 할 것이다. 공인은 작게는 내 앞의 인연을 덕 되게 하는 것에서부터, 더 나아가 민족과 인류를 위해 초계와 같이 자신의 한 몸을 던지는 거룩하고 숭고한 이들을 기리기 위해 빚어진 말이기 때문이다.

유리알처럼 투명한 사회로 변해가고 있는 시대이기 때문에 탁한 기운은 점진적으로 드러나게 되어있다. 따라서 많은 인의 기운을 먹고 살아가면서 자칭 공인이라 일컫는 이들은 공인됨의 인성을 먼저 갖추어야한다. 제 삶이 공적인 삶인 줄 알고 살아가는 삶이 동물처럼 제 살기 위해 노력한 것에 불과하다는 사실로 드러나 버린다면 어떻게 할 것인가.

특히 인기인이라는 이들이 인기가 떨어지는 이유가 여기에 있다. 많은 인의 기운을 먹고사는 인기인들은 인연들의 숱한 염원을 먹고 사는 이들이다. 꾸준한 인기를 구가하기 위해서는 인연들의 염원이 무엇인가쯤은 알고 있어야 한다. 공인으로서 살아가기 위해 인연들이 바라는 바에 한 발짝이라도 다가서려 노력하는 인기인이야말로 덕 된 삶을 살아가기 위해 노력한 자다. 하지만 공인의 삶이 무엇인지조차 모르면서 공인인 척하는 이들이 염원하는 인연들의 기운에 눌려 사장되어 버리고 마는 것이다.

또한 높은 자리에만 앉아 있다고 해서 공인이라고 부르는데 절대 그렇지 않다. 높은 자리에 앉아 있는 만큼 덕 으로 살아가지 못한다면, 그냥 높은 자리에 앉아 죽치고 살아가다 사장되어 버리는 자이다. 지위고 하를 막론하고 자기 분야에서 만큼은 앞에 온 인연과 덕 된 삶을 살아가기 위한 대안을 가지고 임해야 한다.

이 시대의 공인이라 일컫는 이들은 기껏해야 자기 재주와 이름을 빛내기 위한 사적인 삶이 전부라서 절대 공인이라 칭할 수 없는 이유가 여기에 있다. 공(公, 空)이란 모든 이를 위해 덕 되게 사는 이를 기리기 위한 말이며, 사(私, 邪)는 자기를 위해서만 살아가는 자를 가리키는 말이다. 진정한 공인은 민족과 인류를 위해 덕 되게 살아가는 자를 가리키는 소리이기 때문에 함부로 쓰이거나 불러서도 안 된다.

● 공인(公人)과 사인(邪人)은 종이 한 장 차이다

1안의 재주는 2안의 사상을 전달하기 위한 방편이자. 2안의 정(正)으로 살아가기 위한 발판이다. 1안에 머물러 살아간다는 것은 사(邪)의 생활에 빠져 사는 것이라 말 그대로 공적인 삶을 살아가지 못한다는 소리다.

2안의 삶을 살아가야지만 공적(公的)인 삶을 사는 것이다. 1안에서부터라도 덕으로 살아가겠다는 패러다임을 바꾸어낸다면 공인의 삶을 살아간다고도 말할 수 있다. 공인이란 자리나 자격이 주어져서 성립되는 것이 아니라, 누굴 위해 어떻게 사느냐에 따라 성립되어지기 때문이다.

사실상, 지금까지도 공적으로 일한다는 직업이 있다고는 말하지만 하나같이 자기를 위해서 일하니 사의 직업이라고 밖에 할 수 없다. 하지만, 공인과 사인은 종이 한 장 차이다. 이러한 사실을 바르게만 알면 공적으로 살아가는 것이나, 모르기에 다들 사적으로 살아가고 있는 것이다. 어디에서 무엇을 하든 내 담당은 내 앞에 온 인연이니 만큼, 내 앞의 인연에게 덕으로 행 했나 안 했나 차이일 뿐이라는 것이다.

중요한 사실은 이 민족의 30%인 너와 나는 공적으로 살아가게끔 조물 된 뿌리민족의 천손들이라는 것이다. 때문에 나의 삶은 치우치지 않은 공○안에 스스로 묻혀있어 본래 살아가는 방법은 둘이 아니고 하나였던 것이다.

따라서 나를 위해 스스로 행하지 않은 일은 없다고 말한다. 공(公)은 사(邪)위에 있기 때문에 공적으로 살아가기만 하면 모든 것은 자연이 해결된다는 소리다. 나를 위해 네가 존재하니, 너를 위해 덕 되게 살아가기만 하면 내게 필요한 방편은 덤으로 주는 것이 대자연이기 때문이다.

한편, 천손이자 뿌리민족의 30%는 공인의 명을 받고 해 돋는 땅에서 태어났다. 때문에, 공인으로서 삶을 살아가지 않으면 그 힘을 발휘할 수 없다는 사실이다. 그 주역들이 오늘날의 아날로그 세대인데, 이 세대에 들어 사회가 유독 어려워지는 이유가 여기에 있다. 이 세대들로 하여금 2안의 대안이 창출되어야 하나 문제는 그렇지 못하다는 데 있다.

물질적인 1안의 경제성장만 이루어놓고 2안의 대안을 위해 노력조차 하고 있지 않다. 어쩌면 2안의 대안을 물질에 국한 시켜 놓았을지 모른다. 이 세대가 성장해가면서 부터 1안의 방편에 치우쳐 동물처럼 제 먹고살기 위해 혈안이 되어있으니 말이다. 사실, 아날로그 세대로부터 2안의 대안이 창출되어야 하는 것도, 이를 위해 특별히 태어난 세대이기 때문이다. 도와 덕으로 살아가는 토대를 마련해야 하는 세대인 만큼, 바르게 사는 것부터 배워나가야 하는 세대가 지금 이 시대를 이끌어 가고 있는 기성세대들이다.

● 덕행은 내 앞의 인연에게서부터

나 다음에 네가 아니라, 너 다음에 내 차례가 되어야 하는 이유도 여기에 있다. 행의 공답이 바로 기도의 공답으로 주어지고 있기 때문에 공인으로서 덕 된 삶을 살아가자는 것이다. 각자의 인생을 살고자 하는 바람을 가지고 인연들이 찾아오는 이유다. 게다가 자신의 일을 스스로 바르게 처리할 때가 덕행의 표본이 되므로, 이때서야 비로소 공인의 몫을 한 것이라고 대자연이 쳐주기 때문이다.

그렇다. 인연들이 내 앞까지 찾아온 것은 내가 잘나서가 아니라, 공인의 명으로 태어났기에 대자연이 나를 돕기 위해 인연 지어 보내주는 것이다. 그래서 인연들이 나를 찾아온 이후부터가 내 몫이라 말한다. 덕으로 행한 공답이 쌓여 지는 만큼 자연이 인기는 오르며, 자연이 오르는 인기만큼 상대방의 즐거움이 내 기쁨으로 다가오게 되어있다. 이러한 기쁨을 선사해줄 인연은 내 앞에 온 인연으로부터 시작되는 것이지, 멀리 있는 인연에게 받을 수 있는 것은 결코 아니다.

지금 내 앞에 있는 인연에게 덕 된 삶을 살아가지 못한다면 삶의 기쁨이 어떠한 맛인지 알 도리가 없다. 덕 되게 사는 이가 있어 즐거워하는 이가 생겨나고, 즐거워하며 주는 이가 있어야 기쁘게 받는 이도 생겨나기 마련이다. 그래서 인생은 혼자서 살아갈 수 없는 모양이다.

나를 찾아와서 즐거움을 만끽하는 이들로 하여금, 그 즐거움을 다시 내게로 보내 줄 때, 기쁨으로 승화된 즐거움은 만족으로까지 이르게 된다. 그러나 기쁨과 만족에 대한 분별을 혼동해서는 안 되는 법이다. 사적인 행위에서 얻은 만족이라 할지라도, 상대를 덕 되게 하고자 하는 행위에서 느껴졌다면 이도 기쁨이 된다는 사실이다. 하지만 공적인 자리에서 느끼는 만족이라 할지라도 사심을 품어 행한 일이었다면 그 만족은 오래가지 못한다. 기쁨으로 되돌아오지 않기 때문이다.

덕행의 자체는 찾아다니며 행하는 것이 아니다. 내 앞에 온 인연을 덕되게 하는 바에 있다. 이를테면 상생은 찾아다니면서 밝혀내야 하는 것이 아니라, 찾아온 인연을 지적으로 덕 되게 할 때 성립된다는 것이다. 하지만 그 무엇인가를 바라고 행하고 기다린다면 상충을 칠뿐이다. 물은 위에서 아래로 흐르듯, 덕 되게 사는 이들은 결코 대상을 찾아다니지 않기 때문이다.

하지만 제 자신에게 덕이 되지 않으면 떠나버리는 것도 나를 찾아온 인연이다. 도움을 받고자 해서 찾아왔기에 그에게 먼저 구할 수 있는 이득이란 없다. 억지로라도 취하려 든다면 상충을 칠뿐이다. 빚을 받으러 온 이들에게 먼저 갚지 않고서는 빚 받을 수는 없는 법이다. 제 계산법의해 먼저 취한 이득이 있다 하더라도 얼마가지 않아 화로 변하는 이유는 이러한 원리에서다.

먼저 갚고 후에 받는 것이 상생의 근본원리인 만큼, 빚 받으러 온 이들에게는 먼저 갚아야 한다. 받아야 할 이들이 받지 못하기 때문에 화의때를 남기고 떠나는 것이다. 게다가 그들이 올 때 묻어 들어 왔던 재물마저 가지고 떠나버리니 실상에 남는 것은 가슴앓이 병고뿐일 것이다. 이는 사실, 우리가 어려워져가는 하나의 단면을 그려본 것뿐이다. 더 큰문제는 금전이나 재물은 다시 구하면 되지만 육신에 탈나면 백 퍼센트

완쾌가 어렵다는 데 있다.

빠져있고 치우쳐 있는지 모르게 살아가고 있는 현실에서의 분별력은 고작, 자기만족에 대한 기준치에 준하고 있어 고달픈 인생살이 탓하며 살아갈 수밖에 없는 노릇이다. 그렇게 '탓'하며 사는 모습에서 바른 것에 대한 분별력이 그대로 드러나고 있다. 그래서 그런 모양이다. 치우쳐 생활하는 '만큼 세상사 나 하기 나름이다 탓할 일이 없다'는 원리를 쉽사리 깨우치지 못하고 있다는 사실을 말이다.

● 도와 덕으로 살아온 민족

지금 이 시대를 이끌어가고 있는 1958년 안팎의 전후 세대인 아날로그 그들이, 우리 민족을 이끌어 나갈 지도자 명으로 태어났다는 사실을 믿기 어렵겠지만, 이는 사실이니 믿지 않아도 어쩔 수 없는 노릇이다. 아울러 58년 개띠 세대가 오늘날까지도 삶의 굴곡이 제일 심하게 나타나는 이유도 여기에 있다. 맡은 바 소임을 다하게끔 하기 위해서 말이다.

본래, 해동 대한민국은 뿌리민족이자, 천손이며, 신선의 후예로서 도와 덕으로 살아온 민족이었다. 때문에 우리 민족의 힘은 도와 덕으로 살아갈 때만이 같이한다는 사실을 알아야 한다. 아날로그 세대가 잠에서 깨어나 민족 본연의 삶을 되찾을 때가 돼서야 비로소 뿌리민족의 기개와 웅비가 나타나게 되어있다는 소리다.

경인(庚寅)년에 이른 오늘날, 이러한 힘을 가지고 태어난 이들이 오십이 삼세 안팎의 기성세대 아날로그 그들이다. 전후 베이비붐 세대들이 지도자의 사명을 부여받고 한꺼번에 해동 땅에서 태어난 이유도 저버린 민족혼을 되살리기 위한 것에 있다.

뿌리민족에서 부터 덕으로 살아가야 그 기운이 둥치로 해서 몸통을 통해 가지로 전해지는 법이다. 이것이 상생의 근본원리다. 온 누리에 사람 사는 세상의 꽃을 피울 수 있는 것은, 뿌리에서부터 근본의 꽃을 피워 나가야 하는 것이다.

후천시대를 지나 선천시대가 도래한 칠천년 후부터 오늘날까지도, 외세의 침략과 환란 속에 격동의 세월을 보내야 하는 이유도, 도와 덕을 저버리고 살아왔기 때문이다. 한마디로 뿌리가 뿌리로서의 삶을 살아오지 못한 천형의 죄값이라는 소리다. 천손 민족의 혼을 동물처럼 나만 잘 먹고, 잘 살아보려 했기에 저버리고 말았던 것이다. 그로 인해 뿌리민족의 기운의 원천이었던 지혜가 무엇인지조차 모르고 현시대를 살아가고 있다. 다시 말해, 선천시대 그 이전부터 천손의 재상들이 도와 덕으로 만백성을 다스려왔었다. 칠천 년 이후부터 도와 덕을 저버리고 힘의 논리로 현시대까지 버티어왔으니, 천 번 이상 외세의 침략을 당하지 않을 수 없는 노릇이다. 이는 뿌리민족 본연의 삶을 되찾을 때까지 되풀이되는 일이다.

뿌리는 몸통과 가지를 위해 살아가야 한다. 하지만 뿌리가 동물처럼 제 먹고살기 위해 혈안이 되어있으니, 몸통과 가지는 어떻게 살아가야 하겠는가. 몸통과 가지에서는 뿌리에서의 영양을 공급받아야 살아가는 것이므로, 뿌리를 닦달할 수밖에 없는 노릇이다. 뿌리에서의 영양공급은 다름이 아닌 한 그루의 나무가 살아가기 위한 1안의 물질이 아닌 2안의 삶의 주체를 말한다.

나뭇가지에서는 이미 1안의 열매인 물질공급을 이룩해 놓고 뿌리로 보내주는 이유도, 2안의 대안을 하루속히 찾아내라는 소리와 같다. 그러나 뿌리에서는 2안의 대안 창출을 위해 노력하기보다는 1안의 물질

생산에만 혈안이 되었으니, 가지나 몸통으로부터 제 일을 바로 하지 못한다고 뿌리에 핍박을 가해오는 것은 어찌 당연한 일이라고 하지 않을 수 있을까.

때문에 오늘날에 이르러 삶의 주체를 찾아내기 위해, 뿌리민족의 중흥의 역사적 사명을 안고 이 땅에 태어난 세대가 바로 아날로그들이다. 인류의 운명이 우리 민족 30% 아날로그에게 달린 것도, 1안으로써 힘의 논리가 이 지상에 최고정점에까지 도달했기 때문이다. 이 시기에 바른 사상이 정립되지 않는다면, 힘의 논리는 또 다른 힘의 논리를 양산시키기 위해 피눈물을 많이 흘려야 할 것은 자명하다. 그러다가 어쩌면 지상에 나무그루터기만 덩그러니 남아 있을지도 모를 일이다.

● 덕 된 삶을 살아가기 위한 지혜의 원천이 마음이다

너와 나 우리의 본질이 하나인 것처럼, 본래 도와 덕과 지혜의 본질도 하나다. 아울러 뿌리, 몸통, 가지 3단계의 질서체계로 유지해나가는 나무도 그 본질이 하나이기는 매 마찬가지다. 본래 하나라는 본질마저도 없는 것에서 빚어냈다. 때문에 근본 질서는 도와 덕으로 사는 세상을 열어가는 데서부터, 삶의 주체는 삼위일체로 어우러지는 법이다.

지금 이러한 본질의 질서를 세우기 위해 보내진 세대가 아날로그다. 여기에서부터 이들이 당장 깨어나야만 한다. 하지만 1안의 물질 앞에 노예가 되어버렸다. 그리고 동물처럼 먹고 살아가기 위해 아옹다옹 늘 다투고 있지 않은가. 이렇게밖에 못살아가니 아날로그가 기성세대의 중추에 이르러서 험난한 인생살이를 맛을 보며 살아야 하는 이유를 깨닫지 못하고 있는 것이다. 이 일을 어찌하면 좋단 말인가.

대자연의 핵심원소인 인기(人氣)가 인육(人肉)을 쓰고 인간(人間)으로 살아가는 동안, 함께하는 지혜의 샘이자 덕 된 삶을 살아가기 위한 에너지의 원천이 바로 마음이다. 다시 말해, 지적 행의 공덕을 쌓아나가기 위한 유일한 에너지원이므로 버리거나 비울 수 있는 그 무엇이 아니라는 소리다. 마음은 인육을 쓰고 사는 인간에게만 주어진 지혜의 원천이기 때문에, 비워야 하는 것은 마음이 아니라 생각에서 비롯되는 인간욕화(人間慾火) 그 자체에 있는 것이다. 내 앞에 온 인연을 덕 되게 할 때만 쓰이는 공(公, 空)의 차원의 에너지가 마음이므로, 천상의 업(죄)을 사해나가기 위한 지혜의 보고(寶庫)가 바로 마음에너지인 것이다.

하지만 생각의 차원은 마음의 차원과는 달리, 인간으로 태어나 동물처럼 살아가고자하는 사적(邪的, 私的)차원의 행위만을 불러일으킨다는 점이다. 이를테면 생각은 1안은 육생(肉生)을 위한 것이라고 할 수 있다. 따라서 나밖에 모르는 동물적 본능 행위로 일어나는 생각은 결코 덕 된 삶을 지향에 나갈 수 없다는 소리다. 때문에 비우고 버려야 하는 것은 동물처럼 살아가고자 하는 생각이지, 마음이 아니다.

● 뿌리가 뿌리 일을 못하면 더 어려워진다

지혜는 덕 된 행위를 할 때 스스로 발휘함으로써 지혜의 샘이라고 표현하지만 사실, 그 깊이는 누굴 위해 어떻게 쓰느냐에 따라서 큰 차이를 보인다. 이 지상에 내려진 오만상의 방편이 다 그러하겠지만 특히, 사적으로 쓰고 싶어도 한 뜸도 쓸 수 없는 이유가, 내 앞에 온 인연을 덕 되게 할 때만 쓰도록 되어있기 때문이다.

주어진 방편을 동물처럼 나를 위해 썼기에 요 모양 요 꼴로 살아가고 있는 것이다. 동물처럼 살아가는데 내 앞에 온 너를 위해 써야할 양이 얼마나 하겠느냐는 소리다. 그저 육생을 위해 죽지 않고 먹고 살아갈 양만큼만 주는 것도 대자연이며, 덕 된 삶을 살아가는 이들에게는 방편을 필요한 만큼 밀어주는 것도 대자연이다. 앞으로는 뿌리를 살리기 위해 대자연은 유리알처럼 투명한 사회를 만들어 갈 것이다. 대안의 창출을 위해서는 바르지 않으면 쓰러뜨릴 것이고, 티 없이 맑지 않으면 떨어뜨릴 것이고, 소통을 위하여 곪고 썩어가는 부위를 확실하게 도려낼 것이다.

이 민족을 위하는 길이 인류를 위하는 길임으로 덕으로 사는 뿌리의 기상을 일궈내지 못하는 한, 더 어려워질 것은 자명하다. 이렇게 된다면 그 책임은 전적으로 기성세대인 아날로그 세대들에게 있다. 물론, 경제적인 면은 혁신이라 할 만큼 눈부신 발전을 일구어내긴 했으나, 이나마도 십여 년 전부터 멈춰 버렸으니 문제다.

이는 허기를 면하기 위해 몸으로 뛰던 시절은 이미, 지난지 오래됐다는 이야기와 같다. 게다가 배고픔을 면하고 나면 질적인 삶을 대안을 찾을 때까지 더 분주해진다는 사실을 다들 간과해버렸다. 아직까지도 정신문화 창달을 위한 노력의 흔적조차 없으니 말이다. 그러니 민초들은 더 아우성일 수밖에 없다. 누구의 원성이든지 간에 원성 그 자체는 사람답게 살아가게 해달라는 소리 또 한 분명하지만, 이러한 원성을 알아듣고 대안을 제시해주는 이가 없으니 더 큰 문제가 아닐 수 없다.

• 너도 모르고 나도 모른다

나라에서 못 해주는 건 사회가 해야 한다. 사회에서 못 해주는 건 기업 경영진의 몫으로 돌아가는 것이라고 말들을 하지만, 대자연의 원리법은 소속된 기업에서부터 시작하여 그 사회로, 그리고 나라 전체로 퍼져나가게 되어있다. 기업이야말로 덕으로 행하며 살아가야 하는 직접적인 삶의 영향을 미치는 곳이기 때문이다.

사실, 최고의 우수한 인재들이 모인 곳은 국가가 아니라 나라의 경제를 책임지는 초 인류기업이다. 게다가 기업은 1안의 방편으로 인재들을 불러드렸기 때문에, 1안의 방편보다는 사원복지 향상을 위한 2안의 정신문화콘텐츠 개발을 위해 노력해나가야만 한다. 기업은 복지문화를 개발하여 사원들에게 환원시켜주고, 사원은 자식을 인재로 키워 기업으로 환원시키는 대자연의 원리가 스스로 자리하고 있기 때문이다. 이것이야 말로 먼저 갚고 후에 받는 덕 된 삶을 살아가는 원리인 것이다.

노조가 구성되는 이유도 1안에만 머물고 있는 기업을 대신하여, 2안의 대안을 찾아내기 위해 상대성으로 빚어진 것이다. 하지만 사측에서도 2안의 대안을 모르니 1안에 머무르는 연봉협상이 고작일 수밖에 없는 일이다. 더욱이 안타까운 일은 사측에서는 모르기에 못해주는 것이고, 노측에서는 모르기에 찾아달라고 애원하고 있다는 것이다. 그러다가 몰라서 해달라는 행위와 몰라서 못 해주는 행위가 충돌을 일으키는 것은 당연하다. 이는 서로를 이해하지 못해서 벌어지는 일이기도 하지만, 서로를 이해하기 위한 행위이기도 하다. 서로의 처지를 이해해 달라고 말이다. 이렇듯 환부는 치료를 위해 드러나는 것이다.

아직까지 잠자고 있는 이 민족의 엘리트들을 일깨우기 위해서라도 노조의 발족은, 복지사회 구현을 위한 민초들의 염원이 담겨져 있다. 이는 결코 누구를 운운하고자 하는 소리가 아니다. 인간마다 존엄성과 그 존재의 가치를 찾아서 사람답게 살아가기 위한 모두의 노력이 절실히 필요할 때라 그렇다. 깨어나야 할 시기에 깨어나지 못하고 있는 엘리트들을 일깨우기 위한, 민중봉기의 초석이자 정신문화 창달을 위한 시발점이었다. 하지만 이도 변질되어가는 형국이니 문제다.

기실이 이러한 대안은 배고픔을 면하는 시기에서부터 지도층이나 권력층에서 내 놓았어야 하는데, 등 따시고 배부르면 그만이라는 생각으로 물질적인 1안에만 머물고 말았던 것이다. 민초들 만으로는 사람답게 사는 법을 찾아달라고 호소하는 것은 지극히 당연한 일이다. 따라서 노사의 대립은 대안을 찾기 위한 상호 간에 주고받는 채찍이기인 것이다. 누구든지 어디에서든지 바른 대안이 나오기만 한다면 갖다 쓰기만 하면 되니까 말이다.

그러고 보면 정신문화 창달을 위한 노력을 지도층에서 하지 않은 것도 아니었다. 그렇다고 이를 바로 알고 하는 이 또한 없었다. 너도 모르고 나도 모른다는 소리다. 때로는 누군가가 안다고는 하나, 알고 보면 자신과 뜻을 같이하는 몇몇 이들과 통하는 자기 논리일 뿐이다. 그렇다고 이와 같은 사실이 틀린 것이라고 말하는 것은 아니다. 모두에게 맞지 않다는 걸 말할 뿐이다. 온 백성의 바람은 모두에게 맞는 정신문화 콘텐츠에 있다.

오는 자를 품어 않으며 살아가는 관음의 민족이라 부르는 것도, 대자연을 닮은 민족이라 부르던 것도, 도와 덕으로 살아왔던 이유에서다. 중요한 사실은 대자연을 가장 많이 닮은 세대가 오늘날의 아날로그 기성세대라는 점이다. 따라서 앞으로 남겨진 몫은 기성세대의 손에 이 민족의 운명이 달린 것을 일깨워주는 일이다.

2. 기성세대

이 민족을 가리켜 대자연을 그대로 닮은 민족이라고
말하던 이유가 여기에 있다. 여기 해동 땅 안에 관음들과 미래불들과
정 도령들이 살아가고 있어 덕으로 살아가는 민족이자,
인류를 이끌어갈 지도자 민족이라는 사실을 두고 한 말이다.
이 시대를 이끌어가야 할 기성세대들이 대자연을
가장 많이 닮은 인류 기운의 시원이기도 하다는 소리다.

지금 시대처럼 산천의 고을마다 도(道)를 닦겠다는 이들로 꽉 들어차
있는 때가 없었다고 말한다. 그러니까 문제는 이들이 아날로그라는 점
인데, 유독 이들 세대에 들어서서 왜 그러해야만 하느냐는 것이다. 막연
하게 도(道)라는 소리를 귀동냥으로 들어서 알 뿐 도가 뭔지 알 리가 있
나, 도가 뭔지도 모르면서 도만 닦으려고 하는 이유가 뭐냐는 것이다.

오늘날까지 출몰한 역대의 기운 중에 최고의 기운 질량을 가진 인기
(人氣)들이 출몰했다고 말하는데, 그들이 바로 이 시대의 주역인 아날
로그 세대라는 것이다. 사실, 수많은 예언서에 기록되어있듯이 현시대

에 이르러 미륵불(彌勒佛)이 나타나 미륵 시대를 열어갈 것이라고 예언한 것은, 이들 세대가 나타나는 시대를 가리켜서 한말이었다. 아울러 해 돋는 땅에 정도령(正道靈)이 출현해 관음(觀音)의 세상이 펼쳐질 것이라고 전해지는 것도, 정씨 성을 가진 하나의 인물을 지칭해서 말하는 것이 아니라, 정도(正道)의 법을 펼칠 이들이 출몰한다는 소리다.

말하자면, 아날로그 세대는 보이지 않는 차원 계에서의 대역 대신(代役代神)들 중에 상(上) 대신들을 해 돋는 땅에 출현시킴으로써, 지금 뿌리민족은 한 집 건너 한집 대를 꽂는 실정이며, 나뭇잎에도 신이 내리는 지경에 까지 이르렀다.

그러한 이들이 도를 닦겠다고 골골이 산천마다 들어앉았으나, 지금까지도 자신의 본분을 찾지도 못한 채 헤매고 있는 중이다. 그러니 미륵불들이 미륵 세계나 동경하고 앉아 있는 것이고, 정법(正法)을 창출해내기 위해 보내진 정도령(正道靈)들이 정도령 오기만을 기다리고 앉아 있을 수밖에 없다. 게다가 관음(觀音)의 민족이 관음의 행은 하지는 않고 관세음보살만 부르짖고 앉아 있으니 세상사 어지러운 것이 당연한 일이 아니겠는가.

미륵불은 말 그대로 미래의 불을 가리키는 말이다. 하지만 이러한 사실들이 와전되어 미래를 구원해줄 미륵불로만 불리고 있다는 자체를 깨우치지 못하다 보니 이미 미래의 불을 밝혀낼 이들이 와 있음을 깨닫지 못하고 있다. 사실, 미륵불이 나타나 지상을 낙원으로 만든다는 예언은 결코 틀린 소리가 아니지만, 특정한 대신(代神)을 지칭해 미륵불이 온다고 말한 소리 또한 아니다. 미래를 환하게 밝혀나갈 이들이 온다는 뜻으로써, 이는 우리 민족의 아날로그 세대를 두고 하는 말이었다. 따라서 지금 이 시대를 이끌어가는 아날로그들이 바로 미륵불이다. 미래의 불들로서, 미래의 세상을 열어놓기 위해 뿌리 국 해동 땅에 출현시킨 것이다.

● 지금까지는 사의 방편시대 앞으로는 정의 정법시대

지금까지는 사(邪)의 방편시대였다. 지금부터는 정(正)의 정법시대(正法時代)를 열어나가야 하는 것이다. 이 시대를 열어나가기 위해 아날로 그 세대를 대자연이 이 땅에 출현시킨 것이다. 이들 세대들이야 말로 이 지상의 정도정법(正道正法)을 창출시킬 정법대신(正法代神)들이다. 때문에 이들이 출현한 오늘날에는 이들로 하여금 도(道)를 깨우치기만 하면 정법이 나오게끔 되어있다보니, 정법을 찾아내기 위해 혈안이 되어 도를 닦고 있는 것이다. 그러나 지금까지도 정법의 도를 깨친 자가 나오지 않았다. 설령 나왔다 한들 그도 치우쳤으니 문제가 되는 것이다.

사(私)의 사법(邪法)은 뜻이 맞는 이들끼리 노력만 하면 반세기정도는 맞춰 나갈 수 있다. 허나, 정(正)의 정법(正法)은 깨우친 자가 이끌어주지 않으면 나갈 수 없다는 것이다. 이를테면, 대통령은 대통령의 사주를 타고났기에 그 자리에 오른 것이다. 하지만 대통령이 된 후에 그에 맞는 소임을 다하고 있느냐는 것이다. 초 인류 기업의 회장이나 각 분야 마다의 유명인들도 이와 마찬가지다. 하나같이 그 자리에 걸 맞는 정법(대안)을 몰라 그 자리에 올라가서 떨어지거나, 욕먹을 수밖에 없다는 소리다.

정법이란, 말 그대로 대통령이 되기보다는 되고 난 후에 그 대안인 마련되었냐는 것인데, 이는 각 분야마다 저마다의 자리에서 해야 할 일들을 바로 알고나 있느냐는 소리와 와 같다. 남녀 둘이 만나서 결혼은 할 수 있어도 결혼 후에는 진짜 사랑하며 살아 가야하는 인생을 모르기에

'행복해야 한다', '행복하게 살아야 한다'는 말밖에 할 수 없는 것이다. 이는 결혼 후에 어떻게 살아가야 바르게 사는지에 대한 정법을 모르다 보니 하는 소리다. 바른 법이 창출되었다면 결혼하는 자체가 행복(行福)을 위한 것이기 때문에 이러한 소리는 안하게 된다. 즐겁고 기쁘게 살아가기만 하면 되기 때문이다. 하지만 이러한 정법은 나와야 그 맛을 알 수 있는 것이고, 이러한 삶의 참맛을 내기 위해 아날로그 세대가 출현한 것이다. 게다가 '우리는 민족중흥의 역사적 사명을 띠고 이 땅에 태어났다'는 말은 이 과업을 달성해야 하는 뿌리민족 아날로그 세대를 위해 만들어진 말이다.

정도령(正道靈)도 미륵불도 이와 마찬가지로 특정한 하나의 인물을 지칭하는 것이 아니라는 사실을 알 수 있으리라. 정도(正道)는 바르게 살아가는 많은 이들이 나타난다는 소리였다. 또한 우리 민족은 관음의 민족이었으므로, 7천 년 전에 져버린 민족의 얼을 되살리기 위해 관음들이 출현한다는 소리이기도 한 것이다. 이러한 도의 실체를 모르고 있기에, 도를 쫓고 있는 아날로그들은 자신들이 관음이자 미래불이며 정도령이라는 사실을 깨우치지 못할 수밖에 없는 노릇이다. 그래서 지금까지도 미륵불과 정도령이 오기만을 기다리고 앉아 있으니, 어찌 오늘날에 들어 아날로그들의 삶이 평탄할 리 있기나 하겠는가.

이 민족을 가리켜 대자연을 그대로 닮은 민족이라고 말하던 이유가 여기에 있다. 뿌리 국이자, 해 돋는 땅에는 신선이자 관음들이 도와 덕으로 살아가고 있었기 때문이다. 더욱이 정도령과 미래불들이 출현해서 인류를 이끌어갈 지도자민족으로써 거듭나야 하기에 이를 두고 한 말이다. 이는 한편으로 이 시대를 이끌어가야 할 기성세대들이 대자연을 가장 많이 닮은 인류 기운의 시원이기도 하다는 소리다.

• 아, 아날로그여!

아날로그 세대란 6.25전후 베이비붐 세대로서 이 시대의 주역인 기성세대를 지칭하고, 오늘날까지 지상에 내려진 모든 방편을 흡수할 수 있도록 조물 된 이들이다. 기계식 세대는 아날로그 세대의 부모인 만큼 삶의 열정은 자식 사랑과 교육에 있었으니, 교육의 이유가 무엇이든지 간에 아날로그를 가르쳐야만 했던 것이다. 디지털 세대는 아날로그의 자식으로서 아날로그가 창출해내는 정신문화를 흡수하여 살아가야 하는 세대로 태어났다. 이렇듯 기계식, 아날로그, 디지털 3세대의 각기 기운 세포가 다른 것은 해야 하는 일이 다르기 때문이다. 더욱이 그 중심에 서 있는 아날로그 세대가 이제는 잠에서 깨어나 제 할 일을 찾아 나서야 할 시대가 도래했다.

기계식은 아날로그를 교육 시켜 성장시키기 위해 태어난 만큼 삶의 70%를 자식 사랑을 위해서 쓰고 나머지 30%를 자신의 삶을 위해 썼다. 이 때문에 어버이날과 어버이 은혜의 노래는 기계식의 노고에 감사함의 뜻을 기리기 위해 제정되고 불리는 것이지 결코 아날로그 세대를 위한 것이 아니다. 게다가 아날로그는 제 인생을 살아가기 위해 태어난 세대라, 손발이 다 닳도록 고생하며 자식을 키워야 하는 기계식세대와는 달리, 자신이 필요한 일을 먼저하고 나머지는 자식을 위해 투자한다. 삶의 틀이 기계식과는 다르게 조물 된 관계로 자신을 위해 70%를 투자하고, 나머지 30%를 자식을 위해 투자한다는 것이다. 아날로그가 제 인생을 위해 70%를 투자한다는 뜻은 삶의 대안을 창출하기 위한 시간이다.

하지만 디지털 세대는 아날로그가 생산해 놓은 방편을 소비하기 위해 조물 된 세대라는 점이다. 따라서 이들의 미래는 아날로그 세대가 주어진 일을 어떻게 처리해 나가느냐가 관건이다. 자식을 가르치거나 가치를 창조하기 위해 태어난 세대가 아니므로 사랑의 명약을 만들어 놓으면 사랑의 명약을 쓸 것이고 고통의 독약을 만들어 놓으면 고통의 독약을 쓸 것이기 때문에 디지털은 아날로그의 성취 여부에 달려있는 것이다.

베이비붐 세대들이 보릿고개를 넘길 당시에는 대부분이 같은 처지였겠지만 도시빈민가 출신들은 꾸리한 꿀꿀이죽도 그저 감사할 따름이었다. 어쩌다가 정부에서 배급해주는 밀가루와 콩가루는 아날로그의 꿈과 미래가 묻어있어, 기계식세대의 소망 기운을 함께 담아서 먹었다. 산꼭대기 달동네 판자촌에서도 자식 교육이 최우선이었던 것도 춥고 배고픔을 면하는 길은 교육밖에 없다는 부모들의 생각으로 배움에 대한 열정을 자식에게 쏟아부은 것이다. 기계식의 행위는 분명 하늘의 뜻일지니, 이 시대의 주역이 된 아날로그들은 어린 시절부터 초롱 한 눈망울이 더 빛이 바랬는지도 모른다.

초롱한 눈망울은 기계식의 염원 속에 큰 꿈으로 잉태된 수수께끼로 상상의 나래를 폈고, 옛날이야기로 민족혼과 얼을 가슴으로 담았다. 더욱이 어려운 환경 속에서 오만가지 사상을 접할 수 있었던 분명한 계기는 전쟁 배급 물자 덕분이었다. 서방국의 구호물자 하나하나마다 그들마다 삶의 방식까지도 함께 묻어 왔기 때문이다. 아날로그 세대를 가르치기 위한 대자연의 거룩한 사랑이 드러나 보이기 시작한 시기는 아마도 이때부터였으리라, 이 지상에 현존하는 모든 사상은 해동 땅 안으로 들어오게 만들었기 때문이다. 자신들의 원대한 꿈을 이루기 위해 살아가는 아날로그들이라, 서방의 사상은 희망으로 잉태되어 웃음이 되어

주었고 정의감을 앞세운 분노 앞에서는 오열하기도 했으며 좌절의 눈물을 흘릴 때마다 기계식의 무한한 사랑으로 다시 일어설 수 있었다.

당신들이 못다한 삶의 열정을 아날로그들이 두 어깨에 짊어지고 오로지 출세를 위해 대학엘 들어가야 했다. 가문의 영광과 더불어 우리도 한번 잘살아보려는 의지만큼 기계식의 뼈를 갈아 가르치는 교육이라, 대학 등용은 아날로그의 기쁨보다 기계식의 눈물이 가슴에 먼저 와 닿았다. 배고프던 시절이었다. 꿈을 이루기 위해서는 무엇이든 먹어야만 했었다. 목구멍이 포도청이라고 살기 위해서는 기계식이 무슨 짓이라도 해야만 했다. 당시 선진국으로 잘산다던 어느 서방국가에서는, 먹기 위해 살아간다는 이들이 있다는 소리를 들었을 때는 얼마나 부러웠는지, 먹고 살아갈 수 있는 곳이라면 어디에라도 정착해서 살아야 하는 우리의 삶과는 판이했으니, 어쩌다 길에서 미군들을 보기라도 한다면 습관적으로 내뱉던 소리가 있었다.

"헬로우" "짭짭"

"초코릿또 기부미"

하루 벌어 하루 먹고 살아야 하는 단순 노동이 전부인 기계식의 일상이라, 도시 변두리 달동네 판자촌의 삶에 있어서 잘살고 못사는 것은 말 그대로 종이 한 장 차이었다. 누가 하루 더 일을 나가느냐에 따라서 먹는 형편이 달랐기 때문이다. 메뚜기도 한철이듯 닥친 현실은 여름 한 철 일 한 돈으로 기나긴 겨울을 보내야 했으니, 그것도 보통 7~8식구가 단칸방 아니면 고작해야 두어 칸짜리 하꼬방에서 말이다. 게다가 아옹거리며 살아가면서 궁색함의 꽃을 피웠지만, 그 꽃은 아날로그들의 희망의 모태였다.

그 시절에는 일하고 싶어도 일거리가 변변치 않다보니 겨우내 궁색한 이들이 모여서 하는 일이라곤 노름이었고, 그 뒤에 터지는 소리는 싸움질이었다. 이도 아마 자식새끼 먹여 살리려는 투쟁이었는지도 모른다. 당신들의 생활이야 혼탁한 생활 속에 내동댕이 처질망정, 삶의 가치는 자식을 가르치고자 하는 숭고한 희생에 있었으니, 이는 높고 높은 하늘보다 더 높은 기계식의 사랑이 없었다면 오늘날의 아날로그도 없을 것이다. 어찌 아날로그의 자식 사랑이 기계식의 자식 사랑에 비할 수 있으랴. 허나, 디지털의 자식 사랑에 비한다면 아날로그의 자식 사랑은 온 대지를 품어 안을 듯한 지고지순한 사랑인지라, 기계식세대에 비해서는 못하지만, 디지털의 자식 사랑의 농도보다는 짙다.

디지털의 자식 사랑은 시대의 흐름에 편승하고 있다. 말하자면, 주어진 환경에 맞춰 살아가야 한다는 것은 진화의 조물이 이미 그리 맞춰졌다는 것이다. 시대가 대세라고 말한다. 흐름에 발맞추어나가지 못하면 그들의 삶을 이해하지 못한다. 게다가 고루한 생각은 늘 심기를 불편하게 만들 뿐이다. 그들의 삶은 결코 이기적이지 않다. 자신의 처지만큼 사랑하고, 그 처지에 맞춰 가장 보편타당하게 살아가고 있으니, 배고팠던 시절과 자식 사랑을 운운하는 기계식이나 아날로그가 문제다.

기계식의 조물은 자식 사랑이었기 때문에 당신 자신의 삶을 위해 투자할 여력이 없었던 것이다. 아날로그를 위해서는 아낌없이 투자하는 당신들은, 당신들의 삶에 있어서만큼은 그 어떠한 투자도 사치로만 생각할 수밖에 없으니, 낭만을 생각하는 것조차 사치일 수밖에 없고, 과정보다는 결과를 우선하는 디지털 세대를 이해하지 못하는 것이 어찌 당연하다고 말하지 않을 수 있겠는가.

각설하고, 아날로그는 헌신적인 기계식의 사랑에 힘입어 포부를 키워가는 동안에, 뿌리국 해 돋는 땅 안으로 들어온 사상을 접하며 모순을 지켜봤다. 하나의 모순이 불거져 나올 때마다 부딪쳐가며 배워야 했던 이유도 오늘날에 이르러서의 대안 창출을 위한 것이었다는 사실이다. 이를테면 1안의 방편의 지식을 바로 습득해야만 2안의 대안을 창출해 낼 수 있기 때문이다. 그러므로 아날로그들은 기계식만큼 자식 사랑이 각별하지도 않으며, 디지털처럼 과정 없이 결과만 가지고 운운하지도 않았다. 이는 과정을 통해야만 결실 맺을 수 있다는 사실을 이미 알고 있었기 때문이다. 게다가 뿌리의 법을 창출해내야 하는 원대한 꿈을 키워나가야 하는 아날로그인 만큼 낭만에 젖어 들게 했던 모양이다.

그래서인가 젊은 날의 아날로그들은 꿈을 펼치기 위해 정치를 논했고, 경제를 논했고, 홍수처럼 밀려 들어오는 사상을 접해가며 유토피아의 꿈을 키워왔다. 젊은이의 특권처럼 말이다. 그렇지만 아날로그에게 주어진 낭만은 특권도 아니고 아편도 아니었다. 대자연이 삶과 죽음과 인생을 깨우치게 하기 위한 시간이었던 것이다. 한 예로, 대중가요의 내용을 보더라도 미래의 꿈과 청춘과 우정과 인생을 주로 다루고 있으니, 낭만을 찾던 아날로그가 오늘날의 경제성장을 이룩해 놓은 원동력이 무엇이었는지도 알 수 있는 대목이다.

그렇다고 디지털 세대가 모든 과정을 완전히 무시한다는 소리가 아니다. 아날로그 세대보다 덜하다는 이야기다. 여행을 가더라도 목적지에 도착하는 것에 더 큰 의미를 두어있어 왔다가 놀다가 가는 디지털하고, 목적지로 가는 과정마저도 중요시 여기는 아날로그와는 삶의 본질이 다를 수밖에 없다는 소리다. 이 민족의 미래가 아날로그 세대들에게 있다 보니, 디지털의 희망의 자체는 아날로그들이다. 말하자면, 기계식의 삶은 자식 사랑이다. 그 사랑을 먹은 아날로그들은 법을 창출해내야 하는 것이고, 디지털은 그 법을 둥치에서 나뭇가지로 실어 나르는 사랑의 메신저인 것이다. 때문에 이들 오행을 비롯해 재능이 남다를 수밖에 없다.

디지털의 조물은 창조에 있지 않고 쓰는 것에 있어, 아날로그가 무엇을 창출해 내느냐에 따라 디지털의 삶이 바뀐다. 아날로그가 찾아놓으면 그것을 정확하게 쓰도록 조물 된 세대가 디지털 세대이니만큼, 저마다의 할 일만 잘해나가면 된다는 뜻이다. 아날로그 준비 여하에 따라 스스로 알아서 준비하는 세대가 디지털이라, 이들의 생활을 참견하기에 앞서 아날로그 자신의 일을 찾아서 해나가야 할 시기다. 오늘날 한류열풍이 식지 않는 이유도, 시기가 도래해 메신저의 준비도 끝나가고 있음을 알리는 대목이다.

● 역사적 사명을 띠고

오늘날 경제성장의 기틀만 세워놓고 아날로그들이 깊은 잠에 빠지고 말았으니 어려워질 수밖에 더 있겠는가. 대자연이 아날로그 세대를 공부시키기 위해 6.25전쟁 이후로부터 시작하여 지상의 모든 사상을 해동 땅으로 보낸 것이었으나, 이를 바르게 흡수하지 못하는 바람에 혼돈이 빚어진 것이다. 바르게 흡수했더라면 한 사람 한 사람이 필요한 분야에서 지도자로 변해있을 것이나, 하나같이 근본의 근(根)을 모르고 1안만을 파고들었기에 지도자로서 성장하지 못했다.

아날로그 세대라는 기운은 지상의 모든 논리를 바르게 흡수하기만 하면 사람답게 살아갈 수 있는 대안을 창출해 낼 수 있는 기운을 받아가지고 왔다. 하지만 이러한 원리조차 찾으려 하지도 않았고, 공부할 수 있게끔 자신들을 갖추어 놓지도 않았기 때문에, 전후 인류가 아날로그를 위해 뿌리 안으로 무엇을 위해, 무엇을 갖다 줬는지 그 의미조차도 모르고 살아가고 있다.

그로 인해 20여 년 동안 성장이 멈춰버리고만 건 인류를 위한, 아니 디지털 세대를 위한 공도(公道)의 백신을 개발해내지 못했기 때문이다. 전후로 해서 1차 IMF가 터지기 전까지 인류가 뿌리로 보내준 보고서를 분석하여 되돌려 보내줘야 하는 몫이 대자연의 기운을 받고 태어난 아날로그들이 할 일인데, 보내준 보고서(방편)에만 빠져버리고 말았으니 모순된 사회가 드러날 수밖에 없는 일 아닌가. 문제는 오만 분야에서 받은 보고서를 분석 중이기는 하나, 아직까지도 방편에서 빠져나오지 못하고 있다는 것이다.

땅의 기운이(地氣), 하늘의 기운(天氣)을 받아가지고 몇 번의 이데올로기를 거쳐야 했던 것도 무수히 많은 모순을 보고 배우기 위해서였다. 이럴 때마다 목메여 울부짖던 이들이 아날로그들이었다. 사람답게 살게 해달라고 말이다. 그러나 과도기는 또 시작되었다. 대안을 찾아야 하기 때문이다. 그리고 또 과도기의 움직임이 엿보인다. 사람답게 살아가야 하는 이유가 있어서다.

이렇듯 과도기를 통해서도 그 시대의 모순을 듣고 배워야 했던 이유와 서양에서 최고급이라고 일컫는 명품물건을 만들어 보내는 이유를 밝혀낸다면, 이 민족이 명품에 사족을 못 쓰는 이유도 밝혀지리라.

사실, 서양에서 100%로 완성된 물건을 만들어 이곳으로 보낸다 하더라도, 1안에 머물러 해동 땅 안에서는 70%에 불과하기 때문에 나머지

30%의 완성을 위해 보낸다는 사실이다. 그들의 질량으로 봐서는 100% 이나 1안의 물질 100%이기 때문에 2안 앞에서는 30%가 부족한 것이다. 게다가 그들의 삶의 질량으로 봐서는 나머지 30%를 빚어낼 수 없다는 것이다. 따라서 나머지 완성을 위해 뿌리국인 해동 땅 안으로 보낸 것이며, 이 대안은 지도자인 아날로그들의 몫인 것이다. 이 일을 하기 위해 태어났기 때문이다.

우리는 민족중흥에 역사적 사명을 띠고 이 땅에 태어난 이유를 알기 위해서라도, 이 시대의 주역인 아날로그들이 깨어나야 한다. 온 인류의 염원 속에 성장한 아날로그들이 잠에서 깨어나지 못하고 있으니 혼란의 끝이 좀처럼 보이지 않는 것이다.

자식이 잘못되는 것은 전적으로 부모책임인 것처럼, 이 민족의 비전인 디지털 세대가 잘못된다는 것은 아날로그 책임이다. 기계식의 사명이 아날로그를 키워내는데 있고, 아날로그는 디지털을 위해 대안을 창출해내는데 있으나, 아날로그들만 제 몫을 다하지 못하고 있으니 어찌해야 좋단 말인가.

아날로그의 꿈을 먹고 성장하는 세대가 디지털들이나 그들에게는 꿈이 없다. 인류공영에 이바지하기 위해서라도, 아니 디지털 세대의 미래를 제시해주기 위해서라도 회초리 맞아가며 외워야 했던 국민교육헌장을 아날로그들은 다시 한번 되새겨 봐야 할 것이다. '말'이란 시대에 따라 이유가 있어 빚어지는 것이라고 했다. 국민교육헌장은 기계식세대와 디지털 세대에는 없었다. 오로지 아날로그 세대에서만 회초리를 맞아가며 외어야 했었는데 왜일까!

1960년대 말~1990년대 초까지는 국민교육헌장이 교과서에 실려 있어, 70년대 말까지 초·중등교육을 받은 이들은 종아리를 맞아가며 무조건 외어야 했었다. 이렇게 베이비붐 세대인 아날로그들에게, 우리는 민족중흥의 역사적 사명을 띠고 이 땅에 태어난 이유를 가리켜서, 오늘날의 1안의 물질 경제성장을 일구어내기는 했으나 2안의 정신문화콘텐츠는 개발해내지 못했다. 이들이 이 땅에 태어난 이유는 정신문화개발에 있었던 것이다. 하지만 우리 민족을 일깨우기 위한 헌장을 바르게 받아들이지 못해 1안에서 멈춰버린 작금은 어떠한가. 이 시대의 주역들이 소임을 저버리면서부터 핵심축에서부터 어려움이 시작되었다는 사실을 깨우쳐야만 한다.

3. 인기

인기인들에게 열광하는 인연들은 그들의 재주를 갈구해서가 아니라,

자신의 그 무언가 고픈 것을 채우기 위함에 있다.

그들의 열망하는 것을 채워주지 못하면 떠난다.

1안의 재주는 인연을 불러드리는 방편이라,

그 재주로 인연들을 불러드렸다면 2안의 대안을 제시해 줘야 한다.

　

상대방을 존중해줄 수 있는 기본적인 바탕은 갖춤에 있다. 제아무리 서로를 굳게 믿고 의지하며 살아가 보자고 약속을 한다 한들 '그래야만 했던', '그럴 수밖에 없었던' 상대방의 입장이나 처지를 고려하지 못한다면 신뢰의 구축은 어렵다. 그러한 처지에 놓인 상대방을 이해하고 받아들인다는 것은, 신뢰를 쌓아 인기를 얻고 인맥을 쌓기 위한 수순이라. 자기 이미지를 바르게 세워놓지 않으면 불가능하다.

인기(人氣)를 얻기 위해 신뢰를 쌓아가는 것이든, 신용을 얻기 위해 신뢰를 쌓아가는 것이든 그 본질은 상대를 덕 되게 하는 것에 있으니, 자신을 먼저 갖추어놓지 않으면 쌓기도 어려울뿐더러 무너지는 것도 한순간이다.

• 대자연의 질서는 앞에 온 상대를 덕되게 하는 것이다

시대가 나를 만들어 진화해 나가는 것도 상대방의 처지를 바르게 받아들이기 위한 것에 있다. 진화는 사고를 최고의 정점으로까지 끌어올리려 하고 있으나, 제 스스로 집착에 묶여 편승하지 못하는 것이 문제다. 하물며 제 구실을 못한다 하더라도 탓할 자격은 대자연이 누구에게도 주지 않았다는 사실이다. 제 뜻대로 안한다고 불만이고, 잘 되고 못된다는 사실을 아니까 불만인 탓에, 세상은 아는 자가 책임져야 하는 것이다.

신뢰를 쌓기도 전에 옳고 그름의 잣대를 들이미는 간섭과 참견은 내가 편하고 자 저지레 떠는 소리에 불과하다. 제 주제도 모르는 주제에 제 것이 옳은 것 마냥 떠들어 대고서는 너를 위한다는 명분으로 몰아붙이니 신뢰가 쌓일 리가 있기나 하겠나.

내게 주어지는 일이란 살아가는 동안에 스스로 해야 하는 일뿐이다. 꼭 해야 하는 일과 안 해도 괜찮은 일이란 없다. 내게 주어지는 일은 있어도, 상대를 위해 꼭해야 하는 일이란 없기 때문이다. 세상사 나 하기 나름이라, 대자연의 질서는 내 앞에 온 상대방을 덕 되게 하는 행위에서부터 시작된다는 사실이다.

너와 더불어 살아가야 하는 것이 인생이라, 살아가는 동안에 사랑을 배우는 것도 너와 함께하기 위해서다. 사랑하며 살아가야 하기에 사랑을 배우고, 그렇게 배운 사랑으로 사랑을 하며 살아가고 있다고 말들을 하나, 문제는 그렇게 배운 사랑에 있었다. '당신만을 사랑 해' 해놓고서는 어느 정도 시간이 흐르면 제 실속만 채우려드니 그렇게 배운 사랑으로 인해, 사랑은 너를 위해 하는 것이지 나를 위한 것이 아니라는 사실을 잊어버리는 모양이다. 그렇지 않다면 정서 빈곤으로 인한 증오와 분노가 폭발하지는 않을 테니 말이다. 이는 사랑이 무엇인지 모르는 상태에서 다들 사랑 타령하며 살아가다 해대는 짓이란 것이다.

애당초 의기투합해서 살아가는 것이 사랑이라고 배워서 그랬는지도 모른다. 그래서 요 모양인가. 어떻게 의기투합해서 살아가야하는지를 모르니 저마다 자기 계산법대로 사는 모양새도 가지가지니 말이다. 신뢰를 바탕으로 이루어낸 사랑이 아니라면 사랑을 다시 배워야 하지 않을까. 비단, 남녀 간의 사랑만을 뜻하는 것이 아니다. 인기를 얻어 살아가고자 하는 모든 이들을 두고 하는 말이다. 상대방이 나에 대한 관심도가 높아질수록 고픈 것을 채우기 위한 바람이 있어서다. 게다가 그 바람은 상방의 염원이라, 그 염원을 이루기 위해서는 자기사랑의 인기를 먹어야 하는 것이다.

대중들의 염원이 고픈 것을 채우기 위해 인기인을 찾아다니고 있는 것이다. 이들의 기운을 먹고 사는 인기인들은 고픈 것을 채워줘야 하는 의무가 있음으로, 자신을 먼저 갖추고 나서 대중 앞에 나서야 한다. 그렇다고 어느 특정인을 가리켜서 하는 소리가 아니다. 물론, 대중 앞에서 활동하는 이들은 삶의 질량이 남달라 특별한 자기 갖춤을 필요로 하지만, 평범한 이들의 인기의 기준도 앞에 온 한명의 인연으로부터 시작되니 유념하라는 소리다. 하나에서 시작되는 인연은 내가 어떻게 하느냐에 따라 둘이 되고, 넷이 되고, 여덟이 되듯 배가되어 돌아오기 때문이다.

● 저마다의 재주를 가지고 살아가지만

이 민족의 30%는 지도자이자 공인으로서 이들에게 주어진 지혜는 정(正)의 힘이다. 이 지혜의 힘은 지적으로 덕 되게 살아갈 때만이 쓰이도록 되어있다. 더욱이 공인은 인기를 존경으로까지 승화시켜 나가야 하기에 더 특별한 재주를 가지고 왔다. 따라서 인기(人氣)는 공(公)의 기운이기 때문에 인기인의 재주는, 제 삶을 위한 것이 아니라 내 앞에 너를 위한 공인으로서 덕 된 삶을 살아가기 위한 것에 있다. 나를 위해 쓰려 한다면 생각(思)에서 움직이는 사(邪)된 사(私)의 기운이라, 종례에는 기운이 사(死)할 수밖에 없는 것이 지혜, 재주, 인기다.

사의 힘으로 살아가는 육생(肉生)은 힘의 논리라 행의 공덕을 쌓지 못한다. 인기인 인간은 인육을 쓰고 인생(人生)을 살아가기 위해 지상으로 온 것이지 육생을 살아가기 위해 온 것이 아니다. 때로는 동물육질을 쓰고 생활하다 보니 동물처럼 살아가려는 습성을 보이는데 바로 이것이 문제다. 동물도 아니고 그렇다고 사람도 아닌 그 중간에서 살아가는 인간으로 태어났다는 것은, 사람으로 성장하여 사람들과 살아가기 위해서이지, 동물처럼 살아가기 위해 온 것이 아니기 때문이다.

대우주에서 역행하여 탁해진 기운을 맑히는 길은 상생하는 길뿐이다. 상생이란 내 앞에 온 인연을 위해 덕으로 살아갈 때이며, 이때 쌓이는 덕 된 삶의 공덕으로 말미암아 탁해진 기운을 맑혀나가는 것이다. 스스로가 역행하여 탁해진 기운이다. 제 스스로 맑혀내지 않는 이상, 어느 누구도 맑혀주지 못하는 것이 탁해진 기운이며, 이것이 바로 인간의 원죄다.

이로 인해 대자연은 스스로 기운을 맑혀갈 수 있도록 이 지상에 오만 방편을 내려놓았다고 한다. 하지만 자신을 갖추어 바르게 행하지 못하면 한 뜸의 기운도 맑히지 못한다는 점이 중요하다. 이 때문에 오늘날까지도 재주라는 방편에 빠져 사는 바람에 상생과 힘의 논리를 분별해

내지 못했던 것이다. 나는 누구인가는 접어두자. 왜 인간으로 살아가야 하는가도 접어두자. 하지만 육생과 인생조차 분별해 내지 못했으니 문제인 것이다.

● 타고난 사주가 좋아도 행의 공적을 쌓아야 인생이 순탄하다

내게 주어진 방편을 어떻게 쓰느냐에 따라서 행의 공덕의 질량은 차이 나게 되어있다. 행의 공덕이 자성 청정기운으로서 개개인이 만들어 가야 하는 공의 차원인 만큼, 이를 위해 저마다의 사주라는 기본금이 주어진 것이다.

사주(私主)는 공(公)과 사(私)의 개념으로 봐서는 개인 주체로서의 사(私)의 삶을 뜻한다. 개체로서의 운용주체자이다 보니 둘이었으나 하나로서 순환되고, 그 하나는 둘이기에 운행이 가능한 것이다. 하지만 인기들은 대우주운행 주체의 핵심원소이기에 완전 하나로 흡수되어 운행되지는 않는다. 아울러 사주팔자(四柱八字)로서의 사주(四柱)는 '왜 인간이었나'를 깨우쳐주기 위한 방편으로써 업의 질량을 재는 도구이기도 한 것이다.

이 지상에서 사람도 아니고 그렇다고 동물도 아닌 인간은 사주(四柱)라는 방편을 가지고 어떻게 살아가야하는 것인가를 깨우쳤다면, 육생을 위한 사주(四柱)가 아니라 인생을 살아가기 위한 사주(私主)이어야만 한다. 설령, 이를 모른다 할 지라도 각기 주어진 개인의 삶이므로 사주(私主)인 것이다.

하지만 사주팔자(四柱八字)에서의 사주(四柱)는 4차원에서 받아온 3차원에서 살아가야 하는 삶의 질량인 만큼 팔자(八字)를 위해 8차원의 행의 공덕을 쌓아야 하는 일만 남았다. 타고난 사주가 아무리 좋다고 해도 행의 공덕이 쌓이지 않았다면, 인생살이 순탄할 리 없다. 이렇다면 자신의 인생을 한 뜸도 살지 못한 것이다. 사주(私主)든 사주(四柱)든지 간에 인생을 위한 것이지 육생을 위한 것이 아니라는 점이다.

● 바르게 쓰는 자를 위한 것

인간이 사는 이곳을 3차원의 지상이라 일컫는다. 그렇다고 해서 지구만을 가리키는 것이 아니다. 태양계 전체를 가리킨다. 그리고 이 지상 3차원 안에는 또다시 유상(有相)의 세계인 보이는 3차원과 무상(無相)의 세계인 보이지 않는 4차원으로 나눠졌다. 이를테면 지상 3차원 안에서의 3차원은 육(肉)이 존재하는 물질세계로써 인간이 살아가는 세상을 말한다. 그러나 4차원은 육(肉)과 물질이 존재치 않는 무(無)의 세계로써 기운만이 존재하는 영·혼신의 세계이다.

영·혼들이 인간세계에 나타나는 것은 이생에서 못다한 한(恨)을 풀기 위해서다. 살아생전에 육생의 집착 고에 묶이지 말아야 한 맺혀 찾아오지 않는 법이다. 집착 없이 살아갈 때가 인생을 살아가는 시기다. 집착 고에 묶임으로 해서 저승에서조차 제 할 일을 찾지 못해 헤매야 하는 것이다. 이생에 인간으로 태어난 것은 업 소멸을 하기 위함에 있다. 고로, 이 지상 3차원 안에서의 3·4차원은 유형무형(有形無形)세계가 공조체제를 이루어 돌아가고 있다.

영·혼신은 인간이 죽는 그 순간, 마음에너지는 자동 파괴됨으로써 극단순해진 상태라, 그 무엇도 스스로 할 수 있는 일이라고는 없다. 한마디로 말해서 4차원의 영·혼신은 3차원의 인간의 도움 없이는 이 지상에서 그 무엇도 해나갈 수 없다는 소리다.

하지만 다시금 영·혼신이 육천육혈(六千六血)의 모공을 통해 인육(人肉) 속에 안착되는 순간, 마음에너지도 생성되어 인간으로 다시 환생하게 되는 것이다. 대자연이 마음에너지를 불어넣어 인간으로 환생시키는 단 하나의 이유는 업 소멸을 위해서다. 때문에 이 지상에 빚어진 오만상은 나를 돕기위한 방편이므로 스스로 나를 절대 해하지 않는다는 것이다. 단지, 제 자신이 바르게 쓰지 못하다 보니 자신을 해하는 것으로 착각을 일으키는 것이다. 다시 말해 교화소와도 같은 지상에서 마음에너지를 지닌 인간만이 절대 분별로 살아가야 하는 것도 오만상을 가지고 업을 사해나가야 하기 때문이다.

하지만 이미 원죄로 인해 탁해져 있는 인간은 원죄를 사하기가 여간 어렵지 않은 일만은 분명하다. 그렇기 때문에 인간에서 사람으로 승화시키기 위해 오만상을 빚어 놓은 것이다. 이렇듯 인간에서 사람으로 승화시키기 위해 이 지상에 빚어 놓은 오만상의 방편은 결코 어느 특정인을 위한 것이 아니다. 자신을 갖추어 바르게 쓰는 자를 위한 것들이다.

한편에서 어찌 보면, 물질이 방편이 되는 유상의 3차원은 인간은 저마다의 재주를 가지고 태어났다고 해서 인간만이 사람 사는 세상을 만들어가는 것으로 오해하기 쉽다. 더군다나 극 단순해 짐으로서 어떠한 분별도 영·혼신들은 3차원에서 스스로는 할 수 없기 때문이다. 하지만 인간과 공조체제를 이루어 4차원에서 보이지 않는 힘이 되어줌으로써 이 지상이 운영되어 나간다는 사실이다.

그러므로 사주가 좋다는 뜻은 덕을 행하기 위한 자본금을 많이 받아 왔다는 소리인 것이다. 인기의 자본금은 개인의 근기에 따라 기(氣) 예(藝) 술(術) 등의 방편으로 나누어 줬으며 때로는 무속인들처럼 어느 날

갑자기 신비한 능력을 직접적으로 받는 이들도 있다. 그러나 하나같이 바르게 쓸 줄 몰라서 곤경에 처한다. 내게 주어진 능력이라고 내 것 마냥, 내 욕심 채우려 마구 써버려 엉망이 된 이들이 대다수임을 볼 때, 인간사 내 것이란 없다는 사실을 손아귀에 쥔 방편 앞에서는 다들 잊어버리는 모양이다.

● 고픈 것을 채우고자 찾아오는 것이 인연이다

세상을 쓰는 자의 것이라고 말하는 것도, 인기의 자본금조차 바르게 쓰는 자가 없어서 하는 소리다. 타고난 재능을 널리 알리기 위해서는 자신을 먼저 갖춰야 하는 법이다. 내게 주어진 재주를 덕 되게 쓰지 못하는 한, 어떠한 방편도 바르게 쓸 수 없다. 어려워진 또 다른 이유는 방편을 활용치 못했던 것이다.

받아온 재주라고 해서 제 자신을 갖추기도 전에 써버린다면, 화(禍)로 되돌아오는 것이 재주라는 방편이다. 제아무리 사주팔자를 잘 타고났다 하더라도 바르게 쓸 줄 몰라서 곤경에 처하는 것이다. 제 자신을 갖추기도 전에 마구 써버리니 재주의 자본금이 바닥날 수밖에 없는 일이 아닌가.

어려워졌다면 이즈음에서 왜 어려워졌는가를 되돌아봐야 할 것이다. 혼자서는 살아갈 수 없는 것이 인생이다. 더불어 살아가야 하기에 인기의 자본금은 내 앞에 온 너를 덕 되게 하기위해 내게 준 것이다. 그래서 나는, 너를 위해 자본금을 써야 했던 것이다.

때론 내 앞에 온 너를 위해 썼다고 말하는 이들도 있다. 하지만 갖추지 못하면 덕 된 쓰임새를 모를 수밖에 없으니 제 방식대로 쓸 수밖에 없는 노릇이다. 상생의 순환을 원한다면 엇물린 톱니바퀴를 찾아내야 한다. 상생의 톱니바퀴는 네가 나에게 물리어 돌아가야 하는 것이 아니라, 너에게 내가 물리어 순환의 꽃을 피워내야 하는 것을 말한다. 이것이 바로 참사랑이다.

● 고픈 것을 채워주지 못하면 찾아온 인연은 떠나게 된다

재주의 자본금으로 인연들을 찾아오게 하기까지는 대자연이 만들어 놓은 것이고, 찾아왔다면 이제부터 내가 할 일이다. 재주를 부려서 찾아온 인연들에게 똑같은 재주만을 또 피우려 든다면 더 이상의 호응을 얻기 힘들다.

인기인들에게 열광하는 인연들은 그들의 재주를 갈구해서가 아니라 자신들의 그 무언가 고픈 것을 채우기 위함에 있다. 그들의 열망하는 것을 채워주지 못하면 떠난다. 1안의 재주는 인연을 불러드리는 방편이라 그 재주로 인연들을 불러드렸다면 2안의 대안을 제시해 줘야 하는 것이다. 그들은 공인이나 유명인을 통해서 자신의 허하고, 고픈 것을 채우려고 찾아다니고 있기 때문이다.

이는 연예인이나 스포츠 스타 뿐 만아니라 간판을 내 걸은 모든 업종의 종사자들도 이와 마찬가지다. 예를 들어, 파마를 잘한다고 해서 미장원 간판을 걸었다고 치자, 무엇을 어떻게 하든 원장의 근기만큼 어느 시기까지는 1차적으로 주어진 인연들이 찾아오게 마련이다. 게다가 파마기술이라는 자본금으로 인연들을 불러드렸다면 불러드린 후부터가 원장이 해야 할 몫인 것이다. 1안은 인연을 만나기 위한 방편이었던 것이고, 만나서 인연이 되었다면 그들이 필요로 하는 2안의 대안을 제시해

줘야 하는 법이다. 2안의 대안을 제시하지 못하고 자본금인 1안의 기술만 가지고 언제까지 불러드릴 수만은 없는 노릇이다.

재주가 크건 작던 그 일을 하기 위해 간판을 걸었다면 무엇을 어찌하든 인연은 찾아오게 마련이다. 그러니 그들의 고픈 것을 채워주기 위해서는 간판을 내걸기에 앞서 자신을 먼저 갖추어야 하는 것이다. 업주의 기운으로 1차적인 인연이 몰려올 때, 이들을 얼마나 덕 되게 했느냐에 따라서 2차적인 인연의 수가 정해지기 때문이다.

간판을 걸어 재주로 인연을 불러드렸다면, 덕 되게 하기 위한 몫은 업주가 당연히 해야 할 덕 몫이다. 타고난 재능은 너를 덕 되게 하기 위한 방편이기 때문에 '네 몫은 없느니라'는 말이 빚어졌다. 인생은 1안의 재주로 살아가야 하는 것이 아니다. 2안의 대안을 마련하여 덕 된 삶을 살기 위해 태어난 것이다.

● 방편은 덕 된 삶을 살아가자는 것이다

말 그대로 법을 논하는 곳이 법당이고, 예배드리는 곳이 예배당이다. 술 마시는 장소가 술집이라면 그 술집에서 법을 논한다면 그곳이 바로 법당이 되는 것이다. 누가 어디에서 무엇을 어떻게 하느냐에 따라 방편의 쓰임은 차이 난다. 사찰이나 교회나 성당이나 또한 마찬가지다. 간판을 내걸고 인연을 불러드리는 것은 덕 되게 살아가고자 함에 있으니 말이다.

재주의 자본금을 가지고 상업적인 간판을 건 업주도 이와 다를 바 없다. 덕으로 살아가고자 인연을 불러드리는 것이다. 그러니 덕이 되지 않으면 떠나는 것이 인연들 아닌가. 도량의 주인이나 업장의 주인이나 매 마찬가지다. 누가 더욱 덕 되게 하느냐에 따라 인연 수에서 큰 차이를 보이는 것에서는 말이다. 도량에 인연이 찾아들지 않는 것도 업장에 인연이 찾아 들지 않는 것도 이와 같은 연유에서다. 덕 되지 않았기 때문에 떠나거나 찾아들지 않는 것에 대해서 말이다.

재주는 인연과 통하기 위한 방편이지, 잘 먹고 잘살기 위한 돈벌이 수단으로 주지 않았다. 재주를 가지고 제 먹고 살기 위한 수단으로써만 찾아오는 인연을 대했기에 어려워지는 것이다. 돈이란 방편 속에 묻어있는 것이 아니라, 덕으로 행할 때 인연을 통해 덤으로 들어오게 되어있는 것이 돈이다. 돈 때문에 일을 하거나 인연을 만나야 하는 것이 아니라 덕된 삶을 살아가기 위해 인연을 만나면 돈은 덤으로 주어진다는 소리다.

재주의 방편으로 내걸은 간판은 '무엇을 도와드릴까요'라는 의미를 업주가 깨우치지 못해 인연들을 떠나게 만든다는 사실을 알고나 있을까. 덕이 될까 해서 찾아온 이들이 덕 되지 않으니 떠나는 게 인지상정이다.

덕 되지 않아 떠나는 이들을 붙잡기 위해 1안의 물질적인 기술개발과 분위기쇄신을 위해 업장을 리모델링을 해본다 한들 찾아온 인연이나마 다시 붙잡을지 모르겠다. 인연들이 떠나는 것은 고픈 것을 채우기 위한 것이라, 그들의 허하고 고픈 것을 채워주지 못하는 이상 온다 한들 다시 떠나기 마련이다.

많은 이들이 인기인들에게 열광하는 이유도 다른데 있지 않다. 고픈 것을 채울 수 있나 없을까 하는 바람이 있어서다. 이러한 이치를 깨달았다면 여기서부터가 인기인들의 몫이다. 재능만으로는 인연들을 덕 되게 할 수 없다는 사실을 깨달아야만 한다. 하지만 인기인들이 많은 인연의 기운을 먹고 그 인기에 취해 제 할 일을 바로 하지 못하고 있으니 문제다.

　이들의 염원은 인기인들의 1안의 기(氣)와 술(術)에 있다는 것이 아니라는 사실을 분명히 알아야 한다. 1안의 재능의 자본금을 가지고 있는 이들이기에, 2안의 방편도 가지고 있지 않을까 싶어서 잠시 기대는 것이다. 인기인이 인연들의 인기(人氣)를 먹고 인기가 오르는 만큼, 충만한 기운으로 덕 되게 해줘야 진정한 인기인이다. 게다가 인기인이기 때문에 많은 인연이 따르는 것이 아니라, 많은 인연이 따르기에 인기인이라 불린다. 그럼 왜 너에게는 많은 인연이 따라 인기인이라고 불리는 것일까?

4. 조건

매력적으로 살아가기를 원한다면 덕 된 삶을
살아갈 수 있는 자로 갖춰야 하는 것이다.
어떠한 매력을 풍기느냐에 따라 이로움을 미치는 영향이
다르기도 하지만, 이로움의 영향을 받은 만큼 상대방도
그만한 매력을 풍기며 다가온다는 사실이다.

내가 거는 조건마저도 상대방과 통하기 위한 방편이다. 상호 간에 조건과 조건으로써 만남이 이루어졌다면 조건은 접어두고, 이제부터 상대방을 덕 되게 해주기만 하면 거래는 덤으로 이루어지게 되어있다는 원리를 깨우치는 일만 남았다.

주어진 조건 대 조건으로 상대를 만났다면 그때부터는 조건을 대하지 말고 인연을 대하라는 소리다. 다들 인연을 대하지 않고 조건만을 대하다 보니 그 이상의 사이까지는 될 수 없었던 것이다. 만약에 자신에게 더 나은 조건이 주어지기라도 한다면 인정사정을 봐주기라도 하겠는가.

어떠한 조건을 내걸더라도 조건을 거는 그 자체는 교류를 위한 방편이다. 때문에 내 조건은 내 처지와 가장 부합이 잘되어있다는 사실을 먼저 깨달아야 상대방의 조건에 바르게 응해줄 수 있는 법이다. 원만한 교류를 위해서 상호 간에 공감대를 형성시켜나가기 위해 노력하는 것이 조건이다. 이렇듯 상호 간에 형성시킨 공감대는 조건의 거래에서 이루어지는 것이 아니라 나로부터 시작된 덕 된 행위에서 이루어진다.

누구나가 처한 입장에 따라 내거는 조건은 달라질 수 있지만, 덕 된 행위가 가져다주는 기쁨만큼은 변질될 성질의 기운이 아니다. 어려움의 차이는 상호이익에 따른 견해 차이에서 드러나지만, 덕으로 맞이한다면 별문제가 되지는 않는다.

사실, 견해 차이는 생각의 차이다. 생각은 내 이익을 우선하려들 때 벌어지는 사의 기운이다. 그래서 눈앞의 이익에 목 메이기보다는 내 앞에 온 인연을 덕 되게 하겠다는 마음가짐이 우선한다면, 정의 기운인 마음에너지가 지혜가 발동하기 때문에 생각의 차이를 드러내놓지 않는다.

사의 기운은 정의 기운에 스스로 스며들게 되어있어, 조건을 내걸고 다가오는 인연을 덕으로 대하기만 하면 계약은 덤이라는 소리다. 1안은 2안을 위해 존재하니, 2안의 대안으로 살아가기만 하면 1안은 그 속에 스스로 녹여 흡수되기 때문이다.

● 만족은 결코 자존심이 가져다주지 않는다

처한 상황에 따라 만족의 감응이 다르게 전해오기 때문에 만족해하며 살아갈 수 있다는 것은 조금이나마 자신의 분수를 알아야만 가능한 일이다. 사랑과 인기를 주고받는 조건은 다른데 있지 않다. '그럴 수밖에 없는' 상대방을 이해하고 받아들이는 데 있다. 자신의 입장만 고수하겠다는 자존심이 가미된 일처리가 주된 행위였더라면, 상대방의 처지는 고사하고 자기 분수도 모르고 날뛰는 형상이니 기싸움 밖에 더 해대겠는가.

상대방의 뜻을 헤아리지 못한다면 절대로 만족은 있을 수 없다. 만약에 느낀다면 가진 자의 오만함이나 강자의 방종함이기 때문에 오만과 편견이 빚어낸 자기만족 사이에서 이내 부딪히게 된다. 게다가 이는 상대방의 입장을 무시하는 처사이자 자기만족을 위해 자존심으로 내거는 조건밖에는 안 되다 보니 불편한 심기가 드러날 뿐이다.

더군다나 불편한 심기를 드러내면서까지 자기만족을 얻기 위한 행위로 말미암아 기운이 그만큼 더 탁해진다는 사실을 당시에는 모르는 모양이다. 어려워지고 난 후에서야 자신의 부족함이었다고 말하니 말이다. 만족은 결코 자존심이 가져다주지 않는다는 사실을, 자존심을 내세우려 할수록 꺾이는 상황이 발생하는 데에서 깨우쳐야 하는 것이다.

무엇이 어찌 되든 지간에 자존심이란, 제 자신을 돋보이기 위한 행위에서 비롯되는 짓이라, 고집과도 묘한 연관 관계를 이루고 있어 '내 것'과 '나 만을'이라는 병을 키워낼 뿐이다. 이 때문에 더 나은 생활을 위해 노력한다 하더라도, 아는 만큼밖에 노력할 수밖에 없는 노릇이니 제 아는 만큼에서 살아가야 하는 것이다.

누구든지 자신이 더 좋은 조건에서 계약이 성사되길 간절히 바라고 나서지만, 상호 간에 바른 분배가 따르지 않는다면 계약 성사가 어렵다는 것도 잘 알고 있다. 그러나 나를 위해 주어진 조건이라고 하지만 직접적으로 나를 위해 쓸 수 있는 방편이 없다는 사실을 모르는 모양이다. 따라서 조건이란 상대방을 덕 되게 하기 위한 방편임을 먼저 인식해야 한다.

● 매력적으로 산다는 것

어떠한 이익을 어떻게 주느냐가 관건이기는 하나, 문제는 먼저 취하려고만 들다보니 무엇을 어떻게 줘야 하는지 모른다는 것이다. 매력적인 삶이 무엇인지를 안다면 그 매력을 풍기며 쓰기만 하면 되는 것인데, 매력을 마력쯤으로 알아 힘으로만 밀어붙이려 들으니 매력이 있기나 하려나.

무엇이 바른 것이고, 무엇이 덕 된 것이며, 무엇이 진정한 내 이익인가를 바로 알아야 상대에게 이로움을 줄 수 있는 법이다. 아울러 이러한 덕 됨을 갖춘 자가 매력적인 자이다. 제 술(術)에 취해 제 멋만 뽐내고 자랑하는 자는 그냥 제 멋을 뽐내며 자랑에 취해 사는 자일뿐이다.

매력적으로 살아가기를 원한다면 덕 된 삶을 살아갈 수 있는 자로 갖춰야 하는 것이다. 어떠한 매력을 풍기느냐에 따라 이로움을 미치는 영향이 다르기도 하겠지만, 이로움의 영향을 받은 만큼 상대방도 그만한 매력을 풍기며 다가온다는 사실이다.

● 대자연의 근본은 먼저 주고 받는 것에 있다

이미 주어진 조건이든 상호 간의 맞추어나가야 하는 조건이든 조건이란 상호 간의 기운을 순환시키기 위한 거래의 방편인 것이다. 한편으로 가장 먼저 기운을 순환시켜 나가야 하는 순위는 부모 자식지간, 부부지간, 형제지간, 친우, 친척지간의 관계로써 이는 빚쟁이 도표의 우선순위이기도 하다. 빚을 갚는 대자연의 근본원리는 선(先) 갚고 후(後)에 받는 것에 있다.

예를 들어, 효도를 안 한다고 해서 자식을 나무랄 자격이 부모에게는 없다는 것이다. 21세 성인이 되기 전까지의 자식 교육은 부모 손에 달려 있기 때문에, 효의 몫도 부모의 몫이라는 소리다. 때문에 바르게 하고 싶어도 할 수 없는 것이 효도이며, 받고 싶어도 받을 수 없는 것 또한 효도인 것이다.

사랑하며 살아가야 하기에 인연에 따라 각기 다른 조건들이 주어지고 있다. 근기에 맞게 저마다의 조건으로 인연 지어지는 것은 행복하기 위한 것에 있다. 하지만 직접적인 인연이 되기 전까지는 어떠한 조건도 미리 주어지지는 않는다. 행복하기 위한 사랑의 행위는, 어떠한 바람도 없이 살아가는 그 자체에 배어있어야 한다는 소리다. 맞는 말이다. 사랑의 행위는 티 없이 행하는 행위 자체만 있어야 한다. 그러나 행위 자체에 미리 바람을 가지고 있다면 돕겠다고 생각한 순간부터 공부가 주어지기 마련이다. 어떻게 도와야 덕 되게 돕는 것인가를 바르게 가르치기 위해서다.

어려워졌다면 어려워진 이유, 병 걸렸다면 병으로 고통받는 이유를 깨우쳐줬을 때만이 비로소 그를 도왔다고 말할 수 있다. 이는 물질적인 도움은 육생을 살아가는 데 있어서 약간의 도움이 될지언정 정작 인생을 살아가는 데 있어서 큰 도움 되지 못하기 때문이다. 스스로 인생을 살아갈 때가 바르게 도운 것이다.

이러한 문제를 바르게 인식하기 위해서는 어떤 이는 선천적인 장애를 안고 왜 태어나는 것인가 이에 대한 이유를 알아야만 하는 것이고, 너는 어찌해서 부잣집에서 태어나야만 했느냐에 대한 이유에 대해서도 바르게 알고 있어야 하는 것이다. 크고 작은 조건들이 서로에게 맞추어 살아가야 하는 것에서부터 인생이 시작되니만큼 인생은 혼자서는 살아갈 수 없으며 그 누구도 대신해 줄 수 없다는 것을 대자연이 가르치고자 하는 바이다.

사실, 덕행 자체에는 주는 이도 받는 이도 없다. 타고난 기운이니 함께 쓰고자 함이고, 이왕 써야 하는 재능이기에 바르게 쓰고자 노력하자는 것뿐이다. 얻고자 해서 얻을 수 있는 것도 없고, 구한다고 해서 구 할 수 있는 것이 아니라는 소리다. 너와 함께 덕 되게 살아가라고 대자연이 주어진 조건인 것이다. 따라서 덕 되게 쓰는 자에게는 구할 수도 있고 얻을 수도 있는 것이 방편이기도 한 것이다.

● 내 성공의 조건은 내 근기에 맞는 내 조건이라

물질이 많아 나누어 준 것을 가지고 덕으로 행한 것이라고 말하지 않는다. 대자연은 누구는 도와주는 자이고, 누구는 도움을 받아가며 살아가게끔 절대로 만들어 놓지 않았다. 상생을 밝혀내기 위한 방편으로 서로를 만나게 했을 뿐이다. 그리고 동물의 육질인 인육을 지탱시키기 위해 오만상의 물질을 빚어 놓았다. 비단, 물질은 인육을 지탱시키기 위한 것도 있지만, 너와 나 상생의 매개체로서 필요요소이다 보니 이를 방편으로 인연들이 찾아들게 만들어 놓은 것이다.

여하튼 어떤 방편을 어디에 어떻게 쓰던 지간에, 시대에 편승하는 방편을 가지고 있음으로 해서 인연들이 몰려와 인기가 있다는 일은 좋은 일은 분명하다. 그러나 좋은 재능만 가지고 있다고 해서 인기인은 누구나가 되는 일이 아니다. 말 그대로 시대의 흐름에 편승하는 능력을 부여받은 것과 이에 걸맞은 갖춤이 뒤받쳐 줘야 한다는 소리다.

그러므로 인기인은 인연을 몰아줄 때까지가 대자연의 몫이고, 인기가 오르는 그 순간부터가 인기인의 몫이라는 사실을 알아야 한다. 그렇기 때문에 내 앞에 찾아온 인연들을 위해 덕 된 삶을 살아갈 때가 돼서야 비로소, 인기인으로서 삶을 구가해 나가는 것이라고 말한다. 내 손아귀에 쥐어준 조건이란 덕으로 살아가기 위한 소중한 방편이기 때문이다.

아울러 내 성공의 조건은 내 근기에 맞는 내 조건이므로 상대방의 근기와는 전혀 무관할 수도 있다는 사실이다. 자수성가했다고 해서 제 비결을 떠벌린다는 것은 상대방을 덕 되게 하기 보다는 자기도취에 빠진 행위일 수밖에 없으니, 가슴 아픈 일이 뒤이어 일어나는 것도 당연하다. 게다가 타고난 제 사주만큼 이루어놓은 것을 보고 성공한 것이라고 말하고 있으니, 자기 자랑이라고 할 수밖에 더 있겠는가.

너는 네 근기에 따른 네 방법의 삶이 있을 테고, 나는 내 근기에 따른 내 방법이 있기에 삶의 모습이 다른 것이다. 이렇듯 지상의 인구수만큼 살아가는 모습이 다양하게 나타나는 것도 각기 해야 할 일이 다르게 가지고 태어났기 때문이다. 근기 근기마다 사주의 기본금을 가지고 1안의 최고 정점에 까지 오르는 길도 이 지상의 인구수 만큼이나 다양하게 나타나고 있는 것이다.

자기 방법대로 해야 성공한다고 가르치려 들고, 자기를 따라야만 뜻을 이룰 수 있다고 말하는 것도, 상대방의 근기를 무시한 처사라 결코 누구에게도 유익할 수 없다. 다들 그래서 그런가. 1안의 뜻을 이룬 후에 밑으로 떨어져야만 하는 이유에 대해서는 이렇다 저렇다 말하는 이가 없으니 말이다. 있다고 하더라도 고작 평계의 구실이 전부다.

인간사회에서는 실패한 이들뿐인데, 실패한 원인에 대해서는 모두가 함구하고 있으니 하는 소리다. 그리고 하나같이 성공에 대해서만 떠들어대고만 있다. 그래서 실패할 수밖에 없었던 원인에 대해 남 탓으로 일관하는 것인가. 몰라서 못했다는 소리는 안하니 말이다. 자신을 갖추기도 전에 사주의 기본금만을 가지고 뛰어들어 실패한 것인데, 운이 안 따라 그랬다거나 알면서도 속수무책으로 당할 수밖에 없었다는 변명 일색이니. 저마다의 실패에도 자기변명이 분분하다.

성공보다는 먼저 실패한 이들의 원인을 잘 다루어야 한다. 실패의 원인을 바르게 다루지 못해서 실패하기 때문이다. 성공하는 방법이야 이 지상의 인구수만큼이나 다양하다지만, 실패하는 조건은 오로지 하나라는 사실을 모르고 있다. 그것은 덕으로 행하지 못했다는데 있다. 자신의 근기만큼 제 자리에 오른 뒤에 무엇을 어떻게 해야 하는 것인지 몰라 실패하는 것이다.

1안의 대안은 경영자의 타고난 사주만큼 이룩해 낸 것이라 성공한 것이 아니라는 소리다. 1안의 대안까지는 이미 주어진 것이라, 거기까지는 무엇을 어찌하든 도달하게 되어있다. 2안의 대안으로 가기 위해서 말이다. 그러기 때문에 CEO가 2안의 대안을 찾지 못해 1안에서 모두가 주저앉는 것이다. 그리고 성공했다고 떠벌이는 그 시점부터가 2안의 대안을 찾기 위한 과제가 주어진 것이다. 하지만 떠벌이는 이유에 대해서는 누구도 생각지도 않는 모양이다. 그래서 다들 1안에서만 머물다가 떨어지고 마는 것이다.

● **배고픈 자에게 밥 한 술 주는 것이 문제가 아니다**

덕으로 사는 삶이란 내 앞의 인연, 방편으로 불러드린 이들을 바르게 살아가도록 하는데 있다. 덕 된 삶을 살아가기 위한 덕 된 행위의 근본은 바로 상대방의 근기를 바로 아는 것에서부터 시작되기 때문이다. 상대방의 근기를 무시하고 제 방식대로 도운 것을 가지고 도왔다고 우쭐댈 줄만 알았지, 제 잣대로 도운 것으로 인해 인생이 잘못된 것에 대해서는 나 몰라라 하니, 그럼 그들의 인생은 누가 책임질 것인가.

책임지지 못할 행위를 해대며 오늘날까지 살아왔을망정 지금부터라도 살아가는 이유에 대해서 한 번쯤은 생각해봐야 하지 않을까. 아무런 이유도 없이 어려운 상황에 직면하는 법은 없다. 바른 것이 무엇인지 모르고서는 덕 된 삶을 살아갈 수 없는 것처럼 말이다. 제 안위만을 생각하다 보면 상대방의 처한 상황을 바르게 볼 수 없는 법이다. 따라서 배고픈 자에게 밥 한술 주는 것이 능사가 아니다. 병자를 고쳐주는 것이 능사가 아니다. 왜 어려워져야만 했으며, 왜 병에 걸려야만 했는지에 이에 대한 이유를 먼저 깨우쳐야 한다는 것이다.

인간은 자기 주체로 절대 분별의 삶을 살아가야 하기에 마음에너지가 생성됐다. 하지만 기운의 주체가 없어 마음에너지가 생성되지 않은 동물의 본능은, 생각에 의지하며 살아가야 하기에 배고프면 먹고 피곤하면 잠자는 일상이 전부다. 그런고로 덕 된 삶을 살아가기 위한 지혜는 절대 분별이라 말할 수 있어도 대가성 행위의 차원은 생각이 일으킨 사의 행위라, 절대 분별일 리가 없는 것이다. 마음에서 우러나오는 지혜, 생각은 동물적 차원의 대가성 행위이므로 덕 된 행위와는 일치할 수 없다는 소리다.

사실, 받는 자보다도 주는 자의 선행이 크다고는 하지만 덕 된 질량은 그다음 행위에서 차이 난다. 있으니까 주는 것이고, 받아야 할 수밖에 없는 처지라 받는 것이다. 그러나 주는 이는 무얼 위해 어떻게 주느냐는 것이며, 받는 이는 받은 후에 무얼 어떻게 하느냐에 따라 차이가 나는 것이다. 인간이 누려야 할 최고의 가치는 행복이기 때문이다.

5. 스스로

인간은 본향으로 회귀를 위한 자유의지를 가지고 있어

제재를 가한다거나 구속시키려 든다면,

회귀본능에 귀의한 자유의지를 말살시키는 행위임을 유념해야 한다.

인간 본성의 고유한 특성은 있어야 할 곳에서

제 할 일을 하기 위해 스스로 찾아들어가게끔 되어있다는 사실이다.

하늘은 스스로 돕는 자를 돕는다, 심은 대로 거두리라는 인과응보의 법칙이 인간 생활 깊숙한 곳에서부터 수식어처럼 붙어 다녔던 모양이다. 네게서 나온 것은 네게로 되돌아가야 하듯이, 제 스스로 나아갈 바를 밝혀내지 못하면 그 무엇과도 바르게 순환할 수 없으니 말이다.

인생은 나하기 나름이라고 가르쳐대는 것도 대자연은 누구의 미래도 결정해 놓지 않았기 때문이다. 그래서 그런가 대신(代神)들 조차도 인과응보의 법칙을 거스리지 않고 있으니 말이다. 대자연이 지상 3차원에 오만상을 빚어 두었을 때 이미, 인간의 삶은 신에 의해 결정되는 것이 아니라, 제 스스로 밝혀나가게 되어있음을 깨우쳤어야만 했으리라.

대역대신(代役代神)들은 인간 세상의 등불이다. 이 지상은 사람 사는 세상을 만들어가기 위해 대자연이 빚어 놓은 것이다. 더불어 인간을 위해 대신들이 존재하는 것이지, 대신들을 위해 인간이 존재하는 것이 아니라는 소리다. 인간 스스로가 상생을 밝혀낼 때까지 사랑을 가르치고 그 사랑으로 보살펴 주는 데까지가 대신들의 몫이다.

보살펴준다는 의미는 스스로 사랑을 일구어낼 때까지였으나, 애석하게도 인간들은 오늘날까지 그 사랑에 빠져버려 그 무엇도 일구어내지 못했다. 병고를 치르거나 어려워졌거나 고통스러울 때마다 자신이 바르게 살지 못해서 그렇다는 사실은 뒷전인 채 신에게만 매달려왔으니, 어찌 스스로 바르게 행하지 못해 막혔다는 사실을 알 수나 있었을까.

● 일체의 간섭이나 참견 없이

대우주에서부터 탁해진 기운을 맑히기 위해 지상 3차원을 빚었다. 이때 인기들의 순환을 돕기 위해 빚어둔 오만상도, 스스로 상생을 일깨워 주기 위한 방편인 관계로, 스스로 존재해 나가도록 빚어 두었다. 인기는 본디 대우주에서부터 스스로 동했던 터라 인육을 쓰고 생활하는 이 지상에서, 이래라저래라 간섭하는 행위는 역효과를 가져올 뿐이다. 대우주의 주인으로서 스스로 동하여 순환하던 관계로, 객체이자 주체인 인기들의 존엄성을 지켜주기만 하면 알아서 스스로 제 역할을 찾아서 한다는 소리다. 이는 본성에 충실 하려는 자유의지로서 본향으로의 회귀 본능에 귀의한 것이다.

이를 인간 생활에서 비유해보면 상방의 간섭으로 탁해진 기운은 상호 간의 내조로 맑혀내야 하는 이치와 같다. 상호 간의 내조란 일체의 참견이나 간섭 없이, 스스로가 찾아 행하도록 개인 주체의 존엄성을 존중해주는 것이다. 사실, 상대방의 근기도 모른 체 자기 논리에 맞춰 보려 한다면 맞추지도 못하거니와 내 뜻을 상대에게 억지로 맞추려 든다면 상극의 골만 깊이 파질 뿐이다.

사람으로 승화되기 이전의 인간은 마음에서 우러나는 행위보다는 항시 생각이 앞선 행위가 우선하다 보니 나밖에 모르는 행위로 도출이 되어, 나 따로 너 따로 놀아나는 꼴을 보이게 되는 것이다. 이로 인해 깊어져 가는 상극의 골은 어찌 보면 진화를 위한 인간사회의 모순이라고도 할 수 있다. 허나, 모순의 싹을 바르게 인식하지 못한 관계로 대립 구도가 연출되면서부터 삶의 격차가 벌어지자 상생을 분별할 수 없는 지경에 까지 이르렀다.

서로가 어우러져 살아가야 하는 사회, 인류가 하나가 되는 사회를 구현하기 위해 보내졌다는 사실을 '각'에서 비롯된 개인 우월주의로 지도자들이 그만 망각해버린 모양이다. 이러한 편협한 사고는 삶의 격차가 벌어질수록 제 스스로 찾아 행하려는 자유의지를 말살시킨다는 사실을 깨우치지 못한 탓도 있다.

개인 우월주의에서부터 비롯됐다고 할 수 있는 힘의 논리는 상대성으로 나타나므로, 심한 빈부의 격차를 드러내 보이면서부터 집단우월주의를 파생시켰다. 이렇게 파생된 집단우월주의는 집단이기주의 체제로 변모하면서부터 민주와 공산의 대립 구도가 형성되었고, 또다시 진화를 위한 자기체제의 우월성을 드러내 보이기 위해 자본주의와 사회주의로 탈바꿈시켰다. 이도 사실은 상생의 공조체제를 이루어 살아가려는 사상이라 틀리지 않은 것만은 자명하다. 단지, 누구에게는 맞고 누구에게는 맞지 않는다는 것에 대한 문제만 빼고 말이다.

• 자유의지는 내 앞에 온 인연을 덕 되게 하는 일이다

진화를 위한 과도기에서는 늘 자기 논리의 우월성을 부르짖으며 그 틀에 맞춰 살아가려고 안간힘쓴다. 인간은 본향으로 회귀를 위한 자유의지를 가지고 있어 제재를 가한다거나 구속시키려 든다면, 회귀본능에 귀의한 자유의지를 말살시키려는 행위임을 유념해야 한다. 인간 본성의 고유한 특성은 있어야 할 곳에서 제 할 일을 하기 위해 스스로 찾아들어 가게끔 되어있기 때문이다.

본성들이 이러하니, 짜 맞춰진 틀에 맞추어 살아가기가 여간 어려운 일이 아니다. 문제는 자유의지 말살로 인해 있어야 할 곳에서 제 할 일을 못하며 살아가고 있다는 것이다. 더군다나 종교 율법과 사회규범은 인간 주체의 존엄성에 은근히 제재를 가하는 형국이라, 스스로 탁해진 기운을 맑혀내야 하는 자유의지를 말살시키고 있다. 모든 것을 신에 의지해야만 하기 때문이다. 천지 대자연은 인의 부모인 만큼, 부모님은 자식들에게 치우침 없이 가야하는 길을 제시해 줄 뿐이다.

따라서 인간의 자유의지는 내 앞에 온 인연을 덕 되게 하는 일이다. 하지만 인간 주체의 존엄성을 바르게 이해하지 못하는 관계로 사랑의 행위조차 자기 계산법대로 이끌어가고 있는 현실이다. 기도만 하면 신이 모든 것을 해줄 것이니 믿고 따르라는 행위는 자기 욕심을 채우기 위한 분별에서 나오는 행위이니 어찌 상대에게 맞춰 나갈 수 있기나 하겠는가.

상대방의 사고에 응하기 보다는 내 사고에 상대가 맞춰 나가야 한다는 조건을 내거는 순간부터 감성적이어야 할 부분에서 힘으로 밀어붙여야 하니 힘의 논리가 작용할 수밖에 없는 노릇이다. 감성으로 일구어낸 성취가 아니라면 욕심으로부터 성장한 욕망을 억제시켜야 한다. 감성은 지적으로 상대가 원하는 바대로 응해주고 뜻하는 바를 성취하는 것이고, 욕심은 내 뜻하는 바대로 상대를 이끌어가려는 행위이기 때문이다.

그러나 재물과 권력을 얻고자 한다고 해서 욕심부리는 행위로 봐서는 안 된다. 근기에 따라 주어지는 방편인 만큼, 그만큼 능력 있는 자의 몫일뿐이다. 하지만 욕심이란, 나를 위해서만 쓰려 했기에 불려지는 욕된 소리임이 분명하다. 그래서 이를 제어시키기 위해 인간이 인간을 위해 만든 윤리를 부르짖기도 했다. 이렇다 보니 자기 편애함만을 추구하고자 하는 꼴을 보이기 십상이다. 어찌 보면 자기 편리성에 따른 대목에서부터 하나, 둘씩 법도가 나열되자, 이를 덕목으로 정당화시키려는 논리도 출현하게 된 것이고, 이러한 시기부터 구속 아닌 구속의 시대도 시작된 것이다.

'나는 누구인가'를 아는 것은 고사하더라도 내 앞에서 벌어지는 일들만큼이라도 바르게 받아들일 수 있어야 한다. 이도 저도 아닌 삶을 살아가다 보니 자유의지란 본향 회기를 위한 인기들의 본성임을 어찌 깨우칠 수나 있겠는가. 우리 하나하나는 개체이자 주체로서 스스로 어우러져 상생을 밝혀나가기만 한다면, 그 누구도 자신의 업을 대신 사해줄 수 없는 이유와 인생을 대신 살아 주지 못하는 이유를 이미 깨우쳤을 것이다.

● **즐거울 수 없는 불안함은 욕심으로 들이대는 잣대가 만들고…**

갖춘 자는 상대방의 다양성과 주체성을 인정하기에 참견과 간섭으로 지배하려 들지 않는다. 갖추지 못한 자들일 수록 지배하려들기에 공존하지 못하는 것이다. 때문에 소인은 동이불화(同而不和)하고 대인은 화

이부동(和而不同) 한다는 말이 빚어진 모양이다. 그리고 보면 상대방에게 내 방법만이 옳다고 강요했던 것이 문제시됐다. 그가 지니고 있는 고유의 특성을 인정하고 격려만 해줘도 차원 높은 조화를 이끌어 갈 수 있었는데 말이다.

그러기 위해서는 본디, 자신 고유의 특성을 먼저 알아야만 한다. 나는 나에게 무엇을 하고 있는 것이며 너는 나에게 무엇을 원하고 있는가에 대해서다. 내가 나를 모르고서는 상대방을 바르게 위할 수 없는 노릇이다. 내가 나를 바로 알고만 있더라도 상대방이 도저히 이해 못할 짓을 한다고까지는 여기지 않는다. 유독 내 앞에서만 그러해야만 하는 이유 있는 항의를 이해하지 못한다면, 앞으로 유사한 상황이 되풀이되어 일어날 수밖에 없다는 사실을 모르는 바와도 같다.

즐거울 수 없는 불안함은 욕심으로 들이대는 잣대가 만들고 내 계산법이 빗나갈 때마다 인간 살이 '탓'해대는 것이다. 자기 일을 찾아 할 때가 가장 즐거울 때이나 바르게 처리하지 못하니 매사가 부정적이다. '탓'할 때마다 한 번씩 제 기운이 탁해지고 있는데 어디 즐겁기나 하겠는가 말이다. 때로는 억지도라도 즐거워 보려 애써보지만 내 뜻을 받아 주는 이가 없으니 이도 잠시다. 너와의 사이도 '탓'한만큼 이미 멀어져 있었기 때문이다.

내할 일을 바르게 행하지 못하는 이상 배려란 있을 수도 없다. 배려도 내할 일을 바로 해나가기 위한 행위이므로 자기 일을 먼저 바르게 처리하지 못한다면 배려 일리가 없다. 제 좋아서 하는 행위라 갖추지 못한 이들의 관심은, 자칫 참견과 간섭이 되기 일 수라, 자기자랑이 될 수밖에 없는 노릇이다.

사실, 참견과 간섭에 대한 분별은 누굴 어떻게 위하느냐에 따라 그 잣대가 다르다. 갖춘 자는 상대의 방법에 따라 응해주지만, 갖추지 못한 자 일수록 제 방법을 상대에게 들이미는 습으로 인해 덕 된 행위가 그리 쉽지는 않기 때문이다. 오히려 참견과 간섭은 어려움을 줄 뿐이다. 상대 방이 도움을 청해오지 않는 이상, 내 기운을 밝히는 일에 우선해야 하는 법이다.

● 화

상대방이 내 뜻대로 해줘야 할 이유가 없듯이 그 상대를 뭐라고 나무랄 자격을 대자연이 내게도 주지 않았다. 이유야 어찌 됐든 간에 '화'를 낸다는 것은 내 뜻대로 안되기에 뭉쳐진 욕심의 '때'가 폭발하는 것이다. 우리는 각자의 인생을 살아가기 위한 목적을 가지고 이곳으로 보내졌다. 저마다 주체자로서의 법을 가지고 말이다. 이 때문에 신도 인간을 나무라지 못하는 법인데, 하물며 인간이 인간에게 이러쿵저러쿵 나무랄 수 있다고 생각하는가.

사람으로 승화되기 이전의 인간이다 보니 못마땅해 할 수도 있는 법이다. 욕심에 따라 출렁이는 잣대를 잠재우지 못하면, 폭발하는 '화'를 통해 잘못 살아온 지난날의 습이 배어 나오기 마련이기 때문이라서 그렇다. '화'도 필요할 때 써야 하는 방편일 수도 있다고 하겠지만, 만약 쓰려 한다면 누굴 위해 어떻게 써야 하는지를 분명히 알고나 하느냐는 것이다. 자칫 '화'의 불똥은 분노나 모욕으로 되돌아오기 십상이라. 감수해야 하는 몫도 제 몫이라는 사실을 알고 해야 할 것이다.

'화'를 폭발시켜 작은 만족이라도 취할 수 있다면 그나마 다행이다. 하지만 욕심에서 분출되는 화는 결코 자신은 물론이요, 상대방에게까지도 유익할 수 없는 행위다. 더군다나 만족은 덕 된 행위를 했을 때만 느낄 수 있는 기분 좋은 기운이라서 욕심의 근본이 무엇인 줄만 안다면 탁한 기운의 폭발쯤은 다스려 나갈 수 있다. 방귀 뀐 놈이 성낸다고 하지만 이 역시 성내는 놈이 손해가 크다는 사실이다.

무엇이 만족인지도 모르고 만족해보겠다고 난리다. 그도 그럴 것이 만족해본 자가 없으니. 만족이라는 허상의 기대치만 키워놔 좌표를 잊어버려 헤매던 결과다. 계산된 욕심은 자기 능력보다 한발 앞서가기 마련이라, 즐겁지 않은 보람과 만족은 허세의 기운일 뿐이라는 소리다.

'세상은 쓰는 자의 것이다'라고 했다. 덕 되게 쓰고자 할 때 세상사 오만 방편이 내게서 스스로 쓰여진다는 소리다. 갖춘 자는 스스로 순환시켜 바르게 쓸 줄 아는 자다. 다들 바르게 쓰지 못해 어려워졌다. 그리고 모으는 것도 쓰기 위함에 있다. 하지만 써보기도 전에 괴로워들 한다. 나를 위해 어떻게 써야 하는지 모르기 때문이다.

6. 거절

방편을 어떻게 쓰느냐에 득실의 차이는 크게 드러냄으로

거절도 상대를 위한 승낙이다.

치우친 분별로 거절을 생각한다면 냉정하고

이기적이라고도 하겠지만 덕이 된다면 말이 다르다.

인정받고 싶다면 거절할 줄 알아야 한다.

인정을 받는 것은 부탁을 받아들이는 것에 있는 것이 아니라

덕 되게 하는 것에 있다.

거절도 승낙과 마찬가지로 순환의 의미라 단순히 부탁을 물리치는 것만을 의미하지 않는다. 이를테면 누굴 위한 승낙이며 누굴 위한 거절이냐는 소리다. 거의 제 자신의 안위만을 위한 승낙이고 거절이다 보니, 도움을 받으러 온 상대방에게는 어떠한 덕도 되지 못하는 것이다.

덕 된 행위에 대한 분별은 누구를 위한 승낙이며 거절이냐에서 나타난다. 내게 불어오는 바람은 내가 맞아야 하는 바람이기는 하지만, 무슨 바람을 어떻게 맞느냐 하는 것도 자기 하기 나름인 것이다. 승낙도 상대를 위한 것이라면 거절도 상대를 위한 것이어야 한다는 소리다.

갖추지 못한 이들이 해대는 행위는 고작해야 자기 마음에 든 만큼 상대방의 뜻에 응해주는 것이 고작이다. 사소한 부탁에서부터 거절에 이르기까지 앙금의 때가 쌓여가는 것은 갖추지 못한 만큼 분별이 뒤틀려 있기 때문이다. 뒤틀려 있는 만큼 소통을 위한 앙금의 폭발은 불가피한 것이다.

게다가 하찮다 싶은 일들이 쌓이고 쌓여서 화가 폭발하는 것이지, 한꺼번에 쌓여 폭발하는 앙금의 때가 없다. 사소하게 생각하는 방편들 조차도 소통을 위한 것이다. 자신을 위해 쓰려다가 부닥쳐서 쌓인 앙금의 때는 소통에 장애가 되므로 뚫어야만 한다. 하지만 앙금이 쌓인 화의 때를 어떻게 소통을 시킬 것인가. 바로 그것이 문제다.

배고프다고 밥 한술 주고, 춥다고 옷 한 벌 주는 것이 문제가 아니다. 무엇을 어떻게 해줘야 내 앞 온 인연을 덕 되게 해주느냐다. 덕으로 살아간다는 것은 절대 분별의 삶을 살아간다는 것이며, 절대 분별의 삶을 살아간다는 것은, 착하게 사는 것이 아니라 바르게 살아가는 것을 말한다.

바르게 살아가고 있는 이에게 있어서는 거절도 덕목이다. 나를 위한 행위가 아니라 상대를 위한 소신의 행위를 하게 되는 만큼, 거절마저도 덕 된 삶의 일부분이라 말할 수 있다. 이는 절제도 인색함도 아니다. 행위 자체가 덕이 되므로 바르게 거절할 수 있는 것이다.

● 착한 심성을 보여야 한다는 어여쁜 생각은 거절을 두려워한다

어려움을 청해오는 상대방이 있다면, 나 자신에게 청해오도록 만든 대자연의 의도를 한 번 정도는 헤아려 봐야 할 것이다. 상대방에게는 어려움이라는 방편을 주었고, 그 방편으로 하여금 내게 도움을 청해 왔다면 진정 덕 된 행위가 무엇이냐는 것에서다.

대자연이 어렵게 만든 분명한 이유는 바르게 살지 않았기 때문이다. 따라서 덕 된 행위는 물질과 신용을 빌려주는데 있지 않다. 그를 덕 되게 하는데 있다. 도움을 청해오는 이야 어려워져있는 만큼 분별이 흐트러진 상태다. 허나 찾아오도록 만든 이는 그만큼 분별이 맑은 상태라 할 수 있으니 모든 책임을 져야하는 것이다.

말 그대로 덕행이란, 상대방을 지적으로 덕 되게 하는 일을 가리키며, 지적으로 덕 된 행위는 티 없이 상대를 위할 때 자신도 모르게 발휘된다. 자신도 모르게 발휘되는 덕 된 기운이 바로 지혜다. 하지만 미리 계산된 행위는 생각에서 비롯되는 사의 기운이라 덕이 되지 못한다.

이처럼 동물처럼 살아가고자 할 때 생성되는 계산된 행위는 삿된 기운이라 욕심이라고도 말하나, 이 욕심 또한 누굴 위해 부리느냐는 것이다. 지적으로 덕 된 행위는 욕심일 수가 없다. 그렇다고 해서 냉정해지라는 것이 아니다. 냉철해져야 한다는 소리다. 그만큼 대의명분이 뚜렷하지 못하면 제 좋아하는 행위에 지나지 않기 때문에 상대방이 반길 리가 없다.

방편을 어떻게 쓰느냐에 따라서 득실의 차이는 크게 드러내므로 거절도 상대를 위한 승낙이다. 치우친 분별로 거절을 생각한다면 냉정하고 이기적이라고도 하겠지만 덕이 된다면 말이 다르다. 인정받고 싶다면 거절할 줄 알아야한다. 인정을 받는 것은 부탁을 받아들이는 것에 있는 것이 아니라 덕 되게 하는 것에 있다.

착한 심성을 보여야 한다는 어여쁜 생각은 거절을 두려워한다. 두려워하는 만큼 자기 자신에게 솔직하지 못하고, 솔직하지 못한 만큼 상대와도 진솔하지 못하다. 얼마만큼 진솔하게 대할 수 있느냐에 따라 우애

와 돈독의 지수도 차이 난다. 이는 자기 자신에게조차도 바르게 행하지 못하는데 어찌 상대방을 덕 되게 할 수 있느냐는 것이다. 솔직하지 못하면 거절과 승낙 어느 행에도 덕이 되지 못한다.

누구나 쉽게 할 수 있는 말이 가까운 사이일수록 거절을 해야 한다는 소리다. 문제는 가까운 사이일수록 거절이 쉽지 않다는 것에 있다. 부탁하는 이야 아쉬워서 하는 부탁이고, 거절하는 이야 상대방이 힘들게 부탁한 만큼, 그만큼 말띠기가 더 어렵다는 것이다. 하지만 상대방을 덕 되게 하기 위한 행위는 승낙도 호의며, 거절도 호의인 것이나 분별이 어리석은 자는 승낙만을 호의로 안다.

● 합리화는 자기에게 하는 거짓말

절대 분별의 삶을 살아가야 한다는 것은 내 앞에 온 인연을 덕 되게 하자는 것이다. 나만 잘 먹고, 잘 살기 위해 동물처럼 생각이 먼저 앞선다는 자체가 동물 그 이상의 행위에서 벗어날 수 없다는 소리와 같다. 생각이 앞서는 이상, 지혜로울 수 없기 때문에 분별 또한 바르게 이끌어 낼 수 없는 것이다. 한편으로 바른 분별력은 대자연의 질서와 같음으로, 대자연의 질서는 덕으로 행할 때 지켜져 가는 것이다.

대우주의 질서도 순환에 있음으로 오만상의 방편도 질서를 지켜나가기 위해 보이지 않는 수순에 따르고 있다. 생활 속의 사소한 행위에서부터 덕이 되는 수순을 지켜나가지 못하면 무질서해지기 마련이다. 통하는 수순이 뒤바뀌어 무질서해 짐으로써 관계는 멀어지는 것이다.

거절의 행위도 멀리 있는 인연과 주고받아야 하는 정서가 아니다. 앞에 있는 너와 통하기 위한 정서이기에 내게 필요한 것이다. 질서를 위해 정서가 필요한 것도 순환을 시켜나가야 하기 때문이며, 이 또한 나를 우선함에 있지 않다.

나밖에 모르는 삶을 살아가다 보면 행위가 무질서해 이내 막히는 것이다. 막혔다는 소리는 어려워졌다는 것으로서, 이는 덕으로 살아가지 못했기 때문이라는 것이다. 병으로 고통을 받는다는 것도 바르게 살지 못한 것이 그 이유다.

하지만 덕으로 산다는 자체도, 바르게 살아야 한다는 자체도, 그 의미를 바로 알아야 한다. 누가 뭐래도 나만 잘하면 되는 것이다. '네가 해야 나도 한다든지', '나도 할 게 너도 하라든지', '나와함께 같이 잘해보자'는 식은, 처한 상황에 맞춰 생활해 나가야 하는 인간에게는 결코 유익할 수 없는 소리다. 때문에 오로지 나만 잘하면 되는 것이다. 나만….

● 처지를 되돌아보지 않고 탓만 해서는 어려움 뿐이다

어찌 보면 합리화는 자신을 정당화시키려는 구실밖에 안 되므로, 자기가 자기에게 하는 거짓말이 되는 경우가 허다하다. 따라서 자기합리화에서부터 빚어지는 자존심은 자기변명의 구심점이 분명하다. 물론, 합리화시킴으로 인해 덕이 된다면 문제시되지 않는다. 하지만 처한 상황에 따라 부정의 잣대를 두는 통에 상대방을 탓할 수밖에 없는 노릇이다. 이러한 행위도 어쩔 수 없이 해야 할 처지에 놓여 그랬다고 치자. 그로 인해 자기발전에 한 뜸도 기여하지 못했다면 그것이 더 큰 문제다. 이유야 어찌 됐든 자신의 처지를 변명으로만 일관한다면, 어려움은 꿈적도 하지 않는다는 사실이다.

세상사 나를 위해 직접적으로 쓸 것은 아무것도 없는데, 자신을 위해서만 쓰다가 스스로를 옥에 가두어 놓은 사실을 모른다면 자가당착에 빠진 것이다. 그러니 도움을 받는 이나, 이를 합리화를 시키는 이나, 이러한 사실을 떠벌이는 이나, 게다가 이를 투사시키는 이나, 하나같이 열등을 숨기고 우월을 보이기 위한 짓만 해대는 것이다. 내 앞에 인연을 존중하고 그럴 수밖에 없는 상대방을 조금이라도 이해하려 든다면 열등도 우월도 존재하지 않는 법이니 주고받아야 할 상처가 있을 턱이 없다.

존중과 감사를 모르는 오만함은 자신의 약점을 숨기기 위한 위장술인 것이다. 이러한 행위 자체가 누굴 위한 것이든 고쳐야 될 부분이라면, 내 앞에 온 너를 통해 반드시 드러나게 되어있다. 어떻게 받아들여 치유해나가느냐 하는 문제는 본인의 몫이다. 덕 된 삶을 살아가는 데 있어서 허약한 부위는 드러나게 되어있고 모가 나는 부분은 정에 맞고 곪아있는 부분은 터지기 마련이라는 소리다.

대자연은 손과 발이 없다. 고쳐야 할 부분은 내 앞의 인연이 표적을 주는 것이 가르침이다. 이때 표적이 두려워 더 움츠린다거나, 역할 자를 탓한다면 상처만 키울 뿐이다. 게다가 '재수가 없어서' 그랬다고 하든가, '하필이면 또 나야'라든가, 아니면 '…때문에 어쩔 수 없이'라고 핑계로 일관하더라도 상관없다. 삶의 질서가 무너져 생활에 엇박자가 일으키는 가슴앓이 병을 앓고 살아가도 괜찮다면 말이다.

받아야 하는 표적은 근기에 따라 다르게 주어지지만, 갖추지 못한 자일수록 사자 짓을 해대는 역할 자는 누구도 예외일 수는 없다. 자기밖에 모르는 생각이 요동치는 만큼 사자 짓 해대는 역할 자는 수시로 다가온다. 번개가 잦으면 천둥 치는 것처럼 표적이 잦으면 마침내 그 일은 터지고 만다는 소리다. 일이 터지기 전에 예방 차원으로 대자연이 표적을 주고 있으나 '설마'라는 안일한 생각으로 대처한다면 호미로 막을 것을 가래로도 못 막는다.

상대방이 사자 짓을 해댈 때마다 표적의 의미를 깨달아 그때그때 마다 바르게 못 한 행위나 부족한 점을 되짚어봐야 한다. 징조는 인간 잣대로 길흉으로 나뉘었지 사실, 어떠한 징조도 흉한 것은 없다. 잘못 길들여진 '습'을 바로잡아주기 위한 처방이기 때문에, 상대방으로부터 표적 받는 것은 이를 깨우쳐 주기 위한 방편인 것이다.

● 덕 된 행위의 시작은 나로 인해 맺혔던 '고'를 풀어주는 데 있다

과연, 혼자 서도 살아갈 수 있는 게 인생이라면, 덕으로 살아가기 위한 표적이 주어지기나 할까. 길흉의 잣대는 어려워진 만큼이나 분별이 흐트러져있는 상태라 바르게 재지 못한다. 욕심의 크기가 바로 미리 계산한 생각의 크기다. 그만큼 이것은 좋고, 이것은 나쁜 것이라고 치대는데, 나를 우선하고자 하는 생각이 빚은 함정에 빠져든 것이다. 이렇게 되면 이렇게 되리라는 '각'의 주파수로 스스로 '고'를 거는 형상이니, 대부분이 제 '각'에 의해 자유의지를 갇혀 논 형국이다.

내 '탓'으로 인해 아무것도 없는 것에서 스스로 갇혀 지내는 형국이니, 갇힌 옥에서 빠져나와야 한다. 갇혀있고, 묶여있고, 구속되어있는 형국이라 '고'에 걸린 것이다. 갇힌 '고'에서 풀려나오기를 원한다면 미리 '각' 세우지 말아야 한다. 이 지상에 내려진 오만상으로부터 우선 자유로워져야만, 내 안에 내가 가둬 둔 인연들로부터도 자유로워 질 수 있는 법이다. '각'을 세우는 행위는 내 욕심에서 기인 되었음으로, '고'는 덕 되지 않은 인연으로부터 받아야 하는 눈총이기도 한 것이다.

내 앞에 온 너와 자유로워져야 한다는 소리는 풀어야 할 '고'가 있기

때문에 하는 소리다. 그리고 진정한 방생의 의미 또한 갇혀있는 것을 풀어주는 것에 있다. 그렇다면 지금까지 가슴에 맺혔던 원한을 풀어놓는 것이 방생의 진정한 의미였고, 덕 된 행위의 시작은 나로 인해 맺혔던 '고'를 풀어주는 것에 있는 것이다. 게다가 바르게 살지 못해 스스로 걸어 놓은 것이라, 영혼들에게 맺힌 '한'마저도 제 자신의 인생을 살아가기 시작한다면 자연히 풀린다는 소리다.

덕행은 인생을 위한 대자연의 사랑이라, 내 앞의 인연에게 부터 감사함으로써, 덕 된 삶을 살아가는 자체가 사랑에 대한 보답이다. 인간이든 영혼이든 '고'를 걸고 있다는 자체가 내 부족함에서 비롯된 것이니 감사함은 용서하기보다도 용서받는데 있다. 용서를 받는 차원도 자신이 갖춘 만큼 이해하고 받아들이는 것이기는 하지만, 행복(行福)을 위한 행위라 모든 것에 감사해야 할 따름이다.

빚 받으러 온 이들에게 빚을 갚아야 하는 원리를 깨우친다면, 가슴에서 우러나오는 용서의 깊이는 차원부터가 다르다. 아는 만큼 살아갈 수밖에 없는 것이 삶이다 보니 이해의 차원이 품격의 차이로 드러난다. '그럴 수밖에 없었던' 상대방의 행위들이 자신을 향한 사랑이었음을 알아갈 즈음에서야, 용서가 잉태한 감사함이야말로 상대방을 존중해야 하는 이유를 깨닫게 해주고 있음을 안다.

더욱이 용서라는 감사함을 통해서 몰라서 부닥쳐야 했던 부분을 스스로 깨치게 된다. 상대에게 걸고 있던 '고'의 질량만큼 덕 된 행위를 못한 것은, '고'를 상대방이 걸고 있었던 것이 아니라 내가 나에게 걸고 있었던 꼴이었다. 너를 사랑함이 나를 사랑함이라고 했다. 그러나 너를 사랑하기에 앞서 나 자신을 먼저 사랑할 줄 알아야만 상대를 바르게 사랑하게 된다는 사실이다.

진정 내가 나를 바르게 사랑한다면, 상대방을 자유롭게 해주기에 앞서, 나 자신에게서부터 내가 자유로워지기 위해 스스로 노력한다. 내가 자유롭지 않고서는 앞에 온 인연과 자유로울 수 없기 때문이다. 내 가슴에 묻어놓은 것을 놓아주는 시기부터가 내가 나를 사랑하는 때이니 진정한 의미의 방생은 내가 나를 자유로이 놓아주는 것에서부터 시작이 되는 것이다.

이 지상에 내려진 오만 방편은 질량에 따라 쓰임은 다른 듯 하지만 그 목적은 하나에 있다. 회귀본능을 일깨워주기 위한 너와의 사랑을 가르치고자 하는 것이다. 근기가 달라 방편을 달리해야하고, 입장과 처지가 다르니 가르침이 다를 수밖에 없지만 길은 하나다.

치우친 사고를 가졌다면, 치우친 가르침을 받아들인 결과다. 대자연의 방편적인 가르침을 자신이 소속된 집단에서 해석하고 내세운 측면만 받아들이니 이해타산에 의한 일부분만 알뿐이며, 그 일부분에서 조차 내게 맞는 논리만은 수렴하다 치우쳐버린 것이다. 게다가 1안의 방편에만 매달리다 보니 2안의 무엇이니 조차 생각해보지도 않은 것이다.

방생을 하나의 예로 들어본다면, 물고기를 사서 강이나 저수지에 풀어줄 이유가 무엇이냐. 또 애써 잡아가지고 놓아줄 고기라면 잡아야 할 이유는 무엇이냐는 것이다. 살던 물에서 그냥 살아가게 하든가, 배고픈 이들의 양식이 되게 하든가 이러면 족한 것이 아닌가.

진정한 의미의 방생은 스스로 걸고 있던 '고'를 풀어 자신을 방생시키는 것이다. 상대 탓으로 걸어놓았던 맺힌 고를 풀어놓는 것이 진정한 의미에 방생이라는 소리다. 하지만 이해타산에 의한 방생의 방편에만 빠져 그 깊이는 헤아리지 못하고, 길흉화복과 소원성취라는 기복에 매달려야 했던 것이다.

있어야 할 곳에 있어야 하는 법이며, 태어난 곳에서 살아가야 하는 법이 대자연의 순리라는 것을 깨우쳐주기 위해 빚어낸 말이 신토불이다. 몸과 땅은 둘이 아니고 하나라는 뜻으로서 말이다. 허나 자기가 태어난 땅에서 산출한 농산물이라야 체질에 잘 맞는다는 해석만을 가지고 놀다 보면, 겉모양을 가지고 내면까지 판단하려들면 오류를 범하기 십상이다. 삼천리 금수강산에 대한 바른 통찰력을 위해서라도 '나는 누구인가'에 대한 의구심을 한 번 정도는 가져봐야 하지 않겠는가.

7. 아니겠지

길하다고 말하는 것들은 흉한 것으로 변하기는 쉬우나
흉으로 변한 것들이 길한 것으로 변하기는 좀처럼 어렵다.
길하다는 것을 바르게 쓰지 못해 오히려 자신을 해하는데
어찌 흉을 길로 바꾸어 쓰는 것이 쉽기나 하겠는가.
자신이 무엇을 잘못해서 어려워졌는가를 찾아내지 못하는 한
길흉 모두 자신을 힘들게 할 뿐이다.

고집과 독선의 행보로 인해 믿었던 인연들이 하나 둘 떠나고 나면 재
물도 인연들이 떠나는 만큼 함께 묻어나간다. 이때는 인연들이 재물을
가지고 떠나서 축도 나겠지만, 인연들을 통해 들어 오던 재물이 그들이
떠난 만큼 들어오지도 않으니 어려움과 고충만 더할 뿐이다. 어려워진
이유를 떠나버린 인연들 속에서 그 원인을 찾아내지 못하면 바득거리는
행위만 있을 뿐 힘겨운 상황은 변함없을 것이다.

자신밖에 모르는 고집과 독선 앞에서는 그 무엇에도 예외 일 수 없다.
바동거리며 살아가야 하는 행위도 이와 마찬가지다. 아마도 제 욕심대로
살아가 보겠다면 어찌 된다는 것을 보여주기 위한 고통이므로 이를 찾아

내지 못하면 내 앞의 인연과의 유대관계는 물론이요, 오만상 이해의 폭을 넓혀가지 못한다. 이유야 어찌 되든 간에 아는 만큼 이해하고 살아갈 수밖에 없는 것이 삶이다. 대자연은 바르게 살아가는 길을 제시해주는 것뿐이지 고통을 주기 위해 표적을 주는 것이 아니라는 사실이다.

사람으로 승화되기 이전의 인간들이 좋아하고 싫어하는 이들을 구분 지어 편을 가른다. 사람으로 성장하기만 하면 존중으로 살아가기에 이러한 일들은 있을 수도 없다. 대자연은 인기(人氣)의 어버이이신데, 누구는 사랑하고 누구는 외면한다는 자체가 말이나 되는 소리이기는 한가. 그리고 어느 부모가 자기 자식을 구렁텅이로 몰아넣겠는가.

다만, 분별이 어리석은 자식들을 바르게 이끌어 가기 위한 상황을 연출시킬 뿐이다. 저마다의 소임을 바르게 일깨워주기 위해서다. 이에 따라 분별의 몫도 각자에게 주어진 것이다. 더군다나 그때그때 마다 들이미는 대자연의 시험지는 분별을 일깨워주기 위한 가르침이라는 소리다.

갖춘 자는 사리에 밝아 인연들을 지혜로써 이끌어가기에 즐겁고 신나게 사는 일은 덤인 것이다. 갖추지 못한 이들이 하는 일이야 동물처럼 나 먼저 잘살아보겠다고 나대는 일이다. 그러니 주판알 튕기는 순간부터 분별이 흐트러진다는 사실을 알 리 있겠는가. 욕심으로 인해 맑은 기운마저 탁해져 버리는데 사리가 흐트러지는 게 당연한 일이 아닌가.

● 길흉이 상반하는 게 방편이라

가끔 '혹시나' 해서 기대해보지만 '역시나'로 끝날 줄도 알고 있다. 그러면서도 '혹시나' 하는 미련을 버리지 못한다. 사실, 이러한 기대심리도 자신을 깨우쳐 주기 위한 방편임이 분명하나 타성에 젖어 살아온지라

'나만은 아니겠지'라는 요행에 은근히 기대고 있는 것도 누구도 예외가 없음을 알고도 하는 행위다.

그러나 '아니겠지'라는 예외는 누구에게나 있을 수도 있는 일이다. 하지만 이에 따른 대비책이 없다면 아니 받은 만도 못 한 일이 된다. 덕 된 삶을 살아가지 못한다면 준 것도 다시 빼앗아 올수 있는 것이 대자연이며, 덕으로 살아가고 있다면 되돌려 줄 수도 있는 것도 대자연이다. 덕 된 삶을 살아가지 못해 빼앗긴 방편은 어떠한 요행이나 요령을 피운다고 해서 되돌려 받지 못한다. 덕 된 삶이 무엇인지 깨닫기 전까지는 말이다.

더욱이 요행이나 요령을 피우며 매일 자신을 조금씩 죽여 가는 이들일수록 자신이 이해하지 못하는 것은 철저히 배척하고 이해하는 것만 취하려 드니 문제가 발생하는 것이다. 이해하지 못하는 그만큼 부족한 것이기 때문에 그만큼의 불만을 가지게 되는 것이고 불만을 가지고 있는 만큼 주어진 방편을 제대로 활용치 못하게 되는 것이다.

쓰이는 방편을 이해했으면 이해한 방편은 놔두고, 이해하지 못한 방편을 이해하기 위해 공부해나가는 것이다. 갖춤의 척도가 이해의 척도이기 때문에 불만이 가득한 자일수록 생각도 치우쳐 있다. 불만이 많은 만큼 아는 게 많다는 뜻이기도 하겠지만, 문제는 자기에게만 맞는 답이라는 사실을 본인은 모르는데 있다. 더군다나 방편의 활용도도 불만을 토로하는 만큼 치우쳐서 쓰기 마련이라, 어디 살림살이가 나아질 리 있겠는가.

실제로 요행은 인기인이나 공적 삶을 사는 이들에게 주어지고 있지만 인간의 삶은 나하기 나름이라 길흉상반의 방편은 따르기 마련이다. 공인이란 덕 된 삶을 살아가는 이들을 가리키는 것이라, 요행도 이유가 있어 찾아드는 것이다. 이를 가지고 행운이라 부르고 많은 복을 타고나서 받는 것이라고도 말을 하지만, 사실은 타고난 1안의 자본금이 있었기에 받는 것도 있다는 사실이다.

한편으로 세상사 나하기 나름이라 말하는 것도 어떻게 쓰느냐에 따라서 길흉이 상반하기 때문이다. 대부분이 요행이 들어맞았다는 시기를 보면 자신을 갖추기도 전이다 보니, 그 이후로의 삶의 모양새들은 영 아니올시다. 근데 이를 어찌 행운이었다고 말할 수 있겠는가. 하지만 요행이 내게 찾아왔다면 진정한 행운으로 머물게 할 수 있는 딱 한 가지 방법은 있다. 그것은 상대를 위해 덕 되게 쓰는 것이다.

요행이 주어진 때를 계기로 자신을 갖추어 나가는 발판으로 삼는다면 어떠한 방편이 오더라도 내가 나를 해하는 법은 없다. 이 때문에 요행(僥倖)을 행운(行運)이라 말하는 것도, 행(行)하면 복(福)을 주기 위한 또 다른 기회가 주어지므로, 거기에는 길한 것만 있기 때문이다.

그러나 요행을 받아 가지고 덕 되게 살아가지 않으면 그 어느 때보다도 삶은 망가지기 십상이라. 길흉을 논하지 말아야 한다. 길하다고 말하는 것들은 흉한 것으로 변하기는 쉬우나 흉으로 변한 것들이 길한 것으로 변하기는 좀처럼 어렵다. 길하다는 것을 바르게 쓰지 못해 오히려 자신을 해하는데, 어찌 흉을 길로 바꾸어 쓰는 것이 쉽기나 하겠는가. 자신이 무엇을 잘못해서 어려워졌는가를 찾아내지 못하는 한 길흉 모두 자신을 힘들게 할 뿐이다.

● **대립구도 또한 방편의 차원**

당장 먹기에는 곶감이 달다는 것을 모르는 이들이 없다. 허나, 왜 맛있는 곶감이 나에게 주어졌느냐를 생각해보는 이는 없다. 덕 된 삶을 살아가게 하기 위해 주어진 방편이라, 누굴 위해 어떻게 쓰느냐에 따라 곶감의 가치는 차이나기 마련이다. 어떻게 주고 어떻게 받고 어떻게 쓰느냐에 달라지는 것이 방편의 본질임을 안다면 대자연은 길흉을 가누고 난 뒤 행의 표적을 보내지 않는다.

내가 동물처럼 살아가고 있다면 앞의 인연들과 더불어 살아가게끔 하기 위한 아픈 표적을 받을 것이고, 덕 된 삶을 살아가고 있다면 기쁜 표적을 받을 것이다. 인간이 살아 나가야 하는 길 위에는 길흉이란 없다. 단지, 내가 가야 할 길을 위해 주어지는 행의 표적일 뿐이다.

인간 스스로가 길흉을 빚어 적대적인 대립 관계로 유지 시켜온 것은 자기모순을 드러내 보이기 위한 것에 있다. 대립 구도 또한 방편의 차원으로 주어진 음양이라 할 수 있어, 자신을 갖추어 소통하지 못하면 충돌은 불가피하다. 이때 긍정과 부정을 처지에 따라 달리 표명하는 것도 자기 입장에서 준하기 때문이다.

사실, 긍정도 부정도 상대를 덕 되게 하기 위함이라, 치우치지 않고 상대의 입장을 그대로 받아들인다면 자신의 처지가 어떻게 해도 변하지 않는다. 치우치면 상대방의 입장을 내 처지에 준한 잣대를 대기 마련이라 씨름해야 한다는 것이다. 참견인지 고집인지 아니면 자신의 줏대인지 아무튼 제 인생이 무엇인지 모르는 주제에 말이다. 물론, 고집은 상대를 덕 되게 해보리라는 줏대에서 비롯된다고는 하지만은, 그 초점을 어디에 맞추었느냐다.

사실, 몸이 아파서 치료받는 것과 아주 배고플 때 음식물을 먹는 것에서의 잣대를 재본다면 몸이 허(虛)하다는 사실에 있어서 별 차이 없다. 몸이 아파 허한 것이나 허기져 허한 것이나 육신의 허한 것을 채우기 위한 행위를 해대야 하는 것은 매 마찬가지이기 때문이다. 육신의 활동을 위해 끼니때마다 먹어야 하는 것과는 다소 차이가 난다고는 하겠지만, 먹지 않으면 활동이 어렵다는 것과 치료하지 않으면 움직이지 못한다는 것과 차이는 별반 없다.

여기에서 길흉과 긍정과 부정의 잣대를 재본다면, 왜 아사지경에 이르러서야 음식물을 섭취하느냐 하는 것이며, 자신의 몸이 탈이 날 때까지 무엇을 했느냐는 것이다. 이는 한편으로 무엇을 바르게 행하지 못해 밥 굶기를 밥 먹듯이 했느냐는 것이며, 무엇을 바르게 행하지 못해 육신에 탈이 나도록 무엇을 했느냐는 것이다. 공통분모는 바르지 못한 행위로 자기 육신이 허해졌다는 점과 이러한 사실을 찾아보게 하기 위한 시간이었다는 것이다.

때문에 길흉에 대해서건, 긍정과 부정에 대해서건 이를 개인의 잣대로 논한다는 자체가 어리석다. 무엇을 하든 무엇이 있든 누구와 만나든 내 인생을 위해 주어진 시간이라는 점이 중요하다. 황우장사도 담쟁이 넝쿨에 넘어지는 법이다 보니 홍시 먹다가 이 빠지면 누구의 책임인가. 작고 보잘 것 없다고 전혀 그렇게 될 리가 없다고 해도 길흉이란, 긍정과 부정이라는 내 잣대로 벌어지는 일이다.

이러한 분별을 바르게 해내지 못해 '내 탓', '네 탓'을 해대니 허물이 들어날 수밖에 없다. 이유 없이 일어나는 일이란 결코 없다. 가래로 막기 이전에 호미로 막을 수 있도록 표적을 대자연이 주었으나 '설마 그럴리가' 하는 데서 더 큰 탈이 났다. 불의의 불상사도 마찬가지로 '네' 탓으로 벌어진 일이라 불행하다고 치부할 수 있으나, 불행한 일이란 '내가' 바르지 못한 행위에서 빚어진 결과일 뿐이다.

• 맞는 것 보다는 아닌 것을 너무 많이 알고 있어 어려워졌다

좋은 일에는 흔히 방해되는 일이 많다 하여 이를 호사다마(好事多魔)라고 하던가. 안일과 방심이 불러드린 결과다. 어떻게 받아들이느냐에 따라 삶의 모양새가 달라지는 것은 누구도 예외일 수 없다. 게다가 맞는 것 보다는 아닌 것을 너무 많이 알고 있어 어려워졌다는 사실을 몰라서 그러는지, 운이 나빠 그런 것으로 말꼬리를 돌린다. 네 순환법에 내 순환법을 적용시키려 들었으니 어찌 순환 될 리가 있나.

진정한 삶의 변화는 덕 된 삶을 살아 갈 때만이 가능하다. 변화를 일으키는 지혜도 내 앞에 온 인연을 위해 티 없이 행할 때 스스로 변화되어 쓰이는 것이지, 자기 자신의 안위만을 위하는데 변화되어 쓰여질 것이 어디 있겠느냐는 소리다. 제 안위를 위해서만 쓰다가 득이 되지 않자 길흉을 논하게 되는 것이다.

고치기 위해 드러나는 부족함이라면 이를 감춰야 하는 이유도 없다. 성장하기 위해 인간에 머무른 것이며, 부족하기에 중생이라 불리는 것이다. 대자연은 성인으로 승화시키기 위해 이겨낼 수 있는 만큼의 고통을 가져다 줄 뿐이다.

그리고 인간은 진화 발전중이다 보니 실패와 좌절이 같이 할 수밖에 없는데, 이를 가지고 삶의 애환이라 말하고 이에 수반되는 고통을 시련이라 부른다. 바른 것보다는 다르게 아는 것이 많다보니, 실패한 이들이 좌절의 이유를 깨닫지 못해 인생을 고통스럽다고 들먹이는 것이다. 이는 사실, 실패를 통해서 고쳐야 할 부분을 들추어냈을 뿐인데 말이다.

이렇듯, 생각에서 발달 된 사고는 처한 상황에 따라 표리를 달리하는 경우가 허다한 것도, 정의 기운이라 할 수 있는 지혜의 샘인 '마음'에 의해 움직인 것이 아니라, 사의 기운이라 할 수 있는 '각'에 의한 반응을 즉각적으로 보였기 때문이다.

이 때문에 특별해야 한다는 것과 거기에 포함되어야 한다는 것, 그러면서도 거기에서 제외되어야 하는 상황을 누구나 한 번쯤은 경험해보는 일이다. 처지에 맞게 주어지는 조건이라, 내가 조건에 맞춰 나가야 하는 것이지 조건이 내게 맞춰오는 법은 없다. 상대방이 내 입장에 맞춰오기를 기대하는 자체부터가 '각'을 세우는 것이다. 이는 좋은 것과 나쁜 것에 대한 분별력을 어지럽히는 행위일 뿐이다.

흐트러진 분별력만큼이나 불만이 아니 쌓일 수 없고, 불만이 쌓인 만큼 제 잘못을 변명으로 일관하기 일쑤다. 이를테면 '이게 아닌데'라든가 '그럴 리가 없는데'라는 회피성 발언이 무의식중에 나온다는 소리다. 흐트러진 분별력만큼이나 습관화되어 버린 행위는, 제 기운을 탁하게 만드는지도 모르고 저를 위한 일인 냥 주절거린다. 대자연은 분별이 바로 설 때까지 어려움을 기대치만큼 풀어주지 않는다는 사실이다. 그럴 수밖에 없는 이유를 깨달을 때까지 그래서 머피의 법칙은 작용하는 것이다.

자신의 분별이 어리석은데 바르게 일처리 할 수 있을 거라고 생각하는 자체도 우습다. 분별이 어리석은 제 자신이 벌려놓은 일인데 말이다. 그러고서는 '나만은 아니겠지' 식으로 일말의 요행에 기대도 해보지만 역시 기대는 기대일 수밖에 없다. 내 잘못을 바로잡아 나가지 못하는 한 샐리의 법칙은 있을 수도 없거니와 한번만 봐달라고 신에게 울고불고 매달려 봐도 매달리는 행위만 있을 뿐이다.

'아무리 그러하기로서니 그럴 수는 없다'는 식으로 인간의 정에 호소해본들 탁해진 기운을 맑히지 않는 이상, 하소연조차 탁한 소리일 뿐이다. 이를 받아주지 않는 이상, 원망의 기준이 되어 호소도 하소연도 탓

하는 소리밖에 되지 않는다. 정에 의존해 보겠다는 자체가 어여삐 봐달라는 의도인지라, 이를 들어준다면 대자연의 질서를 무시하는 처사라 어여삐 봐달라고 하는 이나, 어여삐 봐주는 이나 둘 다 회초리를 맞아야만 한다는 사실이다.

살아가는 데 있어서 모든 문제는 내가 너에게 걸고 있다. 도와주고도 회초리 맞고 도움을 받아도 회초리를 맞아야 하는 형국을 초래한 것도 내 답과 네 답의 분별을 못했기 때문이다. 저마다 탁해진 질량만큼 치우친 사고를 가지고 있는 터라 내 답과 네 답이 같을 수 없다는 소리다. 가뜩이나 치우쳐 살아가는 것이 인간인데 '설마'라는 부정은 진짜 그렇게 될 수 있다는 반응이기도 하지만, 실제로 그 일이 제 앞에서 일어날까봐 취하는 제스처이기도 하다.

따지고 보면 좋은 것은 은근히 바라고, 나쁜 것은 피해갔으면 하는 기대심리 그 이면에는 만약이라는 꼬리표를 항시 달고 다닌다. 살아온 횟수만큼 타성에 젖은 만약이라는 가설의 두께는 아주 넓어서. '그렇다 치고'라든가 '이를테면'이라는 변명의 여지를 남기고, 어떤 식으로든지 제 안위를 위해 자신을 위로하기 마련이다.

자기합리화 시키려 드는 위로와 변명은 결코 인생에 이롭지 못하다. 위로를 받아내기 위한 변명은 이미 치우쳤기에 절대 분별의 삶을 살아야 하는 인간에게는 전혀 도움이 되지 못하기 때문이다. 분별이 바로 서지 못해 '만약'과 '설마'라는 중립을 취하다가, 그만 사람을 잡기도 한다. 그래서 설마가 사람 잡는다고 했다. 치우쳐 분별하지 못한 자신의 몫이라 예외란 없다.

8. 비울 수 있는 것이란?

'각'은 나 자신을 위하고자 할 때 쓰이는 사적인 기운이라,

내가 다스려야 할 것은 생각이다.

생각에서 비롯된 오만 잔상은 자존심과 인간욕화의 소산물로써,

'각'은 깨야 커지고 마음을 쓸수록 커지기 마련이다.

편중된 '각'을 깨기 위해 마음을 비워야 하는 것이 아니라

생각을 바꾸어야 하는 것이다.

이 지상 3차원은 공한한 차원의 대우주로부터 3:7의 함수관계로 분리되면서부터 지구도 3:7의 구도로 형성됐다. 때문에 해 돋는 땅의 구도 비율 또한 3:7이며, 인체의 조물 비율 또한 3:7로 빚어진 것이다. 이 지상에서 가장 안정적인 구도 비율을 보이는 것이 3:7 함수 관계이니만큼 가장 이상적인 음양(陰陽)의 비율도 3:7의 함수관계에 있다는 사실이다. 아울러 해동 땅을 가리켜 뿌리국이자 조종국이라 일컫는 이유도 길이는 삼천리 둘레는 칠천리, 산이 70% 들이 30%에 삼면이 바다로써 이 지상에서 가장 안정적인 자세를 취하고 있기 때문이다.

인간은 본래 대우주의 운행 주체로서 핵심원소였으나 수 억겁의 세월

동안, 앞에 있는 인기와 인기끼리 아주 미세한 마찰로 30%까지 기운이 탁해지자, 탁해진 만큼 무거워진 인기들은 티 없이 맑고 공한한 차원의 대우주에 머물 수 없게 되자 정화를 위해 분리시켜야만 했다.

공한한 차원의 대우주에는 티 없이 맑은 70%의 인기들은 정지한 상태로 그대로 남아 있고, 탁해진 만큼 무거워서 분리된 30%의 인기들이 정화를 위해 빚어낸 곳이 지상 3차원이며 현재 정화를 위해 비정상적으로 운행 중이다.

공한한 ○의 차원 대우주에서 분리된 티 없이 맑고 깨끗한 70% 음(陰)의 기운이 있는 대우주를 가리켜 7차원의 천기 또는 천상이라고 부른다. 탁해진 양(陽)의 기운 30%를 정화 시키기 위해 빚은 이곳이 지상 3차원이다.

스스로 역행하여 탁해진 기운, 상생으로 스스로가 맑혀나가야 하기에 지상 3차원은 활동의 주체가 되는 것이며, 7차원의 천상은 3차원을 운용해나가야 하기에 운용의 주체가 되는 것이다. 이를테면, 공한한 차원의 대우주는 3:7로 분리되어, 7차원의 천상은 운용주체인 음기(陰氣)로서 자리하며, 3차원의 지상은 활동의 주체인 양기(陽氣)로서 자리하고 있다는 소리다.

● 이 지상3원에는 3·4차원이 동시에 공존한다

인기들의 교화소인 이 지상은 말 그대로 탁해진 기운을 맑히기 위해 빚어 놓은 곳이라 인간중심의 세계이다. 내 앞에 인연과 통하고 살아가기 위한 세상이라, 이 지상 3차원과 함께 빚어낸 오만상의 방편을 거침 없이 쓸 줄도 알아야 한다. 그렇다고 자기편애로만 살아가라는 소리는 아니다.

쓰는 자가 주인이라고 말하는 이유가 있다. 대자연은 인간에게 필요치 않은 것을 결코 주지 않았기 때문에 덕 되게 쓰기 위해 자신을 먼저 갖추어야 한다는 것이다. 인기가 인육을 쓰고 인간으로 살아가는 동안에 행의 공덕을 쌓아나가지 못한다면, 이 지상으로 보내진 이유와 목적을 저버린 채 동물처럼 살기 밖에 더 했겠느냐는 것이다.

무상(無相)의 세계인 4차원의 영·혼신은 유상(有相)의 물질세계인 3차원의 인간의 도움 없이는 그 무엇도 스스로 할 수 없기에, 유기적인 체제를 이루고 상생을 밝혀내기 위한 방편으로 오만상을 빚어낸 것이다. 인육을 쓰고 인간으로 사는 동안에 덕으로 사는 길이 업 소멸하기 위한 길이며 이를 위해 빚어낸 곳이 지상 3차원이다. 업 소멸은 덕행(德行)의 공덕(公德)에 비례하여 사해진다. 무상의 세계인 4차원의 영·혼신들도 스스로 행의 공덕을 쌓아나갈 수 있다면, 아마도 지상 3차원과 인육의 방편을 빚어내지는 않았을 것이다.

이렇듯이 이 지상 3차원에 3·4차원이 동시에 공존하는 이유도, 보이는 세계와 보이지 않는 세계가 유기적 공조체제를 이루어 나가야 하는 것에서부터 상생이 시작된다는 점을 깨우쳐주기 위해서다. 인간들도 역시 4차원의 영·혼신들의 도움 없이는 업 소멸을 하지 못한다. 그리고 유상의 세계인 3차원은, 인간에서 사람으로 승화되어 사람답게 사는 이들에게서부터 업은 사해지기 때문에 우선 사람 사는 세상을 만들어가야 한다는 것이다.

게다가 3차원의 지상이므로, 인간의 조물 역시 3단계로 빚어 놓았다는 사실이다. 대우주운행 주체의 핵심원소로서 인기(人氣)의 주체인 나, 동물육질인 인육(人肉), 그리고 마음에너지 이렇게 삼기(三氣)가 삼합

하여 인간으로 생성이 되었다. 죽으면 또한 3단계로 분리되어 사라지지만, 3차원의 인기가 인육을 벗어난다 해도 죽거나 소멸하지 않는다. 4차원에 영·혼신으로써 머물러있기 때문이다.

3차원의 육신은 없는 것에서 빚었기에 인기가 떠나면 없어지는 것이고, 마음에너지의 실체도 본래는 없는 것이었기 때문에 자동 소멸된다. 따라서 극 단순한 상태가 되어 죽었을 때의 그 모습으로, 3차원의 인기는 4차원의 영·혼신으로 머물게 되는 것이다. 또한 마음에너지가 자동 파괴되어버린 영·혼신은 극 단순해진 상태라, 그 무엇도 스스로 해결할 수 없다는 것이다.

● 3:7의 함수관계

이 지상 3차원의 오만상은 없는 것에서 빚어내어 없어질 것이니 집착하지마 라는 천부(天符)의 가르침은 오만상의 일체의 행위는 회귀 본성에 귀의하고 있다는 소리다. 한편으로 방편은 너와의 소통을 위해 주어진 것이며, 업 소멸 할 때가지 존재하는 한시적인 것들이기는 하나, 방편에 집착하는 그만큼 너와의 관계가 소원해지니 유념하라는 뜻이기도 하다.

더욱이 아무것도 없는 상태에서 70%의 천기와 30%의 지기로 나뉘어 빚어낸 것이 이 지상 3차원이다. 때문에 대우주의 조물법인 3:7의 함수관계는 3+7=0 공(空, 公)으로써 대자연의 생성과 소멸의 법칙이기도 한 것이다. 아울러 지구상과 한반도의 비율 관계 그리고 인체와의 비율 관계마저도 3:7의 함수관계로 조물 된 사실에서 볼 때, 대우주의 조물법인 3:7의 함수관계는 인생의 해법서이기도 한 것이다.

예를 들어본다면, 이 지구상의 해수면과 육지의 비율, 지구표면의 물의 양과 지하에서 솟은 용천수의 비율이 3:7이다. 인간 역시 30%의 회와 70%의 물로 조물 되었고, 인체의 온도도 36.5도이나 체내 깊숙이 숨겨진 온도는 37도로 유지된다. 신체구조 또한 얼굴, 몸통, 다리 3등분이며 뼈도 3마디 3등분으로 나뉘어 역할분담을 한다.

얼굴 부분의 7개의 구멍은 흡수구이며, 게다가 7개의 목등뼈가 이 부분을 받쳐주고, 다시 몸통 아랫부분에 나 있는 3개의 구멍은 배출을 돕고 있다. 이는 탁해진 기운을 맑히어 티 없이 맑은 7차원의 천상으로써 회귀의 방편으로 빚어 넣은 것이다. 3:7의 합인 0의 수도, 운(運)의 차원으로 돌아가기 위한 것을 의미하며 사실, 죽어서 7등분으로 묶여 칠성판에 눕는 것도, 7차원의 천상으로 돌아가고자 하는 염원이 서려 있어서다.

특히, 해 돋는 땅 대한민국은 길이가 삼천리에 둘레가 칠천리, 들이 30%에 산이 70%로 빚어졌으며 흐르는 물은 어디에서나 떠마실 수 있는 곳으로써, 한반도와 대륙이 접한 비율 또한 3:7의 함수관계다. 북위 37도선이 가로지르는 곳이 사계의 변화가 가장 뚜렷이 나타나고 있다. 그 이유는 음양이 잘 이루어졌기 때문이며 이곳이 바로 동쪽 태백산을 중심으로 해서, 서해 서산을 가로지르고 있는 곳이다. 사계의 변화가 뚜렷한 만큼 사주도 잘 나타나는 법이니, 그만큼 바쁘게 사는 민족이며, 사계의 변화를 몸소 체험하며 생활해 나가는 만큼 대자연을 닮은 것이다. 그리고 3과 7을 좋아하는 이유도 여기에 있다.

3:7 공(0)수의 합이 나오는 땅이 뿌리국으로서 조종국이기에, 이 민족을 가리켜 천손이자 신선의 후예라고 일컫는 것이다. 해 돋는 땅을 이 기운으로 고이 빚어 담았기에 삼천리 금수강산이 아니 될 수 없는 것이

다. 따라서 뿌리국은 물질이 자원이 아니라 기운이 자원이기 때문에, 해동 땅 안에 있는 그 무엇 하나라도 함부로 건들여서는 안 되는 것이다.

그러므로 해동 땅에는 물질자원이 부족하다. 사실, 물질자원은 세상에서 1안을 위해 쓰이는 물질 밖에 안되며, 인육의 방편으로 쓰이는 에너지에 불과하다. 우리는 지금껏 1안의 물질에너지 하나에만 초점을 맞춰 그 이상의 것을 보지 못하고 있는 것도, 우리 민족의 엘리트들이 1안에 빠져 깨어나지 못하고 있는 것에 그 원인을 찾아봐야 할 것이다.

● 의외도 없다. 내가 만들어낸 것뿐이다

대우주의 핵심원소였던 인기가 대우주의 운용주체였던 것처럼, 인(人)이 동(動)하지 않으면 스스로 있는 것에 불과하다는 것에서 볼 때, 이 지상 3차원도 인간인 내가 운용자인 것이다. 때문에 덕으로 사는 세상을 만들어가기 위해 방편도 함께 빚어 놓은 것이다. 각기 방편은 근기에 따라 기본금으로 준 연장이니 비울 수 있는 것도 없지만 그렇다고 더 채울 수 있는 것도 없다. 정작 내게 필요치 않을 연장이라면 주지도 않았을 것이며, 더 채우고 싶다 하더라도 삶이 덕 되지 않으면 채워지질 않기 때문이다. 사실, 비울 수 있는 것은 없어도 비워야 할 것이 있다면, 그것은 바로 '각'이 빚어낸 인간욕화다.

상대방을 내 삶의 중심에 놓고 살아가도록 빚어준 것이 오만상이다. 하지만 나만을 생각하고, 나만을 위해 살아가려다 보니 내가 상대의 중심에 서야 했으며, 내가 상대의 중심에 서 있으려다 보니 오만상이 내 것이 되어야 했던 것이다. 네 방편을 내 방편에 채우려 해도, 채울 수 있는 도리가 없으니 화만 채워 넣어야 했던 것이다. 견물생심이 도둑을 불러드린다는 소리가 이 때문에 만들어진 모양이다. 오만상은 상대방을 내 중심에 두고 생활하도록 빚은 방편이다. 허나, 그 방편에 욕심으로 다가서려 한다면, 상대를 군림하려는 행위라 부닥칠 수밖에 없는 일이다.

각설하고, 버린다고 버릴 수 있는 것이라면 애당초 주지도 않았을 것이다. 그렇다고 비울 수 있는 것이라면 보고 듣게 하지도 않았을 것이다. 덕 되게 써야 하는 것들이기에 보고 듣게 했다는 소리다. 내게 불어오는 바람까지도 상대를 위한 바람이래서다. 마음에너지는 상대를 위해 티 없이 행할 때 뿌려지는 지혜의 생명수이니 만큼, 너를 위해 바르게 행할 때만 쓰이고, 나 자신을 위해 쓰고자 하면 그냥 가지고 있는 것도 못된다. 덕으로 살아가기 위해 빚어 넣은 것이라, 마음을 비우고 덕 되게 살 수 없는 법이다.

반면에 '각'은 나 자신을 위하고자 할 때 쓰이는 사적인 기운이라, 내가 다스려야 할 것은 생각이다. 생각에서 비롯된 오만 잔상은 인간욕화의 소산물로써, '각'은 깨야 커지고 마음을 쓸수록 커지기 마련이다. 편중된 '각'을 깨기 위해 마음을 비워야 하는 것이 아니라 생각을 바꾸어야 하는 것이다. '각'을 깨고 나를 다스린다는 것은, 내 중심에 나를 두고 살아가기 위한 것이 아니라, 너를 내 중심에 두고 살아가는 것을 말한다. 생각은 결코 덕 된 삶의 질량을 채울 수 없기 때문에 어려워져야 하는 것에 있어서는 그 누구도 예외일 수는 없다. 하지만 예외의 상황이 언제든지 벌어질 수 있는 법이다. 생각만 바꾸어 행한다면 말이다.

자기 기준치에 따라 조건을 틀어버리면 의외의 상황이 연출되기 마련이다. 이와 마찬가지로 의외에서 시작되는 예외의 상황도 누구한테는 특별할 수도 있고 그렇지 않을 수도 있다. 처지에 따라 예외의 상황이 주어진 것이냐, 아니면 지금 여기에서 주어진 것이냐는 입장에 따라 다소 차이가 있겠지만, 문제는 욕심으로 완전히 틀어버리는 것이다. 의외란 없다. 내가 만들어낸 것뿐이며, 예외도 상황도 내 행위에 따라 만들어지고 있었던 것이다.

예외란 어느 순간에 나타났다가 사라지는 것이 태반이라, 누가 어떻게 쓰느냐에 따라 그 특별함의 가치 또한 다르게 나타난다. 근본이 없는 예외란, 종(種)이 변이된 돌연변이와 비유할 수 있기 때문에 더 특별해서 그런지 모른다. 한편으로 이러한 유형의 인간을 행운아라고 말할 수도 있고, 종교적인 입장에서는 신의 가피를 입었다고 말할 수도 있다. 유형무형의 가치는 보이고 안 보이고 차이일 뿐이다. 있어야 할 것은 이미 있었고, 필요한 것은 시대에 맞춰 빚어내는 것이다. 상대를 위해 써야 하는 것들이기 때문에 보인다고 있는 것이고, 보이지 않는다고 없는 것이 아니다. 자신이 갖춘 만큼 음양을 이루어가고, 음양을 이룬 만큼 필요한 방편은 주어지기 마련인 것이다.

● 비워야 하는 것보다 정도정법을 채워야 하는 일만 남았다

생성과 소멸은 진화의 발자취다. 시대의 얼을 담아 모양과 형태만 바뀌어 내려올 뿐, 그 쓰임에 있어서는 별반 다르지 않다. 뿌리 깊은 종(種)은 인간의 삶을 이끌어온 근(根)이므로 존재하는 기간도 길지만, 종의 뿌리가 짧으면 짧을수록 순간의 존재도 어렵다. 살아가야 하는 주체는 뿌리 깊은 곳에서부터 시작되어야 하지만, 그곳에서부터 삶의 주체가 바로 서지 않는다면 변이를 양산할 수밖에 없는 노릇이다. 혹은 너무 늦거나 빠르기라도 한다면, 누구한테는 어울리고 누구한테는 어울리지 않는 치우친 변이가 득세 한다는 것은 뻔한 사실이다.

사(邪)는 정(正)을 위해 나타난다. 이를테면, 정이 나타날 때까지 사는 정을 위해 존재하지만, 정이 나타날 시기에 나타나지 않는다면, 사가 정 노릇을 하다가 그대로 정으로 고착되어버리는 불상사가 발생한다. 이렇게 되는 날엔 살아가는 문제가 아주 심각해 질수 밖에 없다. 정이란 바른 것이다. 바르게 살아가는 것을 말한다. 그러나 바르게 살아간다는 자체를 자신의 이익이 따르는 행위에서만 국한시키다 보니 정과 사 분별을 바르게 이해하지 못하고 있다. 사실상 자신의 참된 주관을 세울 수 없었던 이유도 사의 기운에 놀아나서다.

인류는 정을 빚어내기 위해 교화소인 지상 3차원에서 살아가고 있으나, 정법의 정립되지 않은 관계로 매사의 처리가 치우칠 수밖에 없었다. 사의 세상은 정의 발판이 되어야 했기 때문이라고 말할 수도 있으나, 문제는 타성에 젖는다는 데 있다. 정법은 나와야 할 시기에 만들어 낼 이들로부터 나와야 정도정법인 것이지. 조금이라도 시기가 지나서 다른 이들로 하여금 나온다면 이도 사법이다. 인류는 정법을 구현하는 그날부터가 모든 업을 사하기 시작하는 날이라, 인생을 살아가는 데 있어서 비워야 하는 것보다는 정도정법을 채워야 하는 일만 남았다. 사의 방편으로 정법을 찾았다면, 정법 속에 사의 방편은 녹아들게 되어있다.

한편으로, 뿌리민족의 상좌들이 대자연의 원리를 깨우치지 못해 어려워진 것이다. 이 때문에 사의 방편에 매달려야 했던 것이고 그 덕분에 버리고 비우는 행위에서 조차 상대방을 탓해야 했다. 제 자신을 위해 버리고 비우려만 했으니 덕 된 삶이 무엇인지 알기나 하겠는가 말이다. 그렇다고 해서 무조건 상대를 위해 써야 한다는 소리가 아니다.

예를 들어, 돈이 있다는 소리를 듣고 인연이 찾아왔다면, 돈 빌려 쓰고자 해서 찾아온 것이지 도움을 주고자 찾아온 것은 아니라는 소리다. 그렇다면 어떤 이는 부자집에 태어나서 가난한 집에 태어난 이를 물질적으로 왜 도와야 하느냐는 것이다. 게다가 가지고 있는 재물을 준 것이 행의 공덕이 된다면, 가난한 집에 태어난 이들의 공적이 될 만한 일이 무엇이냐는 것이다. 있는 것을 준 것뿐이고 없어서 받은 것뿐인데 말이다.

덕 된 삶을 살기 위한 자본금이 있음으로써 인연들이 찾아오는 것이다. 돈은 인연들을 오게 하는 가장 큰 방편이라는 소리다. 덕이 되니 인연들이 찾아오고, 인연들이 찾아오니 자본금이 쌓여가는 것이다. 쌓여가는 자본금으로 다시 어려운 인연들을 불러드리는 방편이 되는 것이다. 돈은 인연을 오게 하는 방편이기는 하지만, 돈으로 도와주라고 보내지만 않았다는 사실이다. 방편은 방편일 뿐이다. 게다가 대자연이 그들을 어렵게 만들었을 때는 분명한 이유가 있다. 그 이유를 깨우쳐주기 위한 몫으로 네게 돈의 방편을 준 것뿐이다.

자신도 물질에 편중되어 있다면 어려워지는 것은 시간 문제다. 게다가 상대의 근기를 무시하고 참견과 간섭을 일삼으며 자기방식대로 도왔거나, 자신을 내세우려고 마지못해 한 행위였는데 공덕이 된다면 이 또한 요행일 수밖에는 없다. 요행도 변종된 기운이니 오래 지속될 리가 만무다.

● 다들 편히 살아보자는 요량으로

'설마'와 '예외'를 염두하고 요행을 바라는 게 인지상정이다. '혹시나' 하면서도 '역시나'로 끝날 때 씁쓸해하는 것도, 아마 안 되리라고 생각을 했으면서도 완전하게 부정을 인정하지 못했기 때문이다. 다들 요행이

나 행운이 오는 것이 삶의 신선한 바람을 불어 넣어주는 역할을 한다고 말들을 하나, 그러한 행운이 왔다고 해도 문제다. 어떻게 할 것인가에 대한 준비가 되어있지 않다면, 요행이 따른 행운은 절대적인 행운이 될 수 없기 때문이다.

바르게 쓰지 못하는 자는 그냥 가지고 있는 자다. 바르게 쓰는 자를 위해 가지고 있는 것에 불과하다는 소리다. 때문에 주어진 모든 방편은 갖추어 쓰는 자의 것이라고 말하고 있다. 어려워서 그러나, 아니면 살아가는 것이 힘들어서 그러나 다들 편히 살아보자는 요량으로 그렇게 해서는 안 된다는 것을 알고 있으면서도, '설마'를 가지고 '정말'을 일으키려드니 삶이 편안할 수가 있기나 하겠는가.

아마도 잘해서 잘살아보겠다는 믿음이 있어 하는 행위겠지만, 요행도 기운에 따라 밝혀지는 것이라 탁해진 자신의 기운을 먼저 맑혀놓지 않으면 손아귀에 쥐어줘도 무용지물이다. 어떻게 살아가야 하는지를 모르는 이들이 맨땅에 헤딩을 한다. 민심은 천심이라, 집집마다 편안한 구석을 찾아볼 수가 없으니 이러한 이들이 날로 늘어날 수밖에 없다. 이는 한편으로 민초들이 이 사회에 대해 무언의 시위를 하고 있는 중이기도 하다. 사람답게 살아갈 권리를 찾아달라고 말이다.

화색이 만연한 얼굴을 찾아보기가 힘드니 어떻게 살아가야 하는 건지, 무엇 때문에 살아가야 하는 것인지 모르는 모양이다. 해야 될 시기에 해내야만 나와야 할 시기에 나오는 법이다. 늦거나 빠르면 변종이 생겨날 뿐이다. 나올 시기가 지났는데도 나오지 않으면 고통만 가중될 뿐이다. 산모가 출산시간이 임박할수록 고통스러워하는 것도, 아기가 태어날 시간에 맞추어 세상 밖으로 내보내고자 대자연이 산모에게 진통이라는 표적을 주고 있는 것이다.

돌연변이는 창조도 창출도 아니다. 바르게 생성하지 못했음을 깨우쳐 주기 위한 대자연의 표적이라 퇴행도 아니다. 변화는 진화를 위한 과정이라 발전해 나가고 있는 중이지. 변종으로써의 변화를 보여주는 것이 아니다. 변종은 진화하지 못한 돌연변이기 때문에 인간에게 결코 유익함을 주지 못한다. 이렇게 된다면 이렇게 되리라는 진화촉진을 위한 촉매제의 역할이 주어졌을 뿐이다. 진화는 종의 근본에서부터 이루어 나가는 것이라, 변종들이 인간 생활에 바르게 다가오지 못하는 것도, 뿌리 깊지 못하면 공존공생이 어렵다는 것을 일깨워주기 위함에 있어서다.

사실, 이 지상에 내려진 유형무형의 모든 방편은 상생을 일깨우기 위한 분명한 목적을 가지고 있으나 어떻게 보느냐에 따라 쓰임이 달라지는 것뿐이다. 인간의 진화와 발맞춰온 방편들은 뿌리가 있었다. 뿌리가 있는 것들은 비울 수 있거나, 버릴 수 있는 것들이 아니다. 인간에 의해 사라져버리는 것들이 아니기 때문이다.

그러므로 나만은, 나만을, 나만이 등은 '각'이 빚은 개인의 독창적인 변이를 추구하는 삶이라 오래가지 못하는 것도 사적인 욕심이 더해진 반생의 삶이기 때문이다. 아울러 자기 계산법의 인생살이가 평탄하리라는 생각은 아예 하지도 말아야 한다.

9. 내 앞의 인연이 내 모습이다

개구리 알은 올챙이의 물속 자유로움을 모른다.

그러나 올챙이는 개구리가 맡고 있는 뭍 향기의 풍요로움은 알 수 없다.

개구리는 올챙이의 생각을 이해할 수 있고,

올챙이는 개구리 알의 생각을 알 수 있다는 소리다.

따지고 보면 좋은 인연이 없어 좋은 인연을 만나지 못한 것이 아니라,

좋은 인연이 되어주질 못해 좋은 인연을 만날 수 없었던 것이다.

종족 번식을 위해 살아남아야 하는 동물의 본능은 약육강식에 의한 힘의 지배구조로서, 오로지 살아남기 위해 먹어야 하는 본능적 행위에서 비롯됐다. 살아 남기 위해 단순한 상태에서 본능적으로 움직이는 육생은 배부르면 쉬고 피곤하면 자고 때가 되면 종족 번식을 위해 짝짓기 하는 것이 고작이다. 서열경쟁도 종족보존을 위해 강한 자만이 살아남아야 하는 힘의 논리라 배려가 있을 수조차 없다. 강한 놈부터 살아가야 하는 동물의 본성에는 '나'라는 주체와 '마음에너지가' 조물 되어있지 않아서다.

이 지상은 원죄를 씻어내기 위해 빚어낸 교화소이기 때문에, 인간 중

심이자 나를 중심으로 오만상의 조물 된 것이다. 내가 있어 네가 있으니 오만상도 너를 위해 내게 준 것이다. 대우주에서부터 탁해진 기운을 맑히는 유일한 길은 덕으로 살아가는 길이며, 내 앞에 온 너에게서부터 덕 된 삶을 살아가야 하기에 준 것이라는 소리다. 특히, 인간은 건강한 육신을 유지해나가야만 내 앞의 인연과 더불어 덕 되게 살아갈 수 있으므로, 육을 가진 모든 생명체는 잡식성인 인간을 위한 것이자, 생명존중을 일깨워주기 위한 사랑의 방편이기도 한 것이다.

강한 종만이 살아남는 약육강식의 세계는 인간의 업 소멸을 위한 방편으로 존재하니만큼 그놈들은 종의 번식을 위해 오로지 살아가기만 하면 그만이다. 원죄를 짊어지고 온 인간만이 죄 값을 치러야 하기에 제 앞에 온 인연을 위해 덕 되게 살아가야하는 것이다. 덕행의 공덕만이 죄를 갚는 유일한 길이므로, 덕으로 살아야 하는 인간이기에 마음에너지까지도 육천육혈의 모공 속으로 빚어 넣어준 것이다.

● 나는 대우주 운행주체의 핵심원소였다

동물처럼 '나'만 살고자 할 때 해대는 사(私)된 행위는 자기 생각에서 비롯되는 것이고, 상대를 위해 지적으로 쓰이는 분별의 지혜는 공적인 마음에서만 나온다. 이렇듯 마음에너지 속에 내장된 지혜는 인생(人生)을 살아가는 동안 나와 함께 하고있는 것이기는 하나, 그 쓰임은 너를 위한 것에 있다. 강한 종만이 살아 남아야하는 동물의 육생(肉生)에 있어서는 마음에너지가 필요치 않은 단 한 가지 이유는 업 소멸이 필요치 않기 때문이다.

인간으로 태어나 동물처럼 살아간다면 어디 지혜를 한번 이라도 써보기나 하겠나. 이 지상에서 이유와 목적을 가지고 살아가는 것이 인간이라, 그 이유와 목적을 위해 내 안에 존재하고 있는 마음에너지를 비운다는 것은 말도 안 되는 소리다. 마음의 근본 원리를 모르는 이들로 하여금 욕심은 마음에서 비롯되는 것이니 비워야 한다는 소리가 만들어진 것이다.

인간을 만물의 영장이라고 말하는 이유도 마음에너지를 가지고 있어서이다. 상대를 위해 티 없이 행할 때 지혜로써 상대방을 덕 되게 하고 지혜롭게 덕 된 삶이 된 기운은 기쁘고 거룩한 존경의 에너지로 바뀌어서 내게 다시 돌아오게 되어있다. 지혜는 개개인의 근기마다 다르게 형성되어지지만. 제 자신을 갖추는 정도에 따라서 깊이의 차이는 나기 마련이다. 마음먹기에 따라 세상이 달라진다고 말하는 이유가 여기에 있다.

이쯤에서 되돌아봐야 할 사항은, 인기인 나는 공한한 차원의 대우주에서 운행 주체의 핵심원소였기에 인의 존자였다는 사실이다. 하지만 탁해진 기운을 맑히기 위해 육천육혈의 모공을 통해 인육 속에 내가 안착이 될 때, 마음에너지도 함께 안착되어 이 지상 3차원에서 완전한 인간으로 조물 되어 살아가고 있다는 사실이다. 마음에너지가 있어 절대 분별의 삶을 살아가는 인간이기에 대자연이 어떠하다는 것쯤은 알아야 한다. 이 지상을 운영해나가야 하는 주인으로서 말이다.

• 인간과 동물의 차이는 무엇인가?

동물에게는 없고 인간에게만 있는 마음에너지는 본래 존재하는 것도 아니었으며, 그렇다고 영원히 존재하는 것도 아니다. 인간은 죽어서 4차원으로 돌아가면 마음에너지는 자동 소멸되므로 영혼은 극 단순해진다. 게다가 그 영혼은 죽을 당시의 그 모습 그대로 정지되어있기 때문에 인간의 도움 없이는 진화를 위한 어떠한 행위도 하지 못한다.

대자연은 육천육혈을 통해 마음에너지를 인육 속에 완전하게 안착시키기 위해 진화시켜왔고, 오늘날 '나'라는 주체의 완전한 인격체를 빚어냄으로써 문명이 들어서기 시작한 것이다. 지상 3차원을 빚어서 지구를 빚고, 또 그곳에서 살아가기 위한 인육까지도 빚어낸 이유는, 나는 너와 함께 우리라는 공동체 삶을 형성해나가야만 했기 때문이었다. 인간의 마음에너지가 바르게 안착된 이후부터 인류는 물질문명과 문화의 개념이 들어서기 시작했었고, 인간은 사회적인 동물이기에 혼자서는 살아갈 수 없다는 유형의 말들도 만들어지기 시작했던 것이다.

인간은 사람도 아니고 그렇다고 동물도 아닌 그 중간의 삶을 살아간다고 해서 불리는 이름이기에 혼자서도 살아갈 수 있다고 하겠지만, 사람으로 성장하여 인생을 살아가야 하는 인간이기에 절대 혼자서는 살아갈 수는 없다. 그래서 끼리끼리 만나서 유유상종해야 하니. 가재는 게 편이요 초록은 한빛이라고 한 모양이다. 이는 우리가 살아가는 모습을 보고 만들어진 말이기는 하나, 찾아오는 인연을 어떻게 받아들이느냐가 중요하다는 사실을 가르치는 대목이기도 하다.

통하기 위해 인연 지어지는 것이라, 얼마나 통하는지는 나 하기 나름에 달렸다. 개구리 알은 올챙이의 물속 자유로움을 모른다. 그러나 올챙이는 개구리가 맡고 있는 뭍 향기의 풍요로움은 알 수 없다. 개구리는 올챙이의 생각을 이해할 수 있고, 올챙이는 개구리 알의 생각을 알 수 있다는 소리다. 따지고 보며, 좋은 인연이 없어 좋은 인연을 만나지 못한 것이 아니라, 좋은 인연이 되어주질 못해 좋은 인연을 만날 수 없었던 것이다. 친구를 보면 그 친구를 알 수 있다는 것도 이런 연유에서다. 내 앞의 인연으로부터 내 모습이 알려지는 것도, 그 모습에 내 모습이 서려 있어서다.

● 덕 되고자 만났기에 덕 되지 않는다면 인연이라 말 할 수 없다

지금 여기에서 인연된 이들은 이미 인연 되기 이전에 인연의 고리는 물려 있었다. 악연과 호연이라는 의미조차 모르던 세월에서부터 말이다. 통하기 위해 만나는 것이니, 우연과 필연이라는 소리는 네게 도움이 되어야 하는 것하고는 하등의 관계도 없는 것이니 접어두자. 서로가 덕 되고자 만났기에 덕 되지 않는다면 인연이라 말 할 수 없다는 것이 중요하다.

처음 인연이 이루어졌을 때는 알게 모르게 많은 덕을 가지고 오지만, 헤어질 때쯤이면 가지고 온 만큼 가지고 간다는 사실이다. 게다가 떠난다는 것은 더 이상의 덕이 되지 않기 때문이라, 떠날 때 가지고 왔던 만큼의 덕 됨을 도로 가지고 갈 뿐인데, 이를 가지고 자신을 해한다고 말한다면 가당치도 않은 일이다. 내 앞에 온 인연 스스로가 악연 짓는 법은 없다. 입장과 처지에 따라 내가 만들어 낼 뿐이다.

인연되는 순간부터 너를 위한 덕 된 행위가 무엇이냐를 찾아야 했었고, 헤어졌다면 헤어진 이유가 무엇이었는가에 대해서 꼭 되짚어봐야 한다. 치우침이 만든 악연과 호연도 나를 일깨워주기 위함이니 선도 없고 악도 없는 것이다. 사회의 필요악이라고 치부하는 것까지도 말이다. 단지, 자기 계산법이 만든 선악만이 존재하고 있을 뿐이다. 양면성도 없는 법이다. 내 잣대의 기준이 양면성을 가져다 줄 뿐이다. 삶의 중심에 너 보다 나를 두고 있으니 치우쳐 벌어진 일이다.

대자연이 바르게 살아가기 위한 방편으로 깨우침을 주고 있다는 말만 있을 뿐이지 보이는 실상은 없다. 어떠한 인연이든 간에 내 앞에 온다는 것은 내 도움이 필요해서 온다는 사실 이외는 아무런 이유가 없다. 만약에 이유가 있다면 자신을 옹호하기 위한 핑계일 뿐이다. 욕하든, 사기를 치든 필요하기 때문에 만들어 낸다는 것은, 욕먹을 행위를 해댔기에 욕을 해대는 상대가 만들어지는 것이고, 사기당할 짓을 했기 때문에 사기 치러오는 상대가 만들어진다는 소리다.

당해야만 했던 모든 행위는 치우쳐 살아온 만큼 제 자신이 불러드린 것이니, 그 행위를 해대는 상대방을 나무랄 자격을 대자연이 내게는 주지 않았다. 사기당할 짓을 하지 않았다면, 욕먹을 짓을 하지 않았다면 그러한 이들은 나타나지 않았을 것이다. 오히려 그들을 매도하고 탓하는 이들에게 표적을 주는 것이 이 지상의 법도이다.

● 왜 착하게 사는 이들이 어렵게 살아야만 하는 것인가

하나같이 입을 모아 하는 소리가 있다. 욕먹고 사는 이는 잘도 사는데, 착하게 사는 나는 왜 어렵게 살아야만 하는 것인가에 대한 자탄의 소리다. 그럼 왜 착하게 사는 이들이 어렵게 살아야만 하는 것인가. 따져보면 어려워 도움을 받아야 하는 이들 또한 착하게만 살아서 어려워진 것이다.

도움받는 이들이 무엇을 잘못해서 어려워졌는지도 모르고 착하게 도우려고만 했으니, 도와주는 이들조차 그들을 깨우쳐주기 위한 대자연의 채찍을 대신 맞는 격이라, 인생이 고통스러울 수밖에 없다. 대자연은 어려운 자를 도와주라고 말하지 않았다. 그들을 도와 준 것은 순전히 제 욕심에 의해 불쌍하다고 주고, 안쓰럽다고 주니 제 몫이 어디 남아있을 리가 있겠는가. 냉철한 분별력을 키워 바르게 살아야 하는 분명한 이유는, 주어진 소임을 다하기 위한 것에 있다.

제 자신의 기운이 탁해져 있다면 그 누구도 덕 되게 할 수 없는 법이다. 덕 된 삶을 살아가기 위해서는 탁해진 자신의 기운부터 맑혀야 한다. 탁해져 있는 만큼, 제 인생이 어려운데 어찌 너를 위해 살 수나 있겠는가 말이다. 대자연은 고통 받아가면서 까지 덕행 해야 한다고 말하지도 않았다.

게다가 덕으로 행했다면 어려울 리 만무다. 어려워졌다는 것은 치우쳐 살아온 결과이고, 바르게 행하지 못한 결과다. 그리고 인연들이 떠나갔다는 소리이기도 하니, 어려워 가지고는 도울 수 있는 재간이 없다. 내 앞에 인연이 찾아오지 않는데 어떻게 덕 되게 살수 있단 말인가. 덕으로 살아간다는 것은 통하기 위한 수단이므로 이에 대한 성찰이 우선이다.

재물을 내려준 것은 지적인 행을 하기 위한 최고의 방편이지만, 내게 있다고 해서 내 것이 아니라 내 앞에 온 인연을 위해 써야 하는 것이라고 말한다. 어려워진 이유와 원인을 밝혀내지도 못한 채, 물질적인 도움을 우선 한다는 것은 상대방을 두 번 죽이는 결과를 초래하기 때문이며, 바르게 살지 못하고 다르게 살다가 겪어야 하는 고초이기도 한 것이다. 한편으로, 대자연이 돕지 못해 방치해 두는 것이 아니라 바른 것을 깨우쳐 주기 위한 뜻이 반영되어 있어, 잘못 살아온 지난날을 찾아내고 반성하지 못하는 이상 어려움을 풀기는 힘들다.

천지(天地) 대자연은 인(人)의 부모. 부모가 회초리를 든 것은 자식을 바르게 이끌어가기 위한 것에 있다. 이런 부모 심정의 회초리를 맞고도 반성할 줄 모른다면 문제는 아주 심각하다. 그 분별은 회초리 맞은 자의 몫이기 때문이다.

분별은 지혜로써 행보하나 생각이 먼저 앞서다 보면, 앞서간 만큼 기운은 탁해지기 마련이고, 그 만큼 탁해진 이들이 찾아온다. 이를테면 덕으로 살아가겠다면 덕으로 살아가겠다는 인연들이 찾아오고, 동물처럼 나밖에 모르는 삶을 살아간다면 동물처럼 살아가고자 하는 인연들이 찾아든다. 내 기운에 맞게 찾아드는 것이 인연이다. 내 앞에 온 인연을 위해 덕으로 살아가야 하는 내 기운을 맑히는 일이 우선이라는 소리다.

사자소학(四字小學)에 유무상통(有無相通)이라는 단어가 있다. 사실상, 이 단어 하나가 세상사 모든 이치를 대변하고 있다. 하지만 제 욕심대로 살아가는 관계로 이해의 깊이도 고작 그 수준이니 어떻게 통해야 바르게 통하는지 알 도리가 없다. 인류는 서로 통하기 위해 배우고 가르친다. 그리고 오늘날까지도 통하기 위해 배우고 가르치며 살아가고 있다. 하지만 상호보완적이기보다는 대립적이며 적대적인 관계로만 지금까지도 살아가고 있다.

배워서 아는 것도 통하기 위한 것이며, 통하기 위해 지금까지도 배우고 가르치고는 있다. 하지만 자기끼리 통하는 학문, 일부분만 통하는 학문이라 인간의 역사는 분쟁의 역사일 수밖에 없었던 모양이다. 누구에게는 맞고 누구에게는 맞지 않는 반쪽만 살아 숨 쉬는 반생(半生)의 학문이기 때문에 그렇다는 것이다.

깨달음이라는 것도 학문이라는 것도 너와의 소통을 위한 방편이다. 그러나 모든 이들에게 덕 되지 못한다면 나만을 위한 깨달음이고, 나만을 위한 학문일 뿐이며, 나만을 위한 삶이었던 것이다. 보이는 것이든 보이지 않는 것이든 통하기 위해 존재한다. 너와 나를 위해서 말이다.

10. 취해 살다보니

사의 세상에서 상극은 진보의 틀을 바로잡기 위한

잉태의 과정이라 할 수 있고, 상생은 진화 발전 중이거나

진화의 최상단에서 모두 함께 살아가기 위한

열매의 결실을 맺는 중이라고 말할 수 있다.

습에 젖어 살아오는 동안에 상방을 이롭게 하는

실질적인 도움을 바르게 알지 못해,

대립과 반목을 그만 자신의 손익계산 앞에서 오해하고 만 것이다.

사람으로 승화되기 이전의 인간은 감정에 구속되어 쉽게 상처받는다. 상대방이 우선이라는 것을 알면서도 섭섭하고 서운함을 가지는 것은 인간이기에 어쩔 수 없는 모양이다. 인생을 살아가는 사람보다는 육생을 살아가는 인간들이 쉬이 상처받으므로, 사람답게 살아가길 원한다면 상처받기 쉬운 감정부터 치료해야 한다. 구속된 감정의 치료를 위해 인간 상대성 원리에 의한 상충의 고리는, 내 앞의 인연 그 누구와도 연결될 수 있다. 때문에 상충은 통하지 못해 치는 것이 아니라 통해 보기 위해 치는 것이다. 너는 나를 위해 상충의 행위를 해댄다면, 나는 너를

위해 스스로 치유하는 법을 찾아내야 하는 것이다.

　도움받고자 찾아오는 인연들을 바르게만 대했더라도 상처받을 일이 없다. 내 것을 먼저 챙기려다 받는 상처이기 때문에 치유도 자신의 몫이나, 늘 제 감정에 취해 살아온 관계로 베풀기보다는 베풀어줘야 하는 것으로 안다. 사랑으로 위장시킨 동정을 베풀다가 상처를 받았다면, 이미 상대방도 그 행위에 대해 상처를 받은 것이다. 상대방의 처지를 바르게 이해하지 못하고 해대는 어설픈 행위는 방귀 뀐 놈이 성내는 형국이라 잘못한 이가 성내고 잘못한 이가 가슴 아픈 것은 어쩔 도리가 없다.

　사기당하고 도둑질당한 이가 가슴 아프고 도둑질하고 사기친 자는 좋아하니 왜 그런 것일까. 사기 당하는 자가 있어 치는 자가 생겨나는 것이고, 도둑질당하는 자가 있어 도둑질하는 자도 생겨나는 것이다. 기실, 이유 없이 당한다고 말할 수도 없는 것은 도둑맞을 짓을 했기에 도둑질당하는 것이고, 사기당할 짓을 했기에 사기를 당하는 것이다. 내 앞에서 벌어지는 일은 정확히 탁해진 기운질량 만큼이고, 그 기운을 맑혀내기 위해 상대성으로 벌어지는 일이니, 남 '탓' 할 일이 아닌 것이다.

　네게 필요한 자로 성장해야 하기에 대자연은 내가 미워서 너에게 당하게 만든 것이 아니다. 동물처럼 제 필요한 쪽으로만 치우쳐서 성장하니 당해야만 하는 일이다. 이 때문에 어떤 이는 인간이 인간에게 오염되어가고 있는 천박한 존재라는 수식어가 태어나면서부터 붙어 다닌 것처럼 떠벌이기도 한다. 하지만, 이러한 이들조차 최소한 인간답게 만이라도 살아가게 해달라고 간절한 기도를 드리기도 하는데, 기도만 드린다고 해서 해결될 일이 아니라는 사실을 이들도 모르는 모양이다.

　기도는, 지금까지는 나만을 위해 살아오는 방식으로 살아왔다면, 지금부터는 너를 위한 방식으로 살아가기만 하면 된다는 사실을 깨우치는데 있다. 본래 내 것은 너를 위한 것이었으나, 나를 위해서만 썼고 나 쓰기 위해 모으니 사단날 수밖에 없었다. 설령, 얼마간 모았다고 한들 시간이 문제지 나를 위해 쓸 것을 남겨두지 않는다. 종국에는 상대를 위한 것으로 자연이 환원되어 지기 때문이다.

● 뒤주의 쌀까지 퍼다 줘야 한다는 소리가 아니다

상생이란 상대를 존중할 때 호흡한다. 너를 위할 때 내 인생을 사는 거라, 숨 쉬는 산소마저 나를 위한 것이 아님에도 불구하고 나만을 위해 존재하는 것으로 착각하며 살아가니, 방편에 취해 다들 허우적거린다. 그렇다고 해서 뒤주의 쌀까지 퍼다 줘야 한다는 소리가 아니다. 내 앞의 인연을 위한 지적으로 덕 된 행위는 스스로 일 처리를 바르게 해나갈 수 있도록 돕는 것에 있다는 소리다. 물질로 돕고 새빠지게 육신으로 도 와가지고는 바르게 도운 것이 아니라는 사실이 곧 드러나기 때문이다.

하지 말아야 할 것도 없다. 취해 살다 보면 분별이 떨어진 행동들인 만큼, 해놓고 후회하기 일쑤지만 대부분이 어찌할 바를 몰라 하는 행위 다. 그러나 하지 말았어야 할 일을 했다는 것은 해야 할 일을 못 했다는 것을 알려주는 것이기도 하다. 방편에 빠져 산다는 것은 삶의 만족을 위한 것이다. 하지만 어느 누구도 자기 삶에 대한 만족도를 모르고 있으 니, 만족해보기 위해 난리를 치다가 그 방편에 취해서 사는 것이다. 방 편에 빠져 인생을 살아가지 못한다는 이러한 사실을 아는 이 또한 없으 니, 만족해보지 못한 욕구로 인해 너보다는 내가 우선 되어야 했었다.

어려워졌다는 것은 기운이 탁해진 것이다. 이때의 행위 자체는 오히려 상대방에게 피해만 줄 뿐이니 탁해진 기운을 먼저 맑혀야 한다. 기운이 탁해진 이유 중에 하나는 내 일을 하지 못하는 관계로 즐겁지 못했던 것이다. 이쯤까지 됐다면 내가 먼저 즐거워야 한다는 사실을 깨달아야 할 차례다. 내가 즐거워야 너도 즐거운 법이니 너를 위해서라도 내 기운부터 맑혀야 하는 것이다.

의미나 의의대로 행한 그 이면에는 덤이 있다. 먼저 덤을 바라고 행하려 든다면 상충의 골만 깊어 질 것이다. 업을 씻기 위한 목적에는 덕으로 행하는 것에 의의가 있어 행위의 공답으로 주어지는 것이 잘사는 것이다. 하지만 잘살아보기 위해 행하려 드니 늘 아쉬움의 연속일 뿐이다. 덕으로 행하며 살아가니 잘사는 것이 덤으로 주어지지 잘 살고 난 후에 덕행은 덤으로 주어질 사항이 아니다. 그것은 필수다.

상대에게 필요한 자로 갖추었다면 어려움을 모른다. 필요한 자로 갖추어놓지 못해 어려워진 것이다. 내가 너를 위해 노력하니 네가 나를 따르는 것처럼, 도움을 받아야 한다면 먼저 도움이 되는 자가 되어야 한다. 한계는 없다. 단지 나 먼저 살려다 부딪쳐야 했던 난관이고 행하려 들지 않은 데에서 오는 삶의 오류일 뿐이다. 그렇다고 꼭 통해야만 하는 대상도 없다. 나를 필요로 하는 이들을 위해 사는 거니까 말이다.

신뢰를 얻는다는 것은 오랫동안 정성을 깃들어야 가능한 일이다. 누군가의 가슴에 존경의 기운으로 자신이 새겨졌다는 것은 참으로 기쁘지 않을 수 없는 일이다. 마음을 열면 지혜가 열리고 대문을 열면 인연이 찾아 들어오듯이 사랑은 행위로써 끝나는 것이 아니라 살아가는 자체가 되어야 한다는 소리다. 고로, 잘난 것도 필요하고 못난 것도 필요해서 나온 세상사의 일을 이해하지 못한 만큼 갖추지 못한 것이라 인생살이 허할 수밖에 없다.

● 어려운 자 일수록 무소유하고 무일푼인 자이다

채울 수 없는 공허함은 세상사를 이해하지 못하는 데에서 비롯된다. 이해하지 못한 만큼 허한 것을 채우기 위해 많은 것을 소유하려 드는 것이며, 좋은 거와 좋은 데를 찾아다녀야 하는 것도 이와 같은 연유에서다. 소유하지도 못하고, 좋은 거와 좋은 데를 찾아다닐 형편도 못되는 이들이 울어야 할 때마다 역성들어 같이 흥분하는 것도, 웃어야 할 때마다 울부짖는 꼴을 보이는 것도, 소통을 위한 방편을 모르기 때문에 하는 행위다.

내 '각'에 '취'(醉)하니 '술'(術)에 '취'(醉)하고,
'술'(述)에 '취'(醉)하니 '착각'에 빠져 있더라.

소유하고자 함은 공허함을 채우기 위한 행위라, 허함이 없다면 소유하려 들지 않고 너와의 소통을 위해 쓰려 할 것이다. 소유하려 들지 않는 것은 무소유를 의미하는 것이 아니라 상생을 위한 소통을 가리키는 말이다. 인연들이 찾지 않는 곳에서 죽을 때까지 혼자서만 살아간다면 무소유로 살아갈 수는 있다. 하지만 인간으로 태어난 것은 사람으로 승화하여 사람들과 살아가기 위한 것에 있기 때문에, 이 지상 3차원에 빚어진 오만상은 너와 내가 덕 되게 살아가기 위해 주어진 방편이다.

어려운 자 일수록 무소유하고 무일푼인 자이다. 바르게 살지 않고 다르게 살다 보니 덕이 되지 않자 인연들이 떠나자 재물도 따라서 떠났기 때문이다. 나에게 도움을 주고자 찾아오는 이들은 없다. 도움을 받고자 찾아오는 것이 인연이라, 그들을 위해 바르게 쓸 것이 없다면 곁에 있던

이들마저도 떠나버리는 것이 인생사다.

때문에 무소유란? 아무것도 내가 가져서는 안 되는 것이 아니라 너를 위해 덕 되게 써야 하는 방편이 무엇이 있느냐는 소리다. 이해의 품이 넓은 사람이 갖춘 자다. 이해의 품이 넓은 사람일수록 주어진 방편을 너를 위해 쓰려 하지 나를 위해 쓰려 하지 않기 때문이다. 소유든 무소유든 간에 인간은 지적으로 덕 되게 살아가야만 주어진 소임을 다하는 것이다. 적대적인 대립 구도가 형성되는 것도 주어진 소임을 일깨워주기 위한 방편인 것처럼 말이다.

사실, 무엇을 가지고 있고, 무엇을 가지고 있지 않았느냐에 따라서 1차적인 소유의 개념이 달라지기는 하겠지만, 분명한 것은 상대를 위해 써야 한다는 것에 있다. 인간은 입으로 한 번 내뱉은 말은 다시 주워 담을 수 없듯이, 눈으로 먹고 귀로 먹은 것도 버릴 수 없다. 이미 내게 들어온 것은 버릴 수도, 비울 수도 없다는 소리다. 쓰라고 준 것이기 때문이며 버려야 할 것 같으면 애당초 주지도 않았을 것이다.

한편으로, 대자연은 인간에게 준 것도 없지만 그렇다고 안 준 것도 없다. 어떠한 이든 조건을 나쁘게 주지 않았다는 것이다. 대자연도 나를 위해 있고, 이 세상도 나를 위해 존재하는데 이것을 쓸 줄 모르는 자신이 문제다. 쓴다는 것은 기운을 활용하는 것이며, 모으는 것은 기운을 잠그는 일이고, 버린다는 것은 기운을 사장시키겠다는 것이다. 버리고 비우는 일은 쓰는 법을 몰라서 하는 행위다. 필요하기에 주어진 것들이니 무소유의 의미는 쓸 줄 아는 자로 갖추어야 한다는 방편적인 표현이다.

변화하는 것도 없다. 진화의 표현일 뿐이라 퇴보하는 것도 없다. 단지, 진화 발전하지 못했을 뿐이다. 변화와 퇴보도 진화를 위한 촉진제라, 흐름에 편승하여 쓰고 쓰여진다면 인간 욕화는 삶의 한가운데에서 용해

되어 버릴 것이다.

세상사 내 앞에서 벌어지는 일들은 진화를 위한 것인 만큼, 긍정도 부정도 나하기 나름이라 없는 것이다. 문제는 내 잣대의 기준치를 벗어나지 못하는 데 있다. 바라는 바람이 있기에 인연이 되었다. 게다가 바라는 바람은 상방의 관심사라, 주된 목적은 소임을 바르게 해나가기 위한 것에 있다.

서로의 부족한 점을 보완하며 살아가기 위해 인연이 된다는 것은 상생을 위한 것이고, 바르게 써야 한다는 것은 행복을 위한 것에 있다. 아울러 행복을 위한 성공의 기준은 너를 즐겁고 기쁘고 행복하게 해주는 것에 있으니, 너의 행복을 위해 거침없이 주어진 방편을 활용할 줄도 알아야 한다.

덕 된 행위를 하기에 앞서, 바른 것에 대한 분별이 착하고 선한 것에 국한되어 있다면, 너를 위해 살아가야 하는 나는 어려울 수밖에 없다. 그렇다면 지금까지 착하고 선하게 살아온 이들의 모습 속에서 어떻게 살아야 하는가에 대한 분별을 세워야만 할 때다. 많은 것을 보고 배워 분별의 폭을 넓히기만 하면 크게 쓰이는 것이 방편이라, 죽을 때까지도 버릴 것이 없다. 따라서 내게 없는 것을 탐하기 보다는 있는 것을 슬기롭게 쓸 줄 아는 자가 되어야 한다. 내게 있는 것조차 쓸 줄 모르고 남의 것만 탐하려 든다면, 가지고 있는 것이 나가는 것은 시간문제다.

● 대립과 반목이 없었다면

절대 분별의 삶을 살아간다는 의미는 나를 위한 것이 아니라 너를 위한 것에 있다는 자체가 중요하다. 나에게는 맞고 너에게는 맞지 않다면 모두에게 맞지 않는 것이다. 바르지 않아 내게만 맞는 것이니, 너와의 소통을 위해서는 바르게 사는 길밖에는 없다. 바르게 산다는 자체는 대자연의 순리를 아는 것에 있으니, 이는 선택이 아닌 기준이 되어야 한다.

그러나 지금까지도 사안(邪眼)으로만 보고 배웠기 때문에 바른 것에 대한 정립이 혼란스러울 수밖에 없었다. 정(正)안으로 바라보지 못해서가 아니라 사(邪)의 세상이었기 때문이다. 그렇다고 해서 사의 세상이 잘못됐다는 것이 아니라, 정으로 가기 위한 사의 바탕 위에서 살아왔기에 분별이 어려울 수밖에 없다는 소리다.

사의 세상에서 상극은 진보의 틀을 바로잡기 위한 잉태의 과정이라 할 수 있고, 상생은 진화 발전중이거나 진화의 최상단에서 모두 함께 살아가기 위한 열매의 결실 맺는 중이라고 말할 수 있다. 습에 젖어 살아오는 동안에 상방을 이롭게 하는 실질적인 도움을 바르게 알지 못해, 대립과 반목을 그만 자신의 손익계산 앞에서 오해하고 만 것이다.

인간은 각자 삶의 질량이 다르다 보니 너의 조건에 맞춰 내가 소통해 나가야 하는 법이다. 그러나 상대방의 형편에 따라야 하는 상생을 이해하지 못해 팽팽히 맞서려고만 한다면 어리석어져 자신의 단점이 무엇인지 알 수 없는 노릇이다.

사실, 너와의 사이에서 대립과 반목이 없었다면 장단점이 쉽사리 드러나지 않았을뿐더러 삶의 이유와 존재의 가치에 대한 관심도 미약했을 것이다. 비단, 너와 나뿐만 아니다. 조건과 조건, 관계와 관계 사이에서도 마찬가지다. 그 사회의 모순을 드러나게 함으로써, 시대적 환경과 조건에 따른 논리를 우선 배출시켜 진보한 양만큼의 삶을 살아가게 하기 위한 것도 있다. 시대의 조류에 편승하는 논리는 진보이념을 위한 밑거름으로써, 진리의 주체가 세워질 때까지 변화하는 논리와 함께해야만 한다는 소리다.

이 지상은 대자연에 의해 운용되고 있으나, 딱 한 가지 인간 스스로 운용해나가야 할 일이 있다. 그것은 천상(대우주)에서 지어온 원죄를 사하는 일이다. 이를 위해서 대자연은 이 지상에 오만상을 깔아놓고, 저마다 나아갈 바에 맞춰 도술(재능)까지도 불어넣었다. 사람으로 승화하여 사람답게 살아가는 법도는 인간이 창출해내야 하기 때문이다. 내가 지어온 죄는 그 누구도 사해 줄 수 없다. 그리고 대자연은 단지 죄를 사하는 바른길을 제시해 줄 뿐이다.

아직까지 사의 시대를 살아가고 있기에, 바른 것이 이런 것이라는 정의 토대가 세워지지 않아 무엇이 바르지 않은지에 대해서 아무도 모른다. 말하자면, 사의 세상에서 살다 보니 치우쳐 사는지도 모르고 살아가고 있기 때문이다. 이 때문에 일어날 수밖에 없는 일들이 일어나는 것을 가지고 탓해대며 좋다, 나쁘다, 착하다, 악하다 등의 상황을 미리 구분 지어 놓고 사는 것을 가지고 바르게 살아가는 것으로 알고 있다는 소리다.

치우쳐 있지 않아야 분별을 바로 세울 수 있다. 그러나 사의 세상에서 살아온 만큼 인간의 잣대는 이미 치우쳤으나, 자신은 치우쳐 있는지 모른다. 대자연은 공평함을 잃지 않는다. 하지만 사의 세상에서 살아온 만큼, 인간 논리는 누구에게는 맞고 누구에게는 맞지 않는 형평성을 잃어버린 분별일 수밖에 없다. 때문에 논리는 논리일 뿐 진리가 될 수 없다는 말이 빚어져 내려온다.

• 오늘날 쏠림현상이 두드러지게 나타나는 이유는

정(正)과 사(邪), 무엇이 바른 것이며, 무엇이 바르지 않은 것인지에 대해 지금까지 아는 이는 없다. 다만, 정을 모르는 상태에서 불거져 나오는 문제점을 가지고, 조건에 따라 바르지 않은 것이라고 말한 것이다. 그러나 불거진 문제점을 해결한다고 해서 그 부분에 대한 문제가 완전히 풀리는 것이 아니다. 사의 세상에서 정의 세상으로 가기 위한 대자연의 연출이기 때문에, 사의 세상에서 일어난 일이라 정법이 출현해야만 문제가 해결된다는 소리다.

다시 말해서 치우쳐 있음을 일깨워주기 위한 일들이라 어디에서부터, 무엇이, 어떻게 치우쳐 있는지를 찾아내야 한다. 이러한 이유와 원인을 찾아내어 해결하지 못하면 바른 것은 고사하고, 바르지 못한 것에 대한 분별마저 희미해질 수밖에 없는 노릇이다. 상호 간에 통하지 못해 일어나는 부닥침 자체부터가 모순이라, 이 모순을 찾아내지 못한다면 치우친 만큼 취해서 사는 꼴이다.

치우쳐 살아가고 있기에 바르게 살아가기가 어렵다고 말한다. 그렇다면 어렵다고 말하는 그 자체도 치우쳐 살아가기 때문에 쏠림현상이 일어나는 것이라고 할 수 있다. 지금 이 시대를 짊어져 나가는 아날로그 세대에 들어서서 과도기를 맞이한 것도, 저마다의 소질을 뒤로한 채 동물처럼 살아가다 보니 쏠림현상의 바람을 정면으로 맞아야 했던 것이다. 내게 부는 바람은 내 바람이라 했듯이, 아날로그들이 깨어나야 하기에 쏠려있는 모순된 사회상을 이들에게 가르쳐 주고 있는 것이다.

왜! 아날로그 세대에 들어와서 인류의 과도기를 맞이해야 하는가. 정법 생산을 위해 민족중흥의 역사적 사명을 띠고 해 돋는 땅 전후 세대로 태어났기 때문이다. 하지만 지금까지도 인습과 관습에 취해있으니 이를 깨우쳐주기 위해 대자연이 혹독한 시련을 주고 있는 것이다.

이 민족이 살아나야 인류에 구원이 있다. 우리 민족의 운명은 기계식이나 디지털에게 달려 있는 것이 아니라, 오로지 아날로그 손에 달려있기 때문이다. 지금 이순간에 우리 민족의 아날로그들이 깨어나야 너와 나 우리 모두가 바르게 살아갈 수 있다는 소리다.

1안의 물질생산과 아날로그교육에 매달려왔던 기계식은 사명을 완수하고, 2안의 정신문화콘텐츠개발을 위해 태어난 아날로그 세대에게 고스란히 물려줬다. 하지만 기계식의 열정으로 성장한 아날로그 세대가 헤매는 바람에 가뜩이나 한 쪽으로 쏠려있는 이 사회는 오늘날에 들어 쏠림현상이 더욱더 두드러지게 나타나고 있는 것이다.

쏠림현상이 두드러지게 나타나는 이유는 한가지다. 이 지상을 바로 세우기 위한 대자연의 지판대 흔들기가 시작됐기 때문이다. 기성세대에서부터 제 할 도리를 못하고 본분을 저버리고 살아가니 삶의 질량이 나아질 리가 있겠는가. 도와 덕으로 살아가는 세상을 만들기 위해서는 탁해진 이 사회의 기운부터 맑혀야 한다. 그러기위해서는 아날로그 세대에서부터 맑혀져야 하기 때문에, 유리구슬처럼 투명한 사회를 만들어가기 위한 대자연의 가르침이 시작된 것이다.

나와야 할 세대에서 나오지 않으면 모든 종이 변이 되는 것처럼 앞으로 물질 혁명은 배가의 발전을 이루어 갈 것이나, 이 시기에 발맞추어 정신문화가 뒤를 받쳐주지 못하면 변이된 사상을 배출하는 것은 불 보듯 뻔하다.

비단, 이 시대의 어려움이 아날로그 세대에게 국한되어 있는 것은 아니지만, 아마도 주어진 소임을 다할 때까지 어려움은 지속 될 것이다. 제할 일을 찾아 할 때까지 말이다. 배고픈 이들이 찾는 것은 당장 허기를 면할 수 있는 빵이다. 하지만 이러한 빵을 가지고 정신의 허기까지 면하길 바란다면, 쏠린 사회는 더욱더 쏠려 원성은 하늘을 찌를 것이다.

대자연이 지판대 흔드는 것을 막을 수 있는 것은 육의 성장을 위한 빵이 아니라, 정기를 먹고 원죄를 사해나가는 정신문화콘텐츠개발에 있다. 지판대를 흔드는 것은 투명사회를 만들기 위한 것이기에 언제부터인가 탁해진 우리 사회부터 정화시키고 있었다.

나를 위해서만 살아오다 보니 너를 위해 살지 못해서 탁해진 기운이라, 사(邪)의 시대에서 정(正)의 시대를 열기 위한 가르침이 시작된 것이다. 유리알처럼 투명한 세상을 만들기 위한 대자연의 가르침 앞에서는 어느 누구도 예외일 수는 없다. 그 누구도 피해 갈 수 없다는 소리다.

오경

어언 23년간의 수행을 마칠 무렵 『뿌리민족의 혼』 시리즈 제1편 「업그레이드 시대 역사의 동선」, 제2편 「내조, 지혜의 어머니」, 제3편 「생활의 도, 자유인이 되기 위하여」, 제4편 「일제 강점기와 동족상잔 6.25」, 제5편 「수행」, 제6편 「음양 이론 그르고, 다르고, 바른 것에 대하여」가 출간되었다. 『처지』는 수행 중에 벌어졌던 일련의 상황을 화두로 삼아 정리해 놓은 것을 천부(天符)의 삶 대도법(大道法) 마무리를 위해 2021년 10월 중순 2~3년 칩거에 들면서 제자들의 권유로 출간하게 되었다.

동시 출판 『뿌리민족의 혼 대서사시·지혜의 어머니·생활의 도』

처지

© 오경, 2021

1판 1쇄 인쇄__2021년 11월 20일
1판 1쇄 발행__2021년 11월 30일

지은이__오경
펴낸이__이종엽
펴낸곳__글모아출판
　　　　등록__제324-2005-42호

공급처__(주)글로벌콘텐츠출판그룹
　　　　대표_홍정표 이사_김미미 편집_하선연 권군오 최한나 문방희 기획·마케팅__김수경 이종훈 홍민지
　　　　주소__서울특별시 강동구 풍성로 87-6
　　　　전화__02) 488-3280 팩스__02) 488-3281
　　　　홈페이지__http://www.gcbook.co.kr
　　　　이메일__edit@gcbook.co.kr

값 20,000원
ISBN 978-89-94626-90-1 03100